O JOGO DOS OPOSTOS

NORMAN LEBRECHT

O JOGO DOS OPOSTOS

Tradução
Elisa Nazarian

LeYa

Direção editorial: Pascoal Soto
Editora: Mariana Rolier
Produção editorial: Sonnini Ruiz

Preparação de texto: Margô Negro
Revisão: Márcia Duarte
Diagramação: Ricardo Nakamiti
Adaptação de capa: Osmane Garcia Filho
Imagem da capa: © Erich Auerbach. Getty Images

Dados internacionais de catalogação na publicação (CIP-Brasil)
Ficha catalográfica elaborada por Oficina Miríade, RJ, Brasil

L451 Lebrecht, Norman, 1948-
O jogo dos opostos / Norman Lebrecht ; tradução: Elisa Nazarian – São Paulo : Leya, 2011.
368 p.

Tradução de: The game of opposite.
ISBN 978-85-8044-034-8

1. Ficção inglesa. 2. Ficção psicológica. I. Título.

10-0062 CDD 823.912

2011
Todos os direitos desta edição reservados à
TEXTO EDITORES LTDA.
[Uma editora do grupo Leya]
Av. Angélica, 2163 – cj. 175/178
01227-200 – Santa Cecília – São Paulo – SP
www.leya.com

Para Myriam, *in memoriam* (1932-2006)

Era maio
E todas as flores se abriam;
Fusos de lilases azuis espalhavam seu perfume.

Maio se impunha na terra
E todos tocavam a liberdade,
Como um cego tocaria a face de um ser amado.

Dagmar Hilarová, *Maio 1945*

Parte um

Fuga

CAPÍTULO UM

Às quatro da manhã, uma hora antes da chegada prevista da betoneira, Paul desce sorrateiramente em meias de lã e veste sua calça no bar da pousada revestido de madeira, o ar pesado com o movimento da noite anterior. Esgueirando-se pela silenciosa máquina de café, a fileira de luzes brilhando em sua curva parede de aço, prepara para si um pouco de café puro no velho fogão incrustado e bebe o amargor escaldante, intercalando com um biscoito de amêndoas duro como pedra, o último da fornada que Alice assou para a Páscoa. Atravessando mais uma vez o cômodo, percorre a máquina de café com a ponta dos dedos.

A MÁQUINA DE CAFÉ era a posse mais preciosa de Paul, o objeto que o definia. Ele a conseguira no "mercado negro" e a arrastara por quilômetros na parte de trás de um jipe, antes de desembrulhá-la em frente a um alarido de esposas da aldeia, sua perversidade masculina gratificada por seus gritos de desânimo. Tinha esperança de que a geringonça causasse um susto, e ela tinha realizado plenamente o seu desejo. Para o amontoado de toucas negras em torno do bar, a máquina de Paul era uma ameaça pulsante, uma ruptura na ordem natural. Nunca se sabe o mal que ela poderia causar. Um homem necessitado de um café forte, depois de uma noite difícil fazendo o parto de uma ovelha, largaria o fogo de uma casa por aquela desavergonhada sibilante.

Um gole, e o marido estaria perdido. As senhoras tinham lido sobre tais coisas em revistas ilustradas e não estavam propensas a permiti-las na cidade. "Leve-a embora, patrão", disse a mulher do açougueiro em tom estridente, "antes que eu peça ao padre Hitzinger para condená-la logo agora no domingo."

Paul teve que oferecer três rodadas de graça, para convencer as donas das toucas de que sua novidade era inócua, porque suas doses refinadas eram tão diferentes do que era servido em suas cozinhas que elas não ofereciam nenhuma ameaça a seus domínios. Um verdadeiro homem, ele explicou, sempre iria querer uma grande dose do café feito à mão. Suas pequenas porções de café feito na pressão eram para visitantes, pessoas da cidade saturadas de luxo e condenadas a uma busca vazia por uma sensação extrema, casais esgotados que vinham à pousada para aquilo que cinicamente se designa "fins de semana no campo". A máquina era estritamente para o que Paul chamava de "negócio de passagem".

As senhoras, receptivas a justificativas engenhosas, lisonjeadas com sua atenção e encorajadas pelo forte extrato que assomava através de suas estruturas de crianças fanadas, se tornaram audaciosas e levemente sedutoras, como acontece com as pessoas quando estão bebendo de graça. "É uma boa bebida, patrão", disse a feirante que vendia cenouras, com o busto comicamente saliente. "É quente, aromática e áspera na boca, mas não é o que *todos aqui* chamamos de café, isso não. Café é aquilo que *moemos* à mão, com a sujeira das nossas unhas e um pouquinho de suor da testa. Quando quiser um café *de verdade*, patrão, fervido muitas vezes e servido em uma caneca própria para homem, é só bater na minha porta que eu mostro um *café* decente."

"E se o seu velho manco tiver ido pro campo", cacarejou um lenço enrugado, à margem da multidão, "nossa Regina mostrará muitas coisas além disso."

"Cale sua cloaca, Elza", retorquiu a mulher das cenouras. "O patrão é um cavalheiro cristão. Ele não precisa ouvir essa podridão. Peço desculpas pela *velha senhora* inadequada, patrão. Esse seu café elegante subiu direto para a cabeça dela."

"*Velha*?", cacarejou a antagonista. "Ela e eu estávamos na mesma classe na escola. Ela teve um prolapso uterino e não consegue se manter de pé com as costas retas por causa da artrite. Eu vou mostrar a velha..."

"Senhoras, senhoras", acalmou Paul, encaminhando-as para a porta e passando a tranca quando a última já tinha saído. Seu plano fora realizado. Logo não haveria homem a uma distância de milhas que não soubesse de sua compra, ou que estivesse indiferente a vê-la funcionando, louco para sacrificar outra fatia do saber rural pelos benefícios do conforto moderno.

Como que respondendo à sensibilidade das mulheres, na manhã seguinte Paul pendurou um aviso na máquina, dizendo estar quebrada, à espera de uma peça fundamental. Durante um mês ela ficou às moscas no balcão do bar, como um bandido no pelourinho em dia de julgamento, um objeto de menosprezo casual. Dois dias antes de sua reinauguração, Paul colocou um aviso do lado de fora e contratou um pessoal extra para trabalhar atrás do balcão a fim de poder lidar com o movimento previsto. Na segunda inauguração da milagrosa máquina a vapor, a Corça Sorridente estava lotada, tão cheia de rostos desconhecidos que suas vigas de madeira pareciam se curvar para fora para acomodar a todos. Produtores de centeio, com as botas cheias de barro, colidiam com lenhadores do interior da floresta. Caçadores ilegais eram atraídos de suas armadilhas e pastores de cabras, de cabanas em montanhas vertiginosas. Todos se juntavam para examinar um intruso mecânico que, segundo se dizia, estava prestes a mudar uma constante em suas vidas.

Reuniram-se, em grande parte, como seus bisavôs haviam feito cem anos antes para observar anéis de fumaça da primeira locomotiva, cientes de que o caminhar firme de suas vidas estava em risco, de que um homem poderia não mais extrair seu ganho da tosquia de carneiros, enquanto a mulherada fiava a lã e seus filhos consertavam os teares e ferravam os cavalos da cidade. O sistema de vagões de ferro resfolegantes tornaria seus ofícios rústicos redundantes, e todos seriam obrigados a trabalhar em fábricas escuras, enquanto a terra voltava a ser selvagem e as raposas copulavam nas tumbas de seus pais, como trovejou o padre naquele dia, do alto de seu púlpito. Seus medos terríveis se revelaram, pela graça de Deus, altamente exagerados, por um declive hostil que até o povo da montanha considerava intratável e uma ausência de recursos minerais comercialmente extraíveis. Um século mais tarde, na chegada da máquina de café, a estação de ferro mais próxima ainda estava a horas de distância por uma estrada serpenteada, e a cidade continuava existindo, em grande parte, como o fizera desde tempos lendários. As encostas circundantes estavam recobertas por carvalhos virgens, sem rastros de trilhas de socorro contra o fogo. Gavião-de-penacho, as últimas de sua espécie, chocavam sinistramente em alturas escarpadas. Hienas uivavam à noite. Rituais pagãos eram sussurrados em clarões da floresta. Andarilhos, ornitólogos e políticos em ano de eleição, que chegavam até o povoado em um desvio de chacoalhar os ossos de suas importantes ocupações, se maravilhavam com seu isolamento. Tratava-se de um lugar onde não chegava sinal de rádio, e uma pessoa poderia se sentar a tarde toda em um bar ao ar livre sem ouvir nenhuma tossidela de combustão interna. "É o Paraíso", suspirou o líder do partido cristão junto à sua caneca de cerveja espumante. "O crucifixo de nossa civilização", concordou o satisfeito candidato socialista.

Os aldeões sorriam timidamente perante esses cumprimentos piedosos, palavras perfumadas de gente da cidade que não conseguia ordenhar uma cabra para salvar uma criança moribunda. O que seus dedos brancos como papel sabiam da luta de arrancar a pele para extrair sustento da pedra dura, com seus traseiros gordos em uma latrina, na geada de dezembro? Os garçons que reabasteciam suas canecas e as camareiras que viravam as pontas de seus edredons sabiam do custo da brutalidade cotidiana em um encanto de cartão-postal. Eles não soltavam oohs e aahs perante a graça de um ser vivo; ele era morto, destripado e comido, seus ossos esmagados para adubo, suas sobras jogadas para as galinhas. Paul, pisando no seu quintal em poças de sangue grandes como tanques de patos, avisou seus empregados que disfarçassem o desprezo pelos visitantes. Pessoalmente, ele lhes disse em tom baixo, ele sufocaria alegremente os citadinos que ao jantar salivavam perante um prato que haviam fotografado poucas horas antes, vagando pelo campo. Um dia ele levaria à força seus gordos traseiros para um passeio pelo matadouro, antes de admitir seus rostos famintos no saguão do jantar. "Que bom, patrão", concordou um antigo lavador de canecas. "Na mudança do milênio, nós vamos sufocar os parasitas com seus travesseiros de penas de ganso e enterrá-los em uma pilha de composto."

A raiva objetiva de Paul fazia com que fosse benquisto na aldeia como um homem cujos instintos estavam no lugar certo – que, embora tivesse vindo de "algum lugar", no fundo era um deles, um homem franco que valorizava a vida simples. Eles adoravam as frases enfeitadas do estalajadeiro, muito mais citáveis do que as homilias cansativas e repetitivas do padre. *Babavam perante um prato que tinham fotografado uma hora antes no campo.* Isso é que é descrevê-los, tão adequado, tão verdadeiro.

Assim, quando houve a primeira eleição após a guerra, a aldeia votou maciçamente para eleger Paul como prefeito, preferindo-o aos candidatos de partidos oficiais, confiantes de que ele se preocupava com seus interesses e poderia pressionar os ministros para obter licenças e subsídios que sustentassem sua herança rural. Desde o dia em que chegara, Paul provara que podia lidar com os mecanismos do governo da mesma maneira que um oleiro trabalha com a sua roda. Ele tinha tempo para cada aldeão e ilimitada paciência com aqueles que, por uma razão ou outra, não conseguiam acompanhar a prosperidade crescente. Tanto no sorriso quanto na ação era um líder cuidadoso e capaz.

O que a aldeia não via era a raiva que jorrava de dentro do estalajadeiro agora prefeito, conforme ele lidava com suas obrigações. Todo aperitivo que servia para os hóspedes da cidade, todo cajado de lembrança que vendia a eles trazia em uma tela paralela no olho de sua mente as mesmas pessoas sendo retiradas mortas ou fraturadas do entulho de um prédio destruído por um ataque aéreo. Por mais que tentasse, Paul não conseguia reprimir as imagens de destruição urbana. Uma voz interior lhe dizia estar mais do que certo que prédios, que haviam presenciado impassíveis a seleção de certos moradores para serem expulsos e mortos, fossem eles mesmos pulverizados por fortes explosivos que caíssem de um céu estrelado. A destruição noturna das cidades sobre seus habitantes parecia a Paul uma punição justa e necessária, por sua indiferença diurna aos assassinatos. Ele odiava a cidade, odiava-a como alguém que havia testemunhado suas crueldades sem nome. A aldeia era seu refúgio da cidade do seu passado.

Mas a aldeia, por mais que fosse um abrigo, não era menos cúmplice em crimes recentes. Enquanto a cidade se mostrara cega, a aldeia havia sentado e observado uma marcha diária de morte do alto da colina, através de sua rua principal, passando pela Corça Sorridente e descendo para a pedreira. Paul fora um dos que marchavam de cabeça baixa, há não muito tempo. Quarenta minutos de descida pela manhã, cinquenta e cinco para cima à noite. Em uma aldeia onde nenhuma folha cai sem ser notada, toda maldade feita é uma maldade conhecida. A ignorância se torna impossível, a inocência, uma defesa insustentável. A aldeia não estivera cega ao assassinato, como a cidade; tinha visto tudo sem dizer nada. Ela teria que pagar por sua impassibilidade. Era uma retribuição merecida. Paul, agora prefeito, estava em posição de infligi-la.

Começou por alterar a paisagem, transformá-la sem esperança de que fosse reconhecida, de maneira que netos e netas em décadas por vir nunca pudessem conciliar o que seus olhos vissem com as fotografias em sépia nos álbuns de família. Todo aspecto que a definisse deveria ser mudado. As pastagens se transformariam em condomínios, os lagos originais, em estacionamentos. A lavanderia se tornaria uma Laundromat elétrica, a ferraria, um posto de gasolina; o relincho dos cavalos seria substituído pelo rosnado de jipes. Paul arrancou molduras de madeira de janelas, tampou poços, derrubou paredes de adobe e reforçou leis da cidade que proibiam o trabalho infantil, o que acabou com as fazendas familiares. Impôs regulamentos de segurança ao artesanato camponês, condenando-o à extinção. A aldeia, desconhecendo seus motivos, dançava sob seus filamentos fluorescentes, à luz de uma lua de equinócio.

Desanimado com a falta de resistência, precisando de algum sinal de que suas medidas estavam provocando dor, Paul forçou a fusão de duas cidades ao longo do vale que se detestavam com um fervor tão histórico que as garotas de uma não podiam desposar os homens de outra sem que fossem chamadas de prostitutas e acabassem expulsas de casa. O plano provocou uma onda de oposição, superada com facilidade por promessas gentis. Em questão de meses, duas inimizades eram consolidadas em uma nova cidade, tão anódina que Paul a chamou de nova cidade, enchendo suas casas pré-fabricadas com itinerantes que borravam o que restava da personalidade original das duas cidades, e o vale que as ligava.

E mesmo assim sua raiva não arrefecia, talvez porque não houvesse ninguém com quem dividi-la. Como um enlouquecido imperador romano, Paul construiu uma cidade desnecessária em um lugar altamente montanhoso, sem que ninguém quisesse saber o motivo. Seu triunfo caía no vazio por ser em segredo. Paul tinha reescrito o mapa e liquidado com seus afazeres. Ao suprimir sua intenção punitiva, conseguiu apagar não somente a aldeia, mas também sua motivação nessa extinção. Quando terminou, as pessoas mal conseguiam descrever a lavanderia e a ferraria, muito menos se lembrar de quem teria ordenado sua demolição. A história de Paul Miller, que um historiador algum dia lutará por desvendar, é ainda mais comovente pelo seu completo desaparecimento de cena.

No futuro, se fosse pedido aos beberrões da Corça Sorridente que indicassem um símbolo da administração de Paul como prefeito, eles omitiriam a menção às novas estradas que ele abriu, o albergue com aquecimento central, o hospital rural, a escola que equipou com uma piscina olímpica, campos de futebol, um laboratório de idiomas e todos os apoios pedagógicos. Todas essas amenidades foram esquecidas quando, sobre as bordas de copos de cerveja de marca (já não se usam canecas), os antigos companheiros apontam, balançando os dedos, o emblema da glória de Paul, ali, no balcão de meio mármore do bar: a arquejante, sibilante, cuspidora máquina de café, a suprema futilidade. A máquina, um deles observa, era o orgulho e a alegria do estalajadeiro, a última coisa em que ele tocou em sua curta estada nesta terra atribulada, que sua estimada alma descanse.

Que tipo de homem ele era? Pergunta o historiador. Popular, eles respondem. É, popular, um bom homem, benquisto. Ele era alto, baixo, gordo, magro? Mais para magro, não alto demais. Cabelo? Talvez um pouco ralo. Nada de extraordinário.

"O que houve com ele?"

"Vergonha foi o que houve, uma vergonha terrível."

"O que aconteceu? Algum de vocês viu alguma coisa?"

As cabeças balançam, pálpebras descem como persianas sobre olhos lacrimosos, e os beberrões passam para um dialeto tão hermético que podia ser costurado como cortinas. O legado de Paul evanesceu no nada, perdeu a cor. *Popular* e *café* é tudo o que o historiador consegue com suas cervejas, tão inúteis e inconsequentes quanto um *slogan* publicitário. Paul fez dele mesmo uma nulidade, o homem que nunca foi.

A pequena panela para de borbulhar no precário bico de gás. No silêncio abafado, Paul leva sua xícara para a pia, lava-a em água fria e a coloca para secar. De volta, para na máquina de café, abaixa os joelhos e dá um beijo de despedida. Escuro como breu, ele tateia em busca de sua jaqueta no cabideiro de parede, suas botas no alpendre, e, abrindo a porta da frente com ambas as mãos para evitar o rangido das dobradiças, puxa-a para fechá-la às suas costas.

Essa é a hora mais familiar para Paul. Muito tarde para corujas, muito cedo para os frangos novos, a hora em que os homens livres dormem e apenas os escravos pulam em estado de alerta.

NA MAIORIA DAS VEZES, a essa hora Paul estava acordado, incapaz de se livrar dos hábitos da servidão. Seus olhos se abririam de repente, suas pernas girariam em arco e seus pés procurariam o chão em uma resposta – "pavloviana", contou ao doutor Kovacs – na qual ele fora adestrado antes, na vida da qual ele não falava para ninguém, nem mesmo para Alice, que dormia em meio às inquietações dele, sua respiração cadenciada chamando-o de volta para a cama, seu corpo quente para um esquecimento misericordioso pelo qual ele ansiava, mas ao qual não conseguia se render.

Paul resistia aos confortos do amor. Podia ficar noite após noite na janela, olhando a vidraça e para além dela, em um negrume que se estendia do alto da colina, onde estivera o campo, até a rua da aldeia, passando pela igreja e pela pousada e descendo até a pedreira, onde homens como ele haviam mourejado e morrido. Campo-pousada--pedreira. Pedreira-pousada-campo. A rota ficara ritmada nos seus pés, marchando madrugada e entardecer, para baixo e para cima, olhos no chão inclemente, qualquer olhar para cima um convite para um suicídio assistido, por meio de uma bala na nuca. Conhecia a Corça Sorridente superficialmente, pelo número de passos, trinta e oito, necessários para atravessar o comprimento do seu perímetro, do estábulo até o escudo sorridente, picareta no ombro, calos inchando em seus pés cansados, cachorros assassinos nos seus calcanhares. Conhecia a pousada pelo tinido dos bebedores de verão em seu jardim, sentados de costas para a marcha dos condenados. Conhecia a Corça Sorridente como um lugar para o qual não ousava olhar. Conhecia-a como um alívio negado.

E agora ele ficava durante a noite em seu andar mais alto, soberano de tudo que se estendia abaixo – a pousada, a aldeia, todo o maldito vale. "Venha para a cama", murmuraria Alice das profundezas do sono. Mas Paul permanecia imóvel à janela, seus olhos vagando pela antiga trajetória, campo-pousada-pedreira, pedreira-pousada-campo, acima e abaixo, abaixo e acima, madrugada e entardecer. Ficava ali olhando até que começava a se agitar, tremendo de frio e vergonha, chacoalhando com a inutilidade da cabeça aos pés. Para acalmar seus membros traiçoeiros, desceu lentamente um lance de escada para o quarto de Johann, onde a respiração encatarrada do menino lhe garantiu calmamente que algum bem tinha resultado das coisas vergonhosas que seu pai fizera, da coisa odiosa na qual ele se transformara. Johann era seu refúgio do passado, sua esperança de salvação, sua apologia *pro vita sua*. Johann, seu filho.

Eles lhe deram esse nome por causa de um santo que batizara um salvador, assim afirmou Alice ao fazer uma genuflexão junto à pia batismal. Paul não respondeu. Geralmente ficava quieto para poder ouvir um ruído sem som em sua cabeça. O que ele ouvira junto à pia batismal era o nome de sua mãe, Johanna, uma santa desconhecida para Alice ou qualquer outra pessoa em sua vida presente. Para Paul, Johann era uma abreviação de Johanna. Para Alice, era um nome sem peso, porque ela nada sabia sobre o martírio de sua mãe.

Assim que o bebê começou a sorrir, Alice encurtou o nome. "Jo-jo-jo", cantarolava ela, depois "Hans-hans-hans". As consoantes suaves soavam melhor no seu tom de voz. Paul ouviu-a cantar "Hans, hans" durante o almoço de domingo. Apertou a garganta como se tivesse engolido uma vespa e saiu correndo do quarto, sufocado. "Hans", ainda cantava Alice quando ele voltou, "Hans, hans, hans". Paul, em tom firme, perguntou se ela se incomodava em chamar o bebê por seu nome inteiro. Alice se recusou. Uma coisinha tão doce – ela o chamaria da maneira que gostasse. Era sua mãe, não era? "O nome dele é Johann", disse Paul, "nós concordamos com isso." "E daí?", retorquiu Alice.

A discussão crepitou entre eles como um lampião a óleo, chamejando intermitentemente. Alice não conseguia entender o motivo de Paul se erguer furioso para o que era, pelo amor de Deus, um som tão comum quanto Kurt, Karl, Klaus, Heinz, Franz, ou mesmo Paul. Agitado, Paul disse que era uma questão de gosto; a amostra de nome que ela usava era inadequada para o lindo menino que eles tinham. Johann era um nome digno, que ele poderia usar com orgulho. Alice respondeu que Johann ficava bem em um homem, mas era muito solene para um garoto; caçoariam dele na escola por causa disso. Por enquanto, Hans funcionaria. Paul mais uma vez deixou a mesa, a mão na boca. Hans, uma emanação que terminava com um silvo sinuoso, o som feito por um coelho quando seu pescoço era quebrado, um som maligno. Provocou arrepios em sua carne, seus pés se contraíram de terror.

Em sua próxima reclamação, Alice reagiu intempestivamente. "O que você tem? Afinal de contas, o que há de errado com Hans?", ela gritou, e Paul, curvando-se em agonia e confusão, saiu para os barulhos da noite, precipitando-se pela colina para o vale dos mortos. Ela tinha que parar de chamá-lo de Hans; ele tinha que fazê-la parar. Haveria mais corpos na pedreira, caso ela não parasse. O que ele deveria fazer?

Pensou em se abrir com Alice, incluindo-a em sua aversão pelo nome ao lhe contar tudo sobre Hans e as coisas que ele fizera. Mas, mesmo quando considerava permitir uma sinceridade em seu casamento, sabia que o passado estava além disso, além de um amor que começava do zero e nunca devia olhar para trás. Não podia alterar as regras que haviam determinado ao se comprometerem, expondo Alice a um passado impiedoso. Ele se importava muito com ela para fazê-la escolher entre aquele tempo e agora, entre sua aldeia e seu homem. E se fosse forçada a fazer a escolha, ele não estava completamente certo de qual caminho ela escolheria. Estava aprisionado no silêncio do pacto entre eles, incapaz de se expandir, ou de se fechar.

Coube a Alice tomar a iniciativa de conciliação, colocando a mão direita dele entre seus lábios na cama e mordendo a porção carnuda abaixo do polegar, um prelúdio para o amor. Alice era competente, como as meninas do campo são, ao tratar as angústias masculinas com o elixir do sexo. Ela não permitiria que uma disputa doméstica envenenasse o passar da noite. Paul estava igualmente propenso a reatar, mas precisava resolver seus sentimentos com palavras antes de se entregar ao amor. Alice, bocejando, virou na cama e adormeceu antes que ele terminasse suas considerações, deixando Paul desamparado e só. Em sua próxima consulta com o doutor Kovacs, evitou qualquer menção ao alvoroço por causa do nome, até que se viu preso em um de seus intermináveis silêncios, que supostamente, de acordo com a teoria, deveriam revelar verdades esquecidas.

"Você teve uma reação intempestiva quando ela usou o nome Hans?", perguntou o terapeuta.

"Correto."

"Tosse, ânsia de vômito, falta de ar?"

"Correto."

"Parece uma resposta condicionada."

"O que significa...?"

"O nome provoca uma reação; é causa e efeito."

"Eu expliquei a causa."

"De fato, você explicou. Mas você só reage quando o nome Hans está ligado ao seu filho. Você não fica agitado, imagino, quando Alice se refere ao encanador Hans, ou ao pastor de cabras Hans, ou ao Hans débil mental da aldeia. Por que você acha que isso acontece?"

"Os outros não têm nenhum significado para mim. Não posso deixar meu filho usar um nome do mal."

"E se não for do mal?"

"O que você quer dizer?"

"Uma pessoa nunca vê o quadro como um todo. Você passou por uma série de incidentes em certo período. Você atribui seu sofrimento a um homem chamado Hans. Mas e se esse Hans não for pior, no comportamento relativo, do que, digamos, o encanador Hans?"

"Isso é ridículo. Hans, o encanador, conserta torneiras e vasos sanitários. O Hans que conheci matava homens por prazer."

"E se ele não fosse responsável?"

"Você quer dizer, se ele fosse louco?"

"Ou se estivesse obedecendo a ordens."

"Isso não é desculpa."

"Para Hans poderia ser."

"Você está me pedindo que o compreenda? É para isso que venho aqui?", gritou Paul, levantando-se de seu assento.

"Vamos concordar que Hans é o mal encarnado", diz Kovacs inalterado.

"Está bem", diz Paul, sentando-se.

"Ninguém é pior do que Hans."

"Correto."

"E quanto a alguém que o tenha ajudado?"

"Ruim, mas não pior."

"Alguém que o tenha encorajado?"

"A mesma coisa."

"Alguém que poderia tê-lo impedido? Que poderia tê-lo impedido e salvado vidas?"

Um ataque de tosse impeliu Paul para fora de sua cadeira, deixando-o amontoado e ofegante no canto extremo do cômodo.

"Acho que por hoje é o bastante", disse o médico, rabiscando uma anotação e absorvendo a tinta em seu bloco com um cuidado exagerado.

Na maioria das noites, quando Paul voltava do analista, gostava de fazer amor com sua mulher, que geralmente era muito receptiva. O relaxamento o entorpecia em um sono que ia até de manhã, levando-o a pensar que a terapia estava lhe fazendo algum bem. Contudo, nessa ocasião não conseguiu dormir mais de uma hora, antes que seus pés tocassem o chão e ele se visse de volta à janela escura, repassando as perguntas do psiquiatra repetidamente em sua cabeça. E se Hans não fosse o pior? Quem poderia ser mais culpado do que Hans? Um homem que poderia tê-lo parado e não o fez. Que deveria ter ido em seu encalço, capturado-o e o levado à justiça. Alguém que o resguardava detrás de um nome falso. Agora, quem poderia ser? Quem deixou Hans escapar? Quem continuou naquele vale da sombra da morte, como se nada tivesse acontecido? Quem permitiu que Hans vivesse? Que tipo de monstro? Porque ele estava ali, olhando para você através da vidraça, o homem mais malvado dentre os vivos.

Paul encarou sua imagem até que ela ficasse enevoada. Depois, começou a tremer como nunca tremera antes. Os tremores não pararam até que ele jurou pela santa memória de Johanna dar um fim em Hans. Ele se ocuparia de Hans sem demora e, não obstante o risco, mesmo que isso lhe custasse Alice, seu filho, juntamente com a fraude de sua segunda vida como prefeito da idílica aldeia.

CAPÍTULO DOIS

HANS ERA o nome do comandante; todos sabiam disso. Sabiam por rumores, inferência, por pedaços entreouvidos da conversa dos guardas. Os prisioneiros se apoiavam nesses fragmentos, já que nomes eram itens proibidos, puníveis com a morte. Era preciso se dirigir aos guardas pela patente e nunca olhá-los nos olhos. Prisioneiros, cabeças baixas, sem boné, mãos para trás, diziam sim, cabo; não, cabo; imediatamente, cabo. Para se identificar, gritavam seus números, que estavam tatuados em seu braço esquerdo, abaixo do cotovelo. Guardas e prisioneiros tinham isso em comum: a ausência de nomes.

O anonimato era a garantia dos guardas contra um futuro reconhecimento, quando aqueles que tivessem sobrevivido viessem em busca de vingança. Os guardas sabiam que a guerra estava indo mal, que o fim estava próximo. Os prisioneiros, percebendo seu medo, chamavam-no de esperança e colecionavam currículos. Escutavam os guardas às escondidas, surrupiavam cartas das cestas de lixo. Foi criado um mercado sobre dados pessoais. Maretzek, o chefe dos camaradas, pagou com pão e tabaco pelo local de nascimento de um guarda. Finkel, o nacionalista romântico, ofereceu sua sopa matinal por uma data de nascimento. Milman, o pastor dissidente, prometeu vida eterna por um envelope endereçado. Nas cabanas compridas e baixas em que os prisioneiros dormiam, e nenhum guarda se atrevia a enfrentar o mau cheiro, homens de cada país ocupado juntavam as peças de perfis dos opressores, reclamando identidades invisíveis.

Uma vasilha de sopa, equivalente à energia de um dia, era ponderada contra o risco inerente à obtenção de um nome, e o risco era mortal. Paul vira um homem ser selvagemente chicoteado em uma bancada de pedra por ter gritado: "Hans vem vindo!". E outro ser morto a tiros na hora por ter escrito o nome de um guarda na palma da mão. Entre os delitos que poderia custar a vida de um homem, a posse de um nome se igualava à tentativa de fuga. As regras eram reforçadas pela sombra que eles conheciam como Hans. Mais baixo do que a maioria dos seus colegas, cabelos curtos e espetados, um casaco de couro na altura dos joelhos que o fazia parecer ainda mais baixo, Hans andava mancando, fato que os rumores atribuíam a um ferimento de guerra. Andava sozinho, sem segurança, inviolável, inesperado. Nas noites de verão, atirava em homens com grande precisão, de sua janela superior, e chamava os cachorros para terminar o serviço; no inverno, patrulhava o campo em silenciosas raquetes de neve, jogando em um barril de água qualquer um que infringisse o toque de recolher e deixando que o pobre miserável congelasse durante a noite. Hans era a lei no campo, uma lei em si mesmo.

"Ele também vai ser enforcado", rosnou Maretzek no ouvido de Paul quando, com os olhos voltados para a frente, estavam no pátio de marcha, vendo Finkel balançar no patíbulo por alguma infeliz contravenção. "Você pode nos ajudar, Paul. Consiga endereços, sua família, amigos. Quando o dia chegar, o departamento de segurança do povo fará o resto."

Paul era o que se conhecia como um prisioneiro privilegiado. Ele não talhava pedras. Uma feliz escolha de vocação permitia que passasse grande parte do dia em uma cabana, desenhando um sistema de armazenamento subterrâneo para a máquina prodigiosa que ajudaria Hans a ganhar a guerra. O túnel que estava desenhando e revisando abrigaria a arma em condições específicas de temperatura e umidade, para impedir uma combustão espontânea. Enquanto Hans precisasse de suas habilidades no aperfeiçoamento do silo, Paul contava em continuar vivendo. Ele gostaria de prolongar o projeto com erros mínimos e um trabalho em câmara lenta, mas, quando descobertos, os erros seriam punidos com a morte, e Hans, do outro lado da cabana, mantinha um canto do olho em Paul, vociferando ameaças quando suspeitava de um relaxamento de esforços. Na maior parte do tempo, Paul apenas desenhava e desenhava, desejando transformar-se em um pano de fundo, um sofá gasto no canto extremo da cabana. Na maior parte do tempo, ele conseguia.

Dentre os prisioneiros, só ele chegou próximo a Hans – próximo o suficiente para matá-lo. A oportunidade se apresentava todo dia quando, após o almoço, o comandante cochilava em sua escrivaninha. Se Paul estivesse muito predisposto, poderia ter tirado a faca da bandeja de Hans e enfiado em sua garganta. Ele seria espancado até a morte por um ataque dos guardas, mas seus companheiros prisioneiros estavam incitando-o a fazê-lo. Matar Hans, pregava o pastor Milman, adiaria a arma prodigiosa e salvaria muitas vidas. No enforcamento seguinte, Maretzek atacou Paul. "É sua culpa", ele sibilou, "você poderia ter acabado com isso." Paul, no entanto, não era um herói. O emaciado caniço que tinha como braço era muito fraco, dizia a si mesmo, para se incumbir de um assassinato e, de qualquer modo, seu sacrifício não deteria os esforços de guerra. Outro Hans se encarregaria disso; nunca haveria outro Paul.

A cada dia na cabana, conforme ele se esvaía nas mobílias, crescia no coração de Paul a esperança de que ele poderia sobreviver ao campo. Hans era sua passagem para uma vida futura; ele não arriscaria aquela chance com um gesto precipitado. Preferia estar vivo a ser uma placa de honra na parede do refeitório de sua universidade. Mantinha a cabeça baixa e o braço ocupado no papel, não levantando nenhum dos dois até que Hans saísse da cabana e ele estivesse só.

Em uma tarde chuvosa, enquanto Hans estava levando um grupo de alta patente para conhecer o local, Paul aproveitou sua solidão para olhar pela janela riscada um grupo acorrentado, ensopado até os ossos, puxando trenós carregados de ardósia até a boca do túnel inacabado. Um rio fluía ao pé do desfiladeiro. A encosta oposta estava revestida de uma vegetação original, velha como o universo. No lado mais próximo, o declive estava talhado até o branco por uma pedreira, desfigurado para sempre. Paul tentou achar uma moral naquele contraste total, mas seu cérebro tinha perdido todo o poder para a filosofia.

Deslizando de sua cadeira, atravessou a cabana até a mesa do comandante, ávido por ver como é que Hans dispunha seu trabalho. A escrivaninha estava organizada em linhas convencionais, duas pilhas de cada lado para a entrada e a saída de correspondência e um mata-borrão num centro fixo para absorver o excesso de tinta na assinatura autorizada. Em cima da pilha de saída havia uma pasta de papelão, do tipo vendido em papelaria, encontrada em qualquer firma que tivesse mais de uma dúzia de empregados. Paul tentou ler o nome na capa, mas não conseguiu porque havia um relógio de pulso sobre o dossiê, um produto suíço semiprecioso – um Tissot, pelo que parecia.

Paul tivera um Tissot, um presente pelo aniversário de 13 anos, dado por sua mãe. Ele o perdera na fila em que tivera que se despir ao entrar no campo. Paul adorava seu relógio, dando corda nele antes de dormir e verificando ao acordar se ele estava na cabeceira, onde o tinha colocado. Seu Tissot não tinha números, as horas apareciam levemente denteadas em seu perímetro, uma delicada sugestão do deslizamento do tempo.

O relógio de Hans era mais sólido, mais masculino, com um vidro muito riscado que só deixava os ponteiros visíveis e uma pulseira de couro grossa, trançada no padrão rúnico. Tocar aquele relógio custaria mais do que a vida de um homem, mas a tentação o levou a cada vez mais perto. Deixando um ouvido atento à aproximação de passos, Paul colocou o relógio na palma da mão e testou seu peso, como faria um cliente em potencial em uma joalheria. Segurar o relógio de Hans o fez se sentir poderoso e, ao mesmo tempo, contaminado. Colocou o relógio de volta com um estremecimento e, conforme fazia isso, o nome que estava na pasta saltou aos seus olhos, iluminado pelos vinte watts de uma lâmpada pendurada acima.

"Hannes Joachim Kerner", dizia. Não Hans, mas Hannes – mais nórdico e esotérico do que Hans, possivelmente um alto esnobismo para dar uma ilusão de aristocracia. E também havia um sobrenome, uma descoberta inestimável. O coração de Paul disparou um rufo de terror em suas costelas. Ele tinha desvendado o segredo dos segredos, o nome que depois da guerra levaria Hans à forca. Seu peito se inflou. Aterrorizado como estava pelo medo de ser pego, ele sabia que sua vida, curta ou prolongada como poderia ser, nunca mais voltaria a ser a mesma. O conhecimento sob a ponta dos seus dedos dera um fim à sua escravidão, sua impassibilidade. Mais uma vez Paul era um homem livre, livre para tomar decisões e determinar um rumo de ação.

Ciente de que poderia ser repentinamente interrompido, deu uma passada de olhos no dossiê, prestando atenção nas frases importantes, descartando os detalhes. Incapacitado para serviço ativo, dizia um certificado de dispensa do exército para H. J. Kerner. Razão: perna e pulmão esquerdos enfraquecidos por poliomielite infantil (portanto, no fim das contas, não era um ferimento de guerra). Herói da Grande Batalha, proclamava uma menção do partido, carimbada com assinaturas famosas que enchiam toda a página. Uma fotografia em papel brilhante mostrava Hans cumprimentando o líder de homem para homem, em uma investidura pública sob altas e leves colunas.

As páginas seguintes se contorciam de intimidades, uma orgia de informações. Um conjunto de papéis de divórcio (citando violência doméstica), relatórios de um abrigo estadual infantil sobre uma criança mentalmente retardada, um registro policial (ataque a dois meninos, caso anulado por um tribunal do partido), o mapa de uma fazenda bifurcada e – o que é isso? – uma ordem ministerial para subsidiar o proprietário em pastos e sementes. Tudo lá, exposto perante os olhos incrédulos de Paul.

As escrituras de terra eram como mosca no mel para um homem com a profissão de Paul. Elas mostravam que Hans possuía uma área em torno da pedreira (uma herança paterna) e outra (do lado materno) no alto da colina, em uma clareira da floresta. Ambas eram desgraçadamente inférteis, rendendo em ganhos financeiros pouco mais do que seu custo em impostos. Não levou muito tempo para que Paul percebesse que Hans persuadira os colegas de partido a arrendar seu legado inútil – o local da pedreira para um túnel, o alto da colina para um campo de trabalhos forçados. Sob todos os pontos de vista, esse era um acordo brilhante. Em troca de uma terra não cultivável, Kerner adquiria riqueza e poder. Ele não era apenas comandante do campo de trabalhos forçados, mas dono de tudo que tinha dentro, livre para fazer o que lhe aprouvesse – desde que entregasse o túnel no prazo e dentro do orçamento.

Um volume confuso de correspondência descrevia o recrutamento de guardas nas casas de convalescença para soldados feridos. Os prisioneiros vinham da agência estadual para trabalho recrutado, comprados em carregamentos de caminhão, por algumas moedas por cabeça. Pedidos de reposição por "quebras" ou "saneamento" revelavam o número de mortes: noventa e seis em um mês, cento e quarenta e duas no mês seguinte. Os eufemismos lembraram a Paul conluios em sua casa, onde o tio, um mestre em suborno, era o intermediário em acordos sujos entre proprietários de terra preguiçosos e funcionários municipais mal pagos. Paul gostou de descobrir suborno e corrupção grassando no topo de um regime que apregoava uma pureza implacável. Aquilo significava fraqueza estrutural, um presságio de desastre.

À escuta de passos, não ouvindo nada além do tamborilar da chuva no telhado da cabana, Paul voltou às páginas do arquivo, procurando algo que pudesse ter escapado. Preocupava-se com o fato de o material ser muito claro, muito unidimensional. Seria uma armadilha? Será que Paul estava sendo usado? Será que alguém, um guarda amotinado, talvez, estaria tentando plantar falsos rumores sobre Hans? Teria a fome confundido o pensamento crítico de Paul? Releu o dossiê de ponta a ponta. A saudação ao líder não era falsa. Os fatos comprovavam que Hans tinha amigos no alto escalão. Não importava como a ficha tinha sido deixada na escrivaninha. O que interessava era que Paul tinha os dados da vida de Hans em suas mãos trêmulas e a oportunidade de usá-los com um ganho pessoal incalculável.

Fechando o dossiê, recolocando o Tissot sobre ele, Paul voltou rapidamente para a sua mesa, para retraçar uma via de serviço com traços curtos e rápidos, guardando na memória, através de repetidos sussurros, todos os fatos importantes da pasta, ansioso por deixar a cabana antes que o comandante se lembrasse do que deixara em sua escrivaninha. Feito o esboço, ele o entregou sob chuva abundante para Hans, que, pegando o rolo de papel com uma mão, deu um tapa no crânio de Paul com a outra, o golpe resultando indolor pela prática da antecipação.

Naquela noite, coçando uma picada de piolho em seu beliche, Paul recapitulou em silêncio suas descobertas. Os nomes em primeiro lugar: não Hans, mas Hannes, um sufixo débil, uma perna arrastada, um suspiro e um balbucio. A sílaba supérflua suavizava o medo do homem. Aquele não era apenas uma besta louca, mas um empreiteiro esgotado, controlando um processo atrasado com uma equipe desleal. Em diferentes circunstâncias, Paul poderia ter sentido um toque de simpatia pelo administrador do projeto.

Era um trabalho duro, construção, sem segunda chance. Ele estava quase inclinado a oferecer um conselho de conhecedor ao comandante, quando o vazio o incomodou nas suas entranhas e ele se lembrou de quem era quem naquela situação, ele e o assassino Hans.

Sabia que a pasta poderia alimentá-lo por meses. Pão de Maretzek e sopa do pessoal de Finkel. Bengalas de pão fresco, grandes terrinas de sopa. Ele poderia senti-los na ponta da língua, fazê-los escorregar por sua garganta aos poucos, para dentro do estômago côncavo. Os desejos uivavam dentro dele, como os gritos de um recém-nascido pelo seio. Faria qualquer coisa para aplacar aquelas necessidades, qualquer coisa, menos colocar sua vida em risco. Isso o refreou. Com a precisão de um estatístico, calculou suas chances e as classificou como baixas. Se o nome verdadeiro de Hans começasse a circular, rapidamente seria desvendada a sua fonte. No campo havia traidores, conhecidos como *shtinkers*, que venderiam seus próprios irmãos por um pedaço de salsicha de fígado. Hans se lembraria de ter deixado o dossiê sobre sua escrivaninha e arrastaria Paul para a masmorra. Compartilhar a informação valia mais do que a vida de Paul, por mais que ele quisesse os alimentos, o prestígio e a solidariedade, que receberia em troca. Teria que guardar o nome Hannes consigo.

Sentindo-se culpado por não apoiar os companheiros, Paul se convenceu de que não seria do interesse deles saber a verdade. Hans era o nome que eles tinham conferido a um inimigo. Qualquer outro nome confundiria mentes famintas, enfraqueceria a resistência e esvaziaria o desejo de viver. Paul, fortalecido pelo conhecimento, sentiu que tinha responsabilidade em sustentar o moral do campo, reforçar os vínculos entre os homens, embora se fundamentassem em mitos e equívocos. O que os outros homens compartilhavam – o nome Hans, o medo comum – eram coisas mais valiosas para o espírito humano do que o fato real. Por mais que ele pudesse se arrepender, não divulgaria o conteúdo do dossiê.

Essa decisão o colocou à parte de seus companheiros sofredores. Ele possuía o fato; eles se satisfaziam com uma fantasia. Ele tinha a luz; eles apalpavam nas trevas. "Hans será enforcado" era o mantra diário de Maretzek. "A vingança me pertence, disse o Senhor", cantava o Professor nas abluções do amanhecer. "Uma vida por uma vida", pregava Milman. "Hans é pelas nossas."

"Mate-o hoje!", sibilava Maretzek enquanto Hans, não muito antes do fim, pisava nos dedos do pastor que se agarravam à beira do rochedo da pedreira. Naquela noite, Paul teve um sonho. Quando menino, sua mãe o levava todas as sextas-feiras a um pulgueiro, para ver filmes americanos não muito recentes em um velho projetor que quebrava o tempo todo, parando com meia imagem, ou distorcendo a imagem para um lado, de modo que os rostos ficavam encompridados, e metade da tela ficava em branco. Paul, mais entusiasmado com os desarranjos do que com os enredos idiotas, imaginava que uma história invisível estava sendo contada na metade vazia da tela. Conseguia ver a história dentro de sua cabeça e ouvir as vozes salientes. Era seu mundo cinematográfico particular e muitas vezes ele veio em sua salvação, quando tinha problemas na escola ou no trabalho, e precisava parar o carretel da realidade e fazer correr, em seu lugar, sua versão pessoal. O truque esteve à mão no pátio da marcha, onde homens eram enforcados e ele conseguia vê-los luminosos e rindo, em um diferente estado de ser, na outra metade da tela.

Na noite do assassinato de Milman, Paul voltou a um filme de Harold Lloyd que vira com sua mãe, em que o herói se agarrava aos ponteiros de um relógio gigante, no alto de um arranha-céu. Na outra tela, viu Hans e ele mesmo se pendurando em ponteiros opostos de um Tissot avantajado. Paul se dependurava no ponteiro das horas, às nove horas, tiquetaqueando segundo por segundo em direção ao ápice do meio-dia, de onde ele poderia se arrastar para a segurança de um telhado. Hans estava no ponteiro comprido, encaminhando-se para um abismo perpendicular no toque da meia hora. Paul sabia que precisava se segurar no extremo oposto de Hans. Precisava ficar tão longe de Hans quanto possível se quisesse escapar. Não poderia ficar como Hans em nenhum aspecto, ou estaria condenado. Se Hans franzisse o cenho, Paul deveria sorrir. Se Hans comesse, Paul deveria jejuar. Se Hans matasse, Paul deveria renunciar a matar agora e para sempre. Precisava ser o oposto de Hans.

Na manhã seguinte, Paul acordou com a mente mais clara do que estivera em meses. Entendeu que, se matasse, se transformaria em Hans; assim sendo, *ele não deveria matar*. Que Maretzek se enraiveça e o professor fique de mau humor. Se ele quisesse ser Paul, não deveria matar. Repetia essa regra consigo mesmo, madrugada após madrugada, em meio às canções de vingança, sorrindo não tanto por superioridade moral, mas por um sentido férreo de propósito. Sabia o que não deveria fazer.

E quando se anunciou o dia da liberdade, quando os prisioneiros acordaram e viram as torres dos vigias vazias e os portões duplos rangendo ao vento, Paul ficou sozinho em seu beliche, enquanto Maretzek e o Professor conduziam um grupo de vingadores para o bloco das acomodações dos guardas. Esqueletos listrados caçavam fantasmas com facas feitas por eles de fragmentos de pedra, revistando camas que haviam estado quentes uma hora antes. Tudo o que encontraram foi o criado idiota de Hans, adormecido em seu catre de ferro, com um ursinho de pelúcia no travesseiro. Ainda assim, eles o esbordoaram até a morte e se dirigiram em tropel ao depósito de comida, que bocejava vazio, todas as latas que restavam retiradas na fuga dos guardas. Exaustos, os prisioneiros esmurraram punhos sangrentos nas portas dos guarda-louças, urrando aos céus. Lutas irromperam por causa de um saco de batatas com aspecto de bosta, encontrado em uma copa. Maretzek, disparando a pistola do criado, reclamou as bostas para a "despensa do povo". O caos se misturou à miséria na madrugada da libertação.

"Agora o quê?", perguntou Paul quando o Professor rastejou de volta para o beliche que dividiam, ofegando com o esforço.

"Agora nada", disse o vingador contrariado.

"Estamos livres?"

"Não, mas próximos", gritou Maretzek. "Ouvi descarga de artilharia."

"Devemos sair para encontrá-los?"

"Quem se importa?", perguntou o Professor, o crânio pálido brilhando à luz da primavera.

Eles o chamavam "Professor", embora ele não passasse de um assistente de laboratório de uma capital dos Bálcãs. Seu nome era Mircea Vitse, ou pelo menos era isso que constava na prancheta quando os homens de preto vieram com uma lista de recrutamento para trabalho voluntário.

"Mas eu não me inscrevi como voluntário", protestou Vitse. "Deve haver algum engano."

"Nenhum engano", disse o rufião chefe. "A pena para quem não for voluntário é de cinco anos em um campo de trabalhos forçados. Você está condenado. Mexa-se."

Paul foi apanhado no mesmo dia em um país diferente, carregado para fora do escritório de seu tio e esmurrado para dentro de um caminhão aberto. Não protestou, aceitando sua sina como se ela fosse autoinfligida. Ele e o Professor se conheceram em uma marcha forçada subindo a colina, vindos da pedreira, brandindo gracejos irônicos como chicotes estalados em suas pernas.

"Você está desenhando uma calha para fuga?", zombou o Professor.

"Não, eu os estou ajudando a cavar para invadir a Austrália", riu Paul. "Qual é o seu trabalho?"

"Eu deveria supervisionar a arma que trará a vitória. Mas aqueles cientistas não conseguiram misturar a porção certa sem comprometer o saco, então, por enquanto, estou compilando tabelas de temperatura para elementos da tabela periódica."

"A arma, ela entrará em combustão?", perguntou Paul, pensando na espessura da parede e na profundidade da fundação.

"É mais provável que ela nos lance em ebulição", sorriu o Professor. "Os filhos do diabo estão experimentando um vírus da peste bubônica, entre outros atavismos medievais."

Enquanto os dois amigos faziam cálculos de escritório, outros cortavam ardósia para o silo. O trabalho de enfrentar a rocha era assassino. Os homens desfaleciam por causa do calor, do frio e da fome. As avalanches eram frequentes. Os guardas variavam dos maus-tratos a um espírito brincalhão que era ainda mais perigoso. Um homem acusado de trabalhar lentamente teve que carregar uma carga completa de ardósia até o alto do rochedo, onde, acossado por cães, pulou ou caiu. Hans transformou essa tortura em esporte. Dois homens tinham que pular juntos, enquanto os guardas apostavam em qual aterrissaria primeiro e se seria de cabeça ou pelos pés. Chamavam de "queda livre". Os outros prisioneiros, convocados para assistir, davam graças por essa pausa no talhar e empilhar. Três rodadas de queda livre poderiam custar uma hora do dia sem-fim e esgotar os cachorros selvagens.

Os mortos eram carregados no final do dia em uma sombria marcha acelerada, pedreira-pousada-campo, subindo a estrada, passando pela Corça Sorridente, pela igreja, pelas lojas, até a fossa de cal fora do campo, onde cada cadáver era levantado para que o número de seu braço fosse retirado de uma lista, depois despejado na sepultura de massa. Os vivos eram contados ao passarem pelo portão, um por um, e mantidos de pé em fila por uma hora ou duas, enquanto eram contados novamente para a meticulosa contabilidade de Hans. A chamada dava a Paul tempo para mapear seus arredores. O campo era construído como um conjunto de quadrados. Quatro blocos de unidades de serviço – cozinha, enfermaria, quartos de depósito, celas de tortura – rodeavam o campo de revista. Fileiras e fileiras de casernas de prisioneiros constituíam o próximo quadrado, ele mesmo rodeado pelo bloco dos guardas e seus limites herbóreos, o que representava uma fachada respeitável para os passantes, embora fosse bastante improvável que alguém fosse passar tão longe da trilha da floresta, violando os avisos de NÃO ENTRE.

Nos últimos meses da guerra, quando as estradas estavam bombardeadas e os trabalhadores mortos não podiam ser substituídos, a queda livre parou. O mesmo aconteceu com os privilégios de Paul na cabana, uma vez que cada um dos prisioneiros que restavam era lançado em um frenético esforço para terminar o túnel. "Estou satisfeito por ser voluntário", tossiu o Professor, os pulmões cheios de poeira de ardósia. "Detestaria ter que fazer esse trabalho tão desagradável sob ameaça."

"Vou providenciar pesquisa para o seu doutorado", disse Paul, fazendo uma careta.

"Não tenho vontade de fazer doutorado."

"Eles vão nomeá-lo reitor da academia quando voltar para casa."

"Meu caro Pavlov", disse o Professor, "alguém já lhe disse que está cheio de merda?"

"Pavlov" era o nome que o Professor usava para Paul.

"Por que Pavlov?", perguntou Paul.

"Por causa do cientista soviético que fazia os cachorros salivarem enquanto retinha a comida."

"E eu estou retendo alguma coisa?"

"Você sabe o que você sabe."

"O que isso quer dizer?"

"Você joga seu próprio jogo. Você fica de lado e nos observa como ratos de laboratório."

Paul já conhecera tipos como o Professor, homens espertos, amargos, que por causa da pobreza, ou de falhas na personalidade, não haviam conseguido obter um bom diploma e ganhavam uma ninharia vestindo aventais brancos como auxiliares científicos, desprezando homens de mentes inferiores, que eram chamados de "doutor". O

Professor era um poço de ressentimentos, um homem de uma autoestima absurda, que sempre falava muito mais do que era preciso. Teria sido um colega impossível na universidade; no campo, era a própria vida. Muitas vezes, naquele último inverno extremamente gelado, ele salvara Paul de um colapso na vertente da pedreira. Ele o ensinou a economizar energia, forrando seu trenó com samambaias, para que os guardas pensassem que estava cheio. "O mínimo de esforço, mínimo, mínimo", ele resmungava. "Três centímetros", ele repicava na marcha da tarde. "Não levante muito o pé, economize energia."

Paul recompensou seu amigo com uma agradecida deferência. Pode ser que na vida acadêmica sua qualificação fosse superior à do Professor, mas o técnico careca tinha habilidades vitais de sobrevivência, guarnecidas com um raro dom da ironia. Todas as noites, na sua bancada superior, os dois homens cortavam pão sobre um lenço estendido, fingindo que estavam jantando em um restaurante *gourmet*.

"Aceita mais um pouco de água, Professor?"

"Obrigado, Pavlov. Outro pedaço desta deliciosa baguete?"

"Já estou satisfeito, obrigado."

Alguns colegas se amontoavam ao redor para assistir à comédia de perto. Eles faziam um par, Paul e o Professor, e seu comportamento bizarro dava uma ilusão de normalidade. Depois que a toalha era retirada e dobrada, com cada migalha levantada na ponta do dedo úmido e levada aos lábios para evitar desperdício, o Professor se sentava no seu canto afiando uma faca, enquanto Paul executava uma cirurgia exposta na beira do beliche. Espalhara-se a notícia de que ele tinha dois doutorados anômalos, em psicologia e em arquitetura, e os prisioneiros o procuravam pedindo ajuda e conselho. Tamas, o musculoso húngaro, lhe pediu que desenhasse uma extensão para a cervejaria de seu pai, em troca de um punhado de cascas de vegetais. Ângelo queria aprender como reproduzir um desenho de duas ninfas nuas que vira na Galeria Uffizi, na sua terra. Janko, de 22 anos, confidenciou que se sentia atraído por homens. Vremi, da Ucrânia, temia que a úlcera de seu pé estivesse se tornando gangrenosa. O próprio Professor, lâmina na mão, perguntou a Paul, depois que os últimos clientes tinham ido embora, o que ele deveria fazer em relação a um problema doméstico: um encontro que resultara em uma gravidez inesperada, consequência (ele reclamava) da inexperiência prévia de sua companheira e da falta de precaução, com uma estudante do segundo ano de bioquímica sem peito, pálida, com quem ele dividira um quartinho debaixo da escada em um ataque militar.

Com gentileza e serena paciência, Paul atendia a cada pedido de acordo com sua necessidade. Para Tamas, ele esboçou um barracão com capacidade para barris de cem litros. Para Ângelo e quem mais quisesse assistir, deu uma aula no domingo de manhã sobre desenho de figuras humanas. Para Janko, disse que não se preocupasse, afirmando que ele voltaria a ser atraído por seios grandes no dia em que deixasse o campo. A ferida de Vremi foi lancetada com a ferramenta do Professor, extraindo todo o pus e fazendo um curativo com o lenço da mesa de jantar. O Professor foi cumprimentado por se tornar pai, mesmo com uma companheira tão pouco atraente como a bioquímica virgem.

"O que eu faço com a criança?", atormentava-se o Professor.

"Primeiro, saia daqui vivo", disse Paul. "O resto acaba dando certo. Talvez, quando você voltar para casa, descubra que a maternidade transformou a menina em uma Mona Lisa e não vai acreditar na sua sorte por ter pescado tal maravilha."

"Nunca tive sorte, acredite", resmungou o Professor.

"Você tem um filho."

"Nunca quis um."

Paul mudou de assunto com medo de ofendê-lo. Sua aliança com o Professor estava fundamentada na necessidade mútua e em uma respeitosa distância. "Como diplomatas de casaca em um reino de canibais", na criativa alegoria do Professor, ele mantinha uma aparência de conduta civilizada no estreito beliche. Dormiam rosto com pés, uma proximidade intolerável. Todas as manhãs, eles se cumprimentavam por estarem um dia mais perto da glória de uma cama individual.

"Agora o quê?", perguntou Paul, conforme o Professor ressurgia de sua mortalha de melancolia da libertação.

"Esperamos", respondeu o Professor.

"Quanto tempo?", gritou Tamas. "Não há nada para comer. Se não sairmos daqui em um ou dois dias, estaremos mortos."

"O que você sugere, caro Pavlov?"

"Por que não saímos e damos uma avaliada, descemos até a aldeia e batemos nas portas pedindo comida?", sugeriu Paul.

"Está louco?", perguntou Janko do beliche, abaixo. "Você acha que as mulheres dos fazendeiros vão nos dar ovos, leite e uma cama para dormir? Elas vão atirar no primeiro de nós que abrir um portão e mandar os cachorros atrás do resto."

"E quem disse que Hans não está lá fora, sentado na floresta com uma garrafa de *schnapps* e uma metralhadora?", rosnou Vremi. "Estaremos melhor se ficarmos aqui. Os libertadores não podem estar longe. O trovejar é tiro de canhão, não trovão."

Um silêncio caiu sobre o alojamento, enquanto os homens se debatiam com a falta de familiaridade com a liberdade de decisão. Os húngaros estavam todos favoráveis a partir sem demora, mas Paul os persuadiu a ouvir Janko, que, em sua cidade mercante, antes da guerra, vira pivetes apedrejando até a morte uma criança cigana perdida. Se havia alguma coisa que unia os camponeses do mundo em aspectos que Karl Marx não previra, ou que Maretzek pudesse admitir, era a xenofobia. Homens com uniformes listrados do campo não deveriam esperar favores do pessoal rural, pessoas que afundavam a cabeça até agora em canecas de cerveja enquanto a morte passava por dentro de sua aldeia.

"Janko está certo", disse Paul. "Vamos esperar. Se não chegar nenhuma ajuda até o nascer do sol, saímos e pedimos." Naquela noite, os homens falaram no futuro positivo, um tempo de verbo esquecido. Janko chorou ao se ver abraçando a mãe viúva. Ângelo descreveu seus planos para o encontro com Renata, no alto das colinas com os *partisans*. Queria poder mostrar a eles uma fotografia de sua linda noiva; em vez disso, circulou um desenho de um nu que fizera sob a supervisão de Paul, discorrendo pormenorizadamente sobre sua tez cor de azeitona clara, seus negros olhos ovais, seus contornos clássicos e seu entusiasmo clamoroso para o ato do amor a céu aberto, uma descrição que Paul interpretou como um esforço generoso para distrair os amigos do tormento da fome, da impotência e do medo da manhã.

Andras e Tamas entoaram uma balada sobre traição nos Bálcãs no centro do barracão. Marek, o polaco, ruminou alto sobre conserto de carros. Dargan, o sérvio, desgastou o cabo de sua colher até um ponto letal. Nils, o norueguês, ficou sentado junto à porta, como um pescador ao lado de um buraco de gelo. O barracão era um continente unido de despossuídos.

"E você, Leonardo?", esganiçou Ângelo, dirigindo-se ao professor de arte. "O que você vai fazer?"

Paul não tinha casa, planos, ninguém para ver.

"Para onde você vai?", pressionou Janko.

"Talvez Canadá. Tenho um primo em Vancouver, por parte de mãe..."

"É uma terra de fartura", disse uma voz sem rosto.

"Muito fria", disse o Professor, e um arrepio percorreu homens cadavéricos, sob seus cobertores ralos.

"Quem vai ser o primeiro a sair amanhã?", perguntou Ângelo.

"Vamos tirar a sorte", propôs o Professor. "Não tem sentido todos nós sermos baleados juntos."

"Um homem", disse Maretzek, "o mais apresentável, deveria inspecionar a área e trazer o que conseguir. Depois que comermos, poderemos dar uma saída."

"Algum voluntário?"

"Talvez deva ser eu", disse Paul. "Eu falo a língua e tenho menos a perder."

"Vamos dormir com isso na cabeça", disse o Professor num bocejo. O consenso se fez no barracão naquela noite, a última que Paul teria que suportar.

Uma hora antes do amanhecer, ele estava de pé por força do hábito, saindo apressado para a chamada antes de se lembrar que a contagem acabara, os responsáveis por ela haviam partido. Ele se demorou ao se lavar na torneira, sozinho sob as estrelas brilhantes, abotoando o casaco até o pescoço para evitar o frio. Voltando para o barracão, sentiu os olhos de Janko, vindos do beliche abaixo, sobre si.

"Vou com você", sussurrou o jovem.

"Melhor não, é mais seguro eu ir sozinho."

"Não se arrisque."

"Não se preocupe. Vou tomar cuidado."

"Seja rápido."

"Vou fazer o possível."

"Pão e queijo, ovos e presunto..."

"Tudo que eu conseguir carregar."

Debruçando-se, Paul beijou Janko no topo da cabeça, percebendo naquele momento que a confissão gaguejada de Janko sobre seus impulsos sexuais tinha sido uma envergonhada declaração de amor pelo homem que dormia acima. Janko agarrou a mão de Paul, beijando-a com força nos nós dos dedos antes de mandá-lo embora para o mundo difícil e vazio.

Paul atravessou os portões do campo interno, passou por montes de terra e trincheiras com filas tríplices de arame e pela cerca externa eletrificada. Um de seus trechos fora arrebentado em um ângulo estranho por um veículo em fuga. Sem olhar nem para a direita, nem para a esquerda, adentrou a floresta em uma passada regular, as solas dos pés conhecendo cada passo, cada curva da estrada, cada sulco na superfície, o lugar onde Grunwald fora baleado, onde Goran caíra, onde Varady fora estraçalhado por cães pastores exultantes. De ambos os lados, carvalhos e coníferas desciam sobre as encostas sem fim. Sentiu o cheiro de cogumelos sob a terra, mas não conseguia ver nada, ou confiar em si mesmo para separar os comestíveis dos mortais. Outro cheiro cutucou suas narinas: o fedor de excremento animal. Havia lobos nas matas – ele ouvira seus uivos –, mas o medo do selvagem foi anulado por uma sensação mais forte, uma solidão excitante. Só e sem ser observado, Paul se tornou uma criança rebelde, louca para quebrar as regras. Aliviou a bexiga em uma estreita corredeira, contra uma árvore volumosa e, se abotoando, atirou seu gorro de escravo em um bosque. A cabeça girava de excitação. Estivera no inferno de Dante e saíra fisicamente inteiro, sem sangue nas mãos.

Estava livre para fazer o que quisesse, para ir aonde escolhesse. Nunca mais teria que descer ou subir aquela colina novamente. Podia conseguir comida para seus amigos ou abandoná-los. Ninguém podia tocá-lo; ninguém precisava saber jamais. Estava livre, livre, livre. Apressando a caminhada na descida, contou os passos como se fosse outra marcha forçada. Passou pela igreja no 860º e pela casa do médico, onde uma luz tremeluzia sobre o mastro e o emblema da serpente. Pensou em bater o sino, mas mudou de ideia, pensando que o médico, caso fosse fiel a seu juramento, deveria ser mais acessível durante o dia. De todos os aldeões, o médico com certeza seria sua melhor probabilidade de sustento.

Continuou em frente, mais rápido, mil e quarenta e um passos, quarenta e dois, quarenta e três, viu o luminoso sorriso da Corça Sorridente e se lembrou do cheiro das latas de lixo gigantes ao lado da porta da cozinha. Um bom lugar para restos, para cascas de frutas e vegetais para mastigar, o que poderia fazer suas pernas pararem de tremer até que pudesse ir ao médico e ao padre, implorar por um sinal de decência humana, se é que tal coisa existia em um lugar que virara a cabeça para os mortos e agonizantes.

Com as forças acabando, Paul levantou a tampa de ferro de uma lata de lixo e olhou dentro. Estava vazia, limpa como a vasilha de um gato. Eles deviam ter alimentado os porcos na noite anterior com as sobras da pousada ou tê-las espalhado em um amontoado de composto. Aconteceu o mesmo com a segunda lata e com a que vinha a seguir. Os olhos fundos de Paul se encheram de lágrimas. Não havia nem mesmo uma folha bolorenta de repolho para um homem mastigar. O céu estava se tornando cinza nas beiradas. Procurou por uma janela que pudesse levá-lo a uma cozinha para um gole de água, uma busca ao seu redor à procura de migalhas. Viu um ferrolho aberto em uma ventilação superior e usou a última torção de um músculo para alçar seu esqueleto até a borda da janela. Quando insinuou o braço descarnado na abertura, a perna escorregou na borda e ele se estatelou no chão, deslocando a tampa de uma lata enquanto caía. “Quem está aí?”, tremeu uma voz, a última que ouviria durante dias.

CAPÍTULO TRÊS

Paul e Alice tinham um acordo tácito de nunca se referir a seu primeiro encontro por palavras, gestos ou presentes de aniversário. Era seu segredo particular, uma intimidade conjugal tão pessoal que evitavam compartilhá-la até entre eles. Nenhum deles conseguia se lembrar quem tinha pedido o silêncio, se ele tinha sido invocado por Alice, por modéstia, ou por Paul, por vergonha. De qualquer modo, nenhum deles nunca se referiu ao momento em que tinham se encontrado. Paul assumiu que Alice não queria ser lembrada do estado em que ele estava quando ela o encontrou, meio morto, mais um animal do que um homem. Deve ser difícil para ela, pensou, olhar para o marido, o estalajadeiro e prefeito popular, e se lembrar dele como a coisa pestilenta que tirou do chão e alimentou com a mão, como um pássaro caído. Por sua vez, Paul se recusava a rever seu ato de traição, o abandono de seus amigos desesperados pelo amparo que encontrara em Alice.

Leal e autocontida, Alice nem uma vez, em uma briga doméstica ou em algum estado sentimental, lembrou-lhe de seu débito para com ela. Ela o via como ele era agora, não como antes, e Paul selava sua cegueira com um beijo cúmplice. Ele sabia que se alguma vez ela o olhasse como o fizera naquele dia – um molambo sujo e faminto entre as latas de lixo – estaria desmoralizado. A vida deles se apoiava na solidez de rocha do respeito dela. Se ela fosse avaliá-lo com o olhar de piedade do primeiro encontro, a rocha viraria argila e se esfarelaria sobre eles. Ela detinha a chave de sua confiança e nunca ostentou esse poder. Paul amava Alice tanto pelo seu tato quanto por qualquer outra faceta de sua natureza decidida, e se não podia jurar perante Deus que a amava como nunca amara ninguém (não que ela já tivesse perguntado), pelo menos podia corresponder a seu amor com um reconhecimento de suas preciosas qualidades – a não ser, como frequentemente acontecia, que ela o superasse nos elogios.

"Querido", ela disse em uma noite de verão, enquanto ele rabiscava em seu bloco e ela, sentada junto ao cesto de roupas, remendava meia após meia, consertando qualquer furo que descobrisse nos dedos. "Querido", ela disse, "tenho tanto orgulho de você!"

"Orgulho? Do quê?", perguntou Paul, com certo temor das reminiscências.

O relógio do avô assinalava sonoros segundos no corredor, e os cascos de um cavalo ressoaram ritmadamente subindo a colina. Uma brisa morna esvoaçava as cortinas, trazendo o perfume granuloso do feno que secava nos campos sinuosos que desciam até o rio límpido. Alice cortou uma linha de algodão com seus dentes perolados dianteiros e alisou o remendo. Um chumaço de cabelo amarelo-palha caiu sobre seus olhos. Ela o prendeu metodicamente para trás, com gestos hábeis e econômicos. "Eu estava exatamente contando", ela disse, "todas as mudanças que você fez na aldeia, as inovações que trouxe para nossa pousada..."

"Mas é você quem toma conta da pousada, não eu", ele protestou debilmente, convidando a uma contradição.

"Ela não progrediria sem você." Ela sorriu. "Todas as ideias são suas – a ala do hotel, o pacote turístico de final de semana, a máquina de café. Quem nessa província já tinha provado um *espresso*? Agora eles vêm de quilômetros de distância só para olhar para nossa máquina de café, como se fosse um Michelangelo. Você transformou a Corça

Sorridente em um lugar onde as pessoas querem estar, mesmo que não precisem de uma bebida. É um lugar para se tomar um café da manhã, ler os jornais, encontrar amigos, fazer uma festa, ou se sentar sozinho, e tudo isso graças a você, meu amor. Até Papa consegue ver isso."

Mais tarde naquela noite, na cama, envolvendo as costas relaxadas da esposa, Paul pensaria na reação de Alice, caso ele pudesse compartilhar com ela aquilo que voltara a assombrá-lo, forçando-o a ficar acordado até altas horas: o medo de Hans. Caso ele começasse a falar, ela o escutaria sem interrupção e, quando acabasse, o asseguraria de seu amor incondicional, seu apoio irrestrito, naquela maneira maravilhosa que lhe era tão natural. Juntos desde aquela primeira madrugada cinzenta, eles formavam uma frente contra o mundo. Paul sabia que podia fazer o que precisasse, que Alice estaria logo atrás dele. Alice, sem pretender entender mais do que uma fração dos pensamentos complexos de Paul, sabia com toda a certeza que ele estava certo, que ele lhe pertencia e que jamais a abandonaria.

Uma nuvem de preocupação passou por seus pensamentos.

"O que foi querida?", murmurou Paul, dobrando seu esboço para o novo telhado da escola.

"Estou preocupada com o fato de você acordar toda noite", disse Alice. "Tem alguma coisa a ver com, você sabe, o aparelho urinário? Não seria o caso de você ir ver o doutor Walters?" Paul balançou a cabeça duas vezes irrevogavelmente.

"Papa teve esse problema", ela prosseguiu. "O médico o encaminhou para o hospital da universidade. Eles tiraram um, como é que se chama, um raio x e encontraram um pequeno tumor na – você sabe onde. Ele ficou internado uma semana depois da operação e, quando voltou para casa, estava como novo – bom, tão bem como nunca.

"Minha insônia não tem nada a ver com problema urinário, ou com qualquer cisto ou tumor", disse Paul, recorrendo a termos médicos para disfarçar sua irritação. "Não há nada com que se preocupar. É uma fase passageira, provavelmente por causa do excesso de trabalho; estou com muita coisa na cabeça. Vai passar por si só, meu amor. De qualquer modo, você sabe que eu não suportaria ficar trancafiado em um hospital. Não reajo bem a janelas com grades e regimes rigorosos."

Alice, percebendo que ele se fechava, lhe estendeu um emaranhado de lã verde para que segurasse, enquanto ela ia enrolando em novelos. Era um emaranhado resistente, extraído de um velho suéter, e ia ser usado – quem poupa tem – em um novo tricô. Com os braços esticados, Paul olhou o movimento que ela fazia com a cabeça, seus ombros ocupados, e viu uma mulher fazendo o que sua mãe e sua avó haviam feito antes dela: o melhor para seu homem e sua casa. Alice pertencia a um tempo passado. Seus horizontes eram as encostas do vale, suas ambições eram simples. Ele não podia lhe contar sobre os empreendedores das grandes cidades e grandes ideias, porque ela nunca tinha se aventurado além do vale, nem, pelo que ele soubesse, segurado nas mãos qualquer livro que não fosse a Bíblia por um tempo maior que o de ler seu título. Se ele a tivesse conhecido em sua vida pregressa, não saberia o que lhe dizer, e qualquer faísca entre eles teria se extinguido pela brecha entre as culturas. Uma prova do quanto ele tinha se desligado daquele passado era que agora ele achava Alice desejável e interessante, e sua ingenuidade, uma virtude positiva. Não tinha necessidade de conversar com ela sobre arquitetos e filósofos. Cancelara sua assinatura para um intelecto inquieto e suas publicações científicas. Tudo o que queria para o resto de sua vida era ver o rio subindo na primavera e descendo no verão, os campos tosados pela colheita renovando sua fartura na estação seguinte, seu filho indo da altura do joelho para a altura da cabeça. Acima de tudo, sonhava relaxar na dádiva de um amor que vinha de Alice com a mesma facilidade com que a lã vem do carneiro, ou, como acontecia agora, de um suéter desfiado. Alice era o porto seguro de Paul; sua voz de contralto, sua canção de ninar. Ao ouvi-la contando as voltas da lã, ou cantando para

Johann, mandando nas meninas da cozinha, ou conversando com Lisl atrás do bar, Paul se sentia embalado por seu tom volumoso, terreno, sua robustez física. Sua voz era um sino que de início havia soado nos ouvidos de um Paul agonizante, prostrado a seus pés, e, ouvido fracamente, lhe deu esperança de renascimento.

"O QUE FOI?" foi a segunda coisa que ele a ouviu dizendo, depois do tímido "quem está aí?". Ela estava de pé junto a ele, suas botas de limpeza ao lado do seu queixo, cheirando a amônia.

"Você está com fome?", ela perguntou. "Você deve estar com fome. Espere. Vou pegar alguma coisa."

O som chegou até ele abafado e lento. Tentou desgrudar a língua do céu da boca ressecado e contrair uma perna para mostrar que tinha ouvido, mas a mensagem não caminhou do cérebro até a perna. Conseguiu piscar e ela assentiu em reconhecimento, levantando a palma da mão num gesto mudo: espere aí. Quando ela se foi, ele separou suas palavras em sílabas, juntando-as de volta, desesperado para entender se a garota ia ajudá-lo ou entregá-lo para ser liquidado. Sua voz fora cálida, sua dicção clara, seu sentido direto. Ainda assim, alguma coisa incomodava. Um pronome falso, era isso. "Você está com fome?", ela dissera, usando o formal *Sie*, em vez do infantil *Du*. Ela tinha se dirigido a ele como a um adulto, um homem livre, uma pessoa importante. Não falavam com ele desse jeito desde o dia em que fora preso. Abalado, tentou levantar um braço em saudação quando ela voltou.

"Não se mexa", ordenou a garota. Agachando-se ao lado dele e levantando sua cabeça na dobra de um braço vigoroso, deu-lhe colheradas de água fresca de uma vasilha, sopa de vegetais aquecida de outra, alternando-as em ângulo na caverna de sua boca, cuidando para não alimentá-lo rápido demais ou queimar sua língua. No nono ou décimo gole ele teve ânsia, um engasgo de catarro misturado com pedaços de cenoura. Ela não vacilou, enxugando a bílis em seu avental, e esperou que ele continuasse. Parecia acostumada com a invalidez. Quando ele já não conseguia engolir, ela baixava sua cabeça no colo e o deixava descansar.

"Você escapou do campo?", ela perguntou, dedilhando sua jaqueta listrada à luz da janela da cozinha. "Eles estão procurando por você?"

Ele balançou a cabeça, sinalizando com as mãos abertas que as cercas estavam arrebentadas, que ele estava fora por conta dele, sem representar perigo para ninguém. Um tom róseo vincou o horizonte.

"Venha", ela disse, segurando-o sob os braços, "vamos levantar."

Sua empunhadura era vigorosa, mas ele não tinha força nas pernas e desabou como um peixe no chão. Ela o recostou na parede e o avaliou com um olhar objetivo, planejando o que fazer em seguida. Paul ficou olhando para o chão, hábito de prisioneiro, temendo influenciar a decisão dela, caso fosse uma decisão errada. A garota era jovem – 17, 18 anos –, cabelo curto, pele macia e evidentemente bem alimentada, sob um avental de cozinha amplo e sem forma. Sua voz era firme, seus gestos, calmos.

"Vamos entrar", ela disse. Ele lhe deu uma nova olhada. Uns 18, talvez 19. O cabelo não era curto, mas puxado num coque bem firme na cabeça, dando um efeito assexuado, um ar andrógino, sensato em tempos tão selvagens. Singularmente, ela não demonstrou medo do invasor masculino; ele percebeu que devia parecer fraco e patético.

Uma carroça rodava em algum ponto da estrada, seus gonzos rangiam. Paul lutou com seu quadril, como se fosse fugir. "Pare", disse a garota. "Não é seguro para você ficar ao ar livre em roupas de prisioneiro. Vou arrumar alguma coisa para você vestir e mantê-lo dentro de casa até o anoitecer." Ela o puxou e o arrastou para dentro, por um corredor e, com o dedo nos lábios, o levou para cima por uma escada de madeira. No segundo andar ela mudou seu jeito de segurá-lo, levantando o seu corpo, com um braço ao redor do seu pescoço e o outro sob seus joelhos, carregando-o até um quarto na água-furtada. "Aqui costumava ser o quarto da cozinheira", ela disse ofegante, "mas no ano passado ela foi convocada para alimentar as tropas, então só restamos Papa e eu na pousada, nós e algumas velhas mãos que nos ajudam à noite."

O sótão continha uma cama de solteiro com um colchão listrado rente à parede inclinada, uma pequena escrivaninha perto da janela, jarro e bacia, um armário com espelho, um urinol. Não havia luz elétrica nem água corrente. A garota abriu as cortinas e estendeu uma coberta de brocado sobre a cama. "Vou lhe trazer água para se lavar e algumas roupas", ela prometeu. "E também mais coisas para você comer." Ele se sentou na cama, que mal cedia ao seu pouco peso. "Vou trancar você aqui dentro", ela explicou. "Quase ninguém vem aqui agora, mas nunca se sabe. Se precisar" – ela indicou o urinol –, "use isso."

Ele se jogou de volta no colchão e, ao som da chave girando, mergulhou no nada. Ao acordar, o dia morria na janela e a estrada estava mortalmente quieta. Algumas fatias de pão fresco e queijo estavam em uma bandeja de madeira, ao lado de uma xícara de um substituto de café, frio. Ele roeu um sanduíche e tomou uns goles do líquido escuro, até que suas entranhas se rebelaram e ele correu para o urinol. Enquanto ele evacuava o último jorro, a fechadura girou e a garota entrou com uma bacia de água fumegante que colocou no chão de madeira, com um pedaço de sabão e uma toalha. Sem se intimidar com suas canelas secas e com o fedor pútrido do cômodo, perguntou se ele estava se sentindo melhor. Paul, despido da privacidade e da calça, voltou a seu *status* de escravo. Murmurou um pedido de desculpas, com os olhos baixos.

"Não é necessário", ela disse. "É hora de se lavar e trocar de roupa."

"E depois?"

"Vamos ver como ficam as coisas."

Prendendo um castiçal na escrivaninha, ela acendeu o pavio enquanto ele despia o resto de suas roupas listradas e lavava a parte superior do corpo na bacia sobre o chão, antes de se agachar na água para molhar as partes inferiores. Ele olhou para baixo e viu as costelas sobressaindo através da pele de pergaminho, a barriga côncava, sua masculinidade dispersa. A garota não demonstrou embaraço, segurando uma toalha enquanto ele se levantava e envolvendo-o. Ele começou a tremer. Ela o segurou com firmeza contra seu suéter grosso, compartilhando o calor. "Está tudo bem", ela disse. "Você está a salvo aqui."

"Devo ir?"

"Não, fique esta noite. Você não está em um bom estado para partir."

Enfiando uma camisola de lã sobre sua cabeça e braços, ela forrou a cama com um edredom extra que trouxera do armário. As pernas da cama chacoalharam com o tremor dele. "Você vai ficar bem", ela disse. "Durma mais um pouco; não há nada com que se preocupar. Em poucos dias tudo estará terminado e poderemos começar a olhar para a frente."

Ele tossia em espasmos, quando ela voltou com uma tigela de caldo claro. "Você vai viver", ela lhe garantiu.

"Como você sabe?", ele perguntou.

"Cuidei de minha mãe agonizante", disse a garota sem expressão. "Você não está tão doente."

Durante três dias e noites sua febre esteve muito alta, e quando ela cedeu a guerra terminara. A garota lhe trouxe a notícia da rendição com uma tigela de sopa de alho-poró e uma tulipa amarela em um copo alto. Paul, depois que ela o tinha lavado da cabeça aos pés com uma flanela úmida, cambaleou até a janela com as próprias pernas e viu tanques trovejando pela estrada, seus tripulantes acenando da torre com a cabeça descoberta. Uma bandeira branca cobria o escudo da Corça Sorridente. O restante da aldeia estava, até onde ele conseguia ver, deserto. Depois que o último tanque passou, a garota entreabriu uma janela para deixar que o ar estagnado saísse, mas nenhuma rajada de ar fresco soprou para dentro. Tudo estava parado do lado de fora, o tempo e a natureza suspensos.

Um choque de consciência o atingiu como um choque elétrico da cerca do perímetro do campo. O que acontecera com os homens que ele abandonara, aqueles a quem prometera levar comida e bebida? Ele os traíra, deixara que morressem. Seus pés cambalearam e a garota – Alice era o seu nome – o conduziu de volta para a cama. Ele perguntou se ela sabia o que estava sendo feito com os prisioneiros libertados do campo de trabalhos forçados no alto da colina. Ela lhe deu um olhar lento, frugal, avaliando o quanto ele suportaria. Paul repetiu a pergunta. Alguns deles, ela disse, haviam saído atrás de comida. Um deles, um tcheco, tinha sido morto a tiros pela mulher de um fazendeiro que ele tentara estuprar. Deus do céu, pediu Paul, que não seja Janko.

A aldeia, disse a garota, estava aterrorizada com os presos. Não era culpa do pessoal local que os camaradas tivessem sido maltratados. As pessoas tinham pena deles, mas o que podiam fazer? Ajudar um prisioneiro era um delito grave. Uma mulher, viúva de guerra, fora enviada para a cadeia ao dar comida a um dos miseráveis listrados que fora mandado para levar sua colheita. Outra foi morta por esconder um fugitivo em seu estábulo; havia cartazes sobre isso por toda a aldeia. Ela falava como se Paul não fosse um prisioneiro recente, mas um hóspede em sua pousada, colocando-o a par das fofocas. As pessoas, ela continuou, esperavam que aqueles pobres homens fossem mandados para casa imediatamente, seja lá de onde tivessem vindo.

"E se eles não tiverem casa para voltar?", perguntou Paul. "E se suas casas e cidades tiverem sido queimadas com suas famílias dentro?"

"Não sabemos nada sobre essas coisas", disse Alice, comprimindo tiras de presunto e alface entre dois pedaços de pão que segurava junto à boca de Paul. Ele abriu a boca e não disse mais nada.

Alice passou os primeiros dias e noites da liberação no sótão, mandada por seu pai para que ficasse longe das vistas de soldados famintos por sexo. "Ele não sabe que você está aqui, claro." Ela deu uma risada, indicando com sua reação frívola que ele não era um homem bravo. Ela usava um suéter encorpado e um macacão, o cabelo recolhido em um gorro de trabalhador. Com ombros largos e botas grandes, não havia nela nada de feminino, nada que despertasse desejo. Ela brincou com Paul sobre seus trajes, perguntando se poderia representar José, o carpinteiro, na peça de Natal daquele ano. Parecia mais infantil do que antes, indiferente ao mundo e seu torvelinho. Trouxe-lhe notícias e mexericos – sobre o prefeito, que tinha fugido com a prataria da igreja; sobre a mula que sumira da fazenda Bauer e fora encontrada semicomida; sobre a dona da fazenda que, violentada por um soldado negro, se matou com um tiro logo depois. Os rumores andavam aos turbilhões. Alguém disse que aquela era a mesma mulher que matara o prisioneiro tcheco saqueador um dia antes.

"Foi bem feito", resmungou Paul.

"Seu nome era Franziska Bauer. Prima da minha mãe", disse Alice.

À noite ela se deitou no chão do sótão em um saco de dormir cáqui, perguntando a Paul se ele se incomodava, e prometeu, com uma risadinha, não roncar. À luz da manhã ele notou que ela dormia com um polegar na boca e uma boneca ao lado. Acordada, ela conversou com ele na maior parte do tempo, não pedindo nada além de um vago sorriso como resposta. Uma ou duas vezes perguntou se o estava incomodando, se desculpando e dizendo que não tinha muita chance de conversar fiado com alguém naqueles dias. Desde que sua mãe morrera, Papa e ela ficaram muito próximos um do outro, como os fantasmas que viviam naqueles cavaleiros de armadura ornamental da escada. Há muito que os meninos haviam partido – Karlheinrich, morto por resistentes nos Bálcãs; Franz-Josef, desaparecido no *front* russo. Os dois nem mesmo chegaram a saber que Mamma tinha adoecido. Foram poupados de sua provação impiedosa, uma agonia sem o alívio de drogas porque o doutor Walters estava sem analgésicos e não se conseguiam remédios, nem mesmo no mercado negro da cidade grande. Papa empenhara o relógio do pai dele em troca de um punhado de pílulas que na verdade eram de giz. Ele chorou ao lado da cabeceira de Mamma, dizendo que tinha fracassado com ela em todos os anos que viveram juntos, e ela, pobrezinha, não tivera forças para contradizê-lo. Alice era quem estava a postos dia e noite, segurando a mão de sua mãe conforme a vida ia se esvaindo. Pensando bem, ela nunca falara disso com ninguém.

Eles estavam dando uma volta no corredor do último andar, Alice segurando Paul pelo braço para ajudá-lo a recuperar as forças, segundo ela; Paul avaliando as medidas do imóvel, como gostava de fazer onde quer que estivesse. Dava-lhe segurança sentir as proporções da altura em relação à largura e ouvir as fundações gritarem sua profundidade abaixo do chão. Ele entendia a linguagem das construções e avaliava suas medidas intuitivamente, conforme andava para lá e para cá ao longo de um andar mais alto.

Alice estava tagarelando alegremente sobre as tristezas de sua família. Papa, que nunca fora um homem com muito a dizer, tinha emudecido com a morte de Mamma, limitando sua comunicação a latidos e perjúrios. "Ele está como – como é que se chamam os monges do silêncio? Os trapistas, quero dizer, aqueles que só falam uma vez no ano." Ela riu.

"Por que ele não conversa com você?", perguntou Paul.

"Talvez eu lhe lembre muito Mamma."

Na maioria das noites, ela disse, Papa competia com os bebedores do demônio lá embaixo, *schnapps* por *schnapps*, até que sua cabeça batia no tampo da mesa. Alice ficava na cozinha, lavando a louça com os velhotes. Sua amiga Lisl estava fora, havia sido mandada em segurança para sua irmã casada, em Pringsheim, depois da ravina. Não havia ninguém com quem conversar. Ela estava entediada, entediada e fora do seu elemento – "como uma freira em um bordel". Ela riu. Algumas das observações que fazia eram para divertir. Outras, Paul não entendia, expressas em dialeto adolescente, uma geração mais nova que a dele.

Eles voltaram para o sótão antes que ele perguntasse o que ela achava que aconteceria a seguir. "Há um toque de recolher", ela contou. "Os americanos estão aqui dando ordens. Eles requisitaram o Corcel Negro, em Pringsheim, como sede militar. Podemos ser os próximos, esse é o maior medo de Papa. Está apavorado que tenhamos que parar as atividades."

Se eles tivessem que fechar a Corça Sorridente, ela avisou, "será o nosso fim". A pousada tinha uma adega cheia de farinha e batatas. Eles tinham ovos das galinhas lá do fundo e alguns porcos para abate. Mamma, prevendo tempos difíceis, havia semeado um canteiro com cenouras e espinafre. Poderiam se virar muito bem, desde que vivessem na pousada e a mantivessem funcionando. Se a pousada fosse tomada, não haveria casa ou renda, nem comida, nada para fazer, nenhuma razão para se levantar de manhã. Papa morreria e ela enlouqueceria, ou, pelo menos, teria que sair da aldeia.

"As autoridades militares nos notificaram sobre uma visita", ela informou. "Papa está tão assustado que retirou os cavaleiros de armadura – símbolos militares, você sabe – e nesse momento está no bar pintando a decoração preta e vermelha em tons de lavanda, como um banheiro de senhoras em um hotel fino." Alice não conseguia ficar séria por muito tempo.

Ela estava sacudindo os lençóis de sua cama, afofando os travesseiros, esticando o edredom. Paul ficou junto à janela, olhando a estrada vazia. "Trago alguma cadeira?", ela sugeriu. "Você precisa ter um lugar para se sentar que não seja a cama. Por falar nisso, não está na hora de me dizer seu nome? Eu não quis perguntar antes."

Paul esticou os braços e andou pelo cubículo do sótão. Uma decisão estava se formando, e ele precisava ter o sangue circulando em seu cérebro lento. As coisas estavam prestes a mudar. Estranhos começariam a chegar lentamente à pousada, fazendo perguntas quando o encontrassem. Ele se retraía perante confrontações com a burocracia, simpáticas ou ineptas. Precisava imaginar um papel que lhe permitisse ficar a salvo naquele lugar até que tivesse forças suficientes para decidir o que fazer com a retomada de sua vida.

"Posso ajudar você", ele disse a Alice.

"Como?"

"Posso falar com os americanos quando estiverem inspecionando. Falo um pouco de inglês, da escola. Vou dizer a eles que você me escondeu quando escapei do campo."

"Você está louco? Se você fizer isso, metade da aldeia vai nos tratar como traidores e a outra metade como loucos. De qualquer jeito, eles não vão acreditar em você."

"Por que não?"

"Porque quase ninguém ajudou os prisioneiros; era muito arriscado. Os que fizeram isso foram mandados embora ou enforcados, como um aviso para o restante de nós."

"Você ajudou..."

"Só no último suspiro."

"O bastante para salvar a minha vida", disse Paul, afundando na cama.

A garota olhou para ele do outro lado do quarto.

"Vou ter que contar a Papa sobre você..."

"Você não estava planejando contar?"

"Eu não tinha me decidido. Preferia ter você aqui como um pequeno segredo. Não tenho certeza de que ele vá entender."

"Bom, é melhor você fazer alguma coisa, porque com certeza ele vai descobrir quando eles vasculharem o lugar."

"O que eu digo?"

"Que você escondeu um homem que vai falar bem de você com os ocupantes. Diga também que não vou ficar muito tempo."

"Você não está forte o bastante para ir embora", protestou Alice.

"Isso eu decido", disse Paul.

Sua resposta breve sublinhou a brecha de idade entre eles, 15 anos, no entender de Paul, e deslocou o equilíbrio de autoridade, alterando o relacionamento de ajudante e desamparado para garota avoada e homem mais velho experiente. Alice compreendeu a inversão e não ficou nem um pouco satisfeita. Andou pesadamente pelo quarto, fazendo uma arrumação antes de sair para buscar uma cadeira. Paul, inabalável, pediu um bloco de papel, uma régua, um compasso e alguns lápis. Ela trouxe sua velha mochila de escola e depois saiu precipitadamente para ajudar Papa em sua pintura e decoração de emergência.

Durante todo o dia, Paul ficou sentado sob a janela e desenhou como não o fizera em anos, por prazer ou por ganho. Esboçou um abrigo para as grandes latas da cozinha, escondendo-as dos carniceiros, humanos ou animais. Refez a área da frente da Corça Sorridente, colocando compartimentos para entregas, estacionamento para clientes, canteiro de flores e uma fonte. Depois de um cochilo, reconfigurou o sótão, usando seu espaço do forro para criar um lavabo adjacente, com água corrente. Cortou uma abertura no teto e desenhou uma linha de força para o poste elétrico mais próximo. Finalmente, para ilustrar todo o potencial para acomodações de luxo, esboçou armários embutidos, móveis Luiz XIV e uma cama com dossel, do tipo que vira em visitas de finais de semana a palácios ducais na cidade onde crescera. O passeio pelo corredor lhe dera toda a informação estrutural de que precisava.

"Que incrível!", exclamou Alice, ao chegar com a bandeja do jantar.

"É isso que eu faço." Paul sorriu.

"Você é um artista?"

"Um arquiteto, uma espécie."

"Posso mostrar para o Papa?"

"Era o que eu pretendia. Você já contou para ele?"

"Não."

"Leve os desenhos. Diga que são sugestões para uma modesta melhoria na propriedade, um pequeno agradecimento de um fugitivo cuidado por você. Depois me apresente."

"Assim que terminarmos de comer."

"Boa garota. Traga-me algumas roupas também. Não posso conhecer seu pai em uma camisola quatro vezes o meu tamanho."

"Alice levou a mão à boca, sufocando uma risada. Voltou com uma camisa e uma calça que eram apenas duas vezes o tamanho de Paul, as mangas e pernas abanando em torno dos pulsos e canelas magros como caniços. "Posso fazer a barra para você", ela ofereceu.

"Não se preocupe", respondeu Paul. "Vamos liquidar com as apresentações."

Os dois homens se encontraram em terreno neutro – nem no sótão de Paul, nem no bar de Papa, mas no domínio de Alice, a espaçosa cozinha.

"Hofmann", disse o senhorio, estendendo a mão na qual a de Paul sumiu, como se tivesse sido amputada. Papa era um homem encorpado, com a barriga saliente, um espantoso objeto brusco abaixo de um crânio bem escanhoado.

"Malinowski", murmurou Paul.

"Minha filha me trouxe seus desenhos."

"O senhor gostou?"

"O senhor é um desenhista?"

"Na verdade, um arquiteto. Um analista de construções. Estava pensando se existe alguma coisa que eu possa fazer aqui, para pagar a bondosa hospitalidade de sua filha."

"A pousada é muito velha", disse Hofman, "quatro, cinco séculos. Sempre com a nossa família. Está se desmanchando aos poucos."

"Posso dar uma olhada nisso", disse Paul. "Vou examinar a madeira em busca de cupins e conduzir uma revisão estrutural. Se forem necessários maiores consertos, supervisionarei os empreiteiros. Conheço as construções de metade do Renascimento e acredito que qualquer desgaste pode ser resolvido."

Seu jargão profissional caiu como uma luva para Papa.

"Minha filha", disse Hofmann, "acha que o senhor pode nos salvar do confisco."

"Posso tentar."

"Como?"

"Direi à ocupação que o senhor me escondeu aqui, salvou minha vida."

"Eu não."

"Sua filha."

"Ela é uma criança imprudente."

"É uma boa samaritana", disse Paul.

"Eles vêm amanhã", resmungou Hofmann. "Ao meio-dia, o comandante do distrito com o sargento de intendência. Vão se apossar da pousada."

"Estarei aqui para recebê-los", disse Paul.

Exausto pela confrontação, com as pernas desmoronando, Paul deixou que Alice o guiasse de volta ao sótão e o alimentasse com uma xícara de caldo. "Durma agora", ela disse, retomando o controle.

Ao acordar encontrou uma camisa branca e um terno marrom pendurados em sua cadeira. "Do meu irmão menor", disse Alice. "Experimente."

O terno era três vezes maior que o seu tamanho. Apertou o cinto no último buraco, mas no momento que soltou, a calça caiu. "Não tem importância." Alice sorriu. "Eu aperto."

Dez minutos antes do meio-dia, seis veículos guincharam seus breques no pátio, uma pequena invasão. "Papéis sobre as mesas à sua frente!", gritou o sargento intendente, batendo seu rifle Remington de repetição no bar da pousada. Paul, intimidado sob uma decorativa cabeça de veado, abriu as mãos em muda transparência.

"Papéis!", exigiu o sargento, baforando uma nuvem de cigarro de um pescoço duas vezes mais grosso que o de Papa. Paul enrolou a manga esquerda da camisa, para mostrar uma fileira de números azuis.

"Campo?", perguntou o sargento asperamente. Paul assentiu.

"Onde?"

Paul inclinou a cabeça em direção ao alto da colina.

"Merda, liberamos aquele lugar", resmungou o sargento. "Que diabos está fazendo aqui? Pensei que tínhamos feito a lista de todos os sobreviventes."

"Escapei", respondeu Paul.

Um tenente se aproximou, duas traves e uma jaqueta da artilharia aérea sob um capacete de combate amassado. "De onde é, senhor?", perguntou o oficial, anotando sua tatuagem.

"Lá de cima, do outro lado", disse Paul, com o inglês se fragmentando em medo.

"Prisioneiro político?"

"Não político. Degenerado social, eles me chamaram."

"Intelectual?"

"*Inter alia.*"

"Quanto tempo?"

"Um ano e meio, dois anos."

"Merda", disse o oficial, as maçãs do rosto macias como bunda de bebê. Não pode ter mais de 22 anos, pensou Paul.

"É melhor tirarmos o senhor daqui imediatamente", disse o oficial. "Fazer com que o senhor seja examinado por um médico, receba provisões decentes e seja mandado para casa no primeiro comboio disponível."

"Não sair, por favor", gaguejou Paul, perdido nas palavras inglesas. "Não casa."

"O que quer dizer, não casa?"

"Casa é bam-bam, sumiu. Nada, todos mortos. Aqui é casa. Escapei do campo, me escondi aqui..."

"O senhor está brincando comigo", exalou o sargento. "Este pessoal ficou com o senhor em segredo? Não acredito! Eles podiam ser enforcados por isso!"

"Correto", disse Paul. "Gente muito corajosa."

"Deixe-me ver se entendi bem", disse o tenente com rosto de bebê. "O senhor escapou do campo e essas pessoas esconderam o senhor aqui, enquanto os guardas bebiam no andar de baixo?"

"Correto."

"Quando foi isso?"

"Dias, semanas, eu... não me lembro."

"Qual é o seu nome, senhor?", perguntou o tenente.

"Malinowski, senhor, Paul Malinowski."

"E de onde o senhor é?"

Paul deu o nome de uma cidade perto da fronteira ocidental do seu país, que tinha caído com meio dia de invasão.

"Imagine isso", disse o tenente.

"O senhor conhece?", ele perguntou.

Um sorriso como um quarto de melancia fendeu a metade inferior do rosto do oficial. "Senhor", ele exclamou, "sou o tenente Edward Wierzbicki, comandante aliado nessas regiões!" Ele pronunciou o nome *Weirds Biccy*, ofendendo o ouvido didático de Paul.

"Wierz-beetsky?", ele se aventurou.

"Exatamente isso, senhor. Meu *Dziadzia* costumava pronunciá-lo assim. Ele veio de uma fazenda perto de Miss Lowicky, não muito longe de sua cidade.

"Muslowice, dez quilômetros a sudeste", disse Paul.

"É isso aí. Senhor Malinowski, poderíamos ter sido uns malditos vizinhos de cerca um século atrás, imagine isso. Mal posso esperar para contar a meus pais que conheci o que eles chamam de um 'homem da terra'. O senhor é um homem danado de corajoso, senhor, e tenho orgulho de conhecê-lo."

"Não sou corajoso", disse Paul. "Fome, medo, desespero..."

"Entendo, senhor, e o cumprimento por sua coragem. É preciso ter colhões para sobreviver naquele campo e colhões ainda maiores para fugir. Não posso imaginar como o senhor fez isso com três cercas e trincheiras, mas um dia o senhor me conta. Se meu *Dziadzia* não tivesse se safado de Miss Lowicky quando houve um problema com a colheita em 1892, poderia ser eu que estivesse no campo, e não sei se teria tanta coragem quanto o senhor. Certo, sargento?"

"Sim, senhor."

"O senhor tem meus respeitos, senhor Malinowski. Se precisar de alguma coisa, qualquer uma, peça diretamente ao comandante. Entendeu, sargento?"

"Sim, senhor!"

No corredor, o relógio do avô soou um preguiçoso meio-dia.

"O que eu vou fazer com o senhor?", perguntou o tenente.

"Fico aqui", respondeu Paul.

"O senhor não pode ficar aqui, senhor. Tenho ordem para fechar todos os bares imediatamente e levar o proprietário para interrogatório."

"Eu sou o proprietário", disse Paul.

"É verdade", interferiu Alice. Ela estava parada no meio do bar e exibia uma insuspeita compreensão do inglês. "Ele é o novo proprietário."

"Posso ver algum papel?", perguntou o intendente.

"Eu mostro", concordou Alice. "Ele é proprietário. Tudo assinado."

"Não posso deixar este lugar funcionando." O comandante suspirou. "Estamos fechando todos os bares para evitar que minhas tropas se confraternizem com os locais."

"Pode deixar aberta – só para tropas?", propôs Paul.

"Não deixa de ser uma ideia", disse o sargento. "Os rapazes precisam de um lugar para beber depois de um dia duro como soldado, senhor. Poderíamos deixar esse sujeito encarregado, sob nossa autoridade."

"Eu sirvo cerveja para os soldados", disse Paul.

"Senhor Malinowski...", o tenente suspirou.

"Pois não, senhor?"

"É melhor o senhor vir conosco."

"Fico aqui."

"Claro, mas preciso equipá-lo com algum ID, PDQ.

"O que é ID, PDQ?", titubeou Paul, pensando em legiões romanas, Júlio César, *Quo Vadis*, e crucificações.

"O senhor vai descobrir." O tenente riu. "Suba no jipe e eu lhe darei uma carona até o HQ."

"HQ?"

"Quartel-general, meu amigo, que em inglês é *headquarters*."

"E PDQ[1]?"

"*Pretty damn quick*, na maior rapidez."

"Meu amigo", era como o tenente o chamara. A estratégia funcionara. Se jogasse bem as cartas, tinha conquistado um aliado, um protetor. E a pousada poderia continuar aberta.

A ANTIGA SUÍTE NUPCIAL do Corcel Negro, em Pringsheim, toda com paredes rosa e babados, tinha o contorno de um mapa em uma parede espelhada e uma pilha de fichas de papel manilha subindo como erva daninha pelo lado esquerdo da escrivaninha do tenente. O Corcel

---

1 PDQ – Aqui o autor faz um jogo de palavras com dois significados: o enunciado acima, na maior rapidez, ou Physicians Data Query, dados de avaliação médica. (N. T.)

Negro fora transformado rapidamente de bem-vindo em proibido. Policiais militares em casamatas guardavam os quatro cantos do átrio, checando documentos. O andar térreo fora dividido em escritórios; os andares superiores funcionavam como alojamentos de oficiais. O tenente Wierzbicki reclamou que seu quarto estava úmido e que o encanamento era rudimentar, nada parecido com o pavilhão de dormitórios em West Point. Estava a ponto de reclamar mais um pouco, quando se lembrou das condições que Paul enfrentara e se desculpou por ser "um chato mimado". Paul não entendeu a coloquialidade daquelas palavras, mas compreendeu que, na hierarquia do sofrimento, seu patamar estava acima do tenente e podia usar essa superioridade a seu favor. Não deixou de notar que o comandante, seja por eles serem "compatriotas", ou por alguma outra afinidade imaginária, estava disposto a tratá-lo como um caso especial. Paul tinha sido promovido dos privilégios de Hans a um *status* preferencial com Wierzbicki. Talvez, ele pensou, tivesse uma aura que inspirava confiança nos que estavam no poder.

Uma caneca de café – um aroma tão forte que Paul quase desmaiou – fumegava no lado direito da penteadeira que funcionava como escrivaninha do tenente.

"Tem certeza de que não quer?", perguntou Wierzbicki.

Paul balançou a cabeça, temendo que suas entranhas se rebelassem. Chupou um cubo de açúcar em vez do café e cheirou seu hálito na mão em concha para ter certeza de que continuava fresco.

"Pegue um formulário", disse o tenente. "Escolha um nome."

Paul olhou de volta, sem entender.

"Pegue o nome que quiser, senhor, e eu ponho meu carimbo em cima. Qualquer nome razoável, que não seja Dwight D. Eisenhower, ou Winston Churchill. É seu segundo batismo, senhor."

Paul ficou mais confuso. Entendia a maior parte das palavras, mas o sentido não ficava claro. Os livros onde aprendera conversação em inglês estavam defasados em décadas.

"Não me cite", Wierzbicki sorriu, "mas vou lhe dar a chance de sua vida para recomeçar. Uma identidade nova. Sem passado, sem dívidas, o sonho de qualquer homem."

"Entendo", disse Paul, quase entendendo.

"Não se trata apenas de um nome, mas de uma maneira de viver. Peguei para mim um nome polaco que não me dá dor de cabeça em Iowa, onde praticamente todo mundo vem de algum outro lugar; mas o senhor, o senhor precisa decidir onde quer estar e arrumar um nome que combine. Pode ser que o pessoal aqui da região não simpatize muito com um owski, se o senhor acompanha o meu raciocínio. Entendeu?"

"Acho que sim."

"Vire a página. Apague as pistas. Seja quem o senhor quiser. Um bando de maus sujeitos se disfarça sob nomes falsos. Então por que o senhor também não poderia começar de novo? Escolha um nome, amigo. Siga meu conselho: simplifique. Procure alguma coisa que não sobressaia."

"Miller", disse Paul.

"Excelente", rugiu o tenente. "Funciona em inglês, alemão, sueco, até em francês – poderia ser católico, judeu, ou e-pis-co-pal. Primeiro nome?"

"Paul."

"Um apóstolo. Titularidade?"

"Doutor."

"É verdade?", Paul assentiu, vendo os olhos do homem se estreitarem com respeito por uma graduação que ele recebera mais por uma dedicação obstinada do que pelo brilho da inteligência.

"Na verdade, dois doutorados", ele se vangloriou. "Sete anos em psicologia, seguidos por mais cinco em arquitetura. Eu não conseguia me decidir."

O tenente, alheio, carimbou um formulário, pegou o telefone e convocou o fotógrafo da unidade. "Café?", repetiu.

Dessa vez Paul não conseguiu resistir, sujeitando-se a um ímpeto de energia vital que quase o jogou de lado. "Creme?", perguntou o tenente. Paul havia se esquecido da existência do creme. "Te-tenente?", ele gaguejou.

"Sim, doutor?"

"Pode me dizer o que aconteceu quando vocês entraram no campo?"

Edward Wierzbicki se levantou da cadeira de braços redondos, puxou as dobras de sua calça bem-cuidada, assoou o nariz em um lenço xadrez e acendeu outro cigarro, embora um ainda se retorcesse no cinzeiro. "Não há muito o que contar, meu amigo", ele murmurou, passando um dedo manchado de nicotina por dentro de um macio colarinho cáqui. Aos olhos de Paul, ele parecia um ignorado vendedor porta a porta ao final de um dia sem vendas.

"Eu nunca deveria ter obedecido às ordens", disse o tenente. "Estávamos a meio caminho do vale quando veio um aviso da brigada. 'Não dê mais um passo; aguarde uniformes de amianto.' 'Para quê?', perguntei. 'Produtos químicos perigosos, armazenados em um depósito de armas subterrâneo.' Fizemos hora durante três dias, esperando para entrar no campo de concentração. Por fim, eu disse: 'Foda-se. Vamos entrar, com uniforme ou sem uniforme'."

"E o que vocês encontraram?", perguntou Paul.

"Os portões escancarados, prisioneiros em fila ao lado da estrada como se estivessem nos esperando em uma delegação de boas-vindas. A maioria morta. Alguns tinham contrações. De perto vi que eram apenas larvas. Então o cheiro colaborou. O oficial médico-chefe vomitou nas minhas botas. Oficial do Estado-Maior, veterano do Bulge, desmaiou como uma árvore caída. Alguém gritou que havia homens vivos nos barracões, os olhos piscando. Carregamos um a um em macas. Montei um hospital de campanha no pátio.

"Não havia regras para esse tipo de coisa, nenhuma orientação para os oficiais da libertação. Disse aos médicos que pusessem os que tinham chance de vida à direita, os mortos e moribundos à esquerda. Alguns não queriam abandonar um irmão morto ou o melhor amigo. Eles mordiam as mãos que vinham salvá-los. Meus valorosos e grandes homens, do fundo do coração, abriram latas de leite condensado de suas rações de guerra e despejaram o conteúdo nas gargantas escancaradas. Denso demais, doce demais. Houve espasmos. Homens morreram. Prisioneiros estavam se acabando com disenteria, perfurados de tifo, tuberculose. Fizemos o inferno, mas eles continuaram morrendo. Duzentos e dezessete em três dias. Estavam morrendo mais rápido sob os nossos cuidados do que em cativeiro. No quarto dia mandei empilhar os mortos em piras, despejei dez latas de gasolina e fiquei bem pra trás. Pus fogo nos barracões também, eliminei-os da face da terra. Recebi uma repreensão da brigada por destruir evidência."

"E os que sobreviveram?", perguntou Paul, pressionando-o.

"Os que podiam ser removidos levei para um sanatório que descobrimos em uma floresta, poucos quilômetros ao norte, um palácio de repouso para chefes políticos e oficiais militares do velho regime. O suprassumo em equipamento médico, piscina, lençóis de seda, champanhe no gelo, vitrolas."

"Um choque para os prisioneiros", Paul sorriu.

"Um choque maior para os funcionários, posso garantir. Fiz cada médico com cicatriz no rosto e cada vaca com touca branca de enfermeira pessoalmente responsáveis por seis pacientes. 'Se um homem morrer, ou reclamar', disse para eles num inglês bem lento, 'vocês... vão... para... o campo de concentração'. Elas entenderam o recado; sabiam tudo sobre campos de concentração, aquelas irmãs de caridade. Dou uma verificada neles todos os dias. Nossos sobreviventes estão recebendo um tratamento melhor do que os milionários em Baden--merda-Baden – desculpe o meu linguajar. Eles vão viver, puxa vida."

"E os produtos químicos perigosos?", perguntou Paul.

"Nada ali, só um túnel inacabado no vale."

Fumaças de dois cigarros se enrodilhavam sobre a escrivaninha improvisada, como dançarinas orientais na capa de uma brochura sobre lua de mel que Paul relanceara na vitrine de uma loja havia muito tempo. Paul, que não era fumante, aceitara um Camel por curiosidade, provocado pela miragem de terras secas, quentes e vazias evocadas pelo maço. A inalação chamuscou sua garganta e ele sufocou um grito de dor. Uma lágrima tremeu no canto do olho e o nariz coçou, mas o fumo aproximou os homens, as mãos macias do tenente tocando o queixo de Paul, conforme ele protegia o isqueiro junto ao seu cigarro. Seu vínculo estava selado na cauterização de uma chama.

O tenente estava descrevendo como os soldados soluçavam como meninas de escola perante os esqueletos que achavam nas celas de tortura do campo. Estava usando Paul como seu confessor. Paul estava em posição de conceder absolvição.

"O senhor fez o que pode", disse ao jovem guerreiro. "O senhor salvou vidas."

"Não", disse o tenente, as lágrimas assomando os olhos azuis de jade, "fracassamos."

"Como?"

"Nunca capturamos os criminosos."

"Não foi sua culpa."

"Nunca capturamos um puto deles", confirmou o sargento, entrando no quarto com a carteira de identidade laminada de Paul na ponta do braço estendido. "Arrancamos dois marechais de campo e um subsecretário de Estado daquelas vacas macias do sanatório. Ficaram debaixo de um holofote por algumas horas, com algumas perguntas fáceis de responder. Santo Deus! Nenhum deles tinha ouvido uma palavra sobre campos de concentração, nem mesmo sobre aquele a seis milhas da estrada. Ficaram chocados, horrorizados, um grande susto. Eu mesmo dei um bom chute em um deles, sempre quis arrebentar as bolas de um marechal. Não que tivesse sido de algum efeito. Eu disse pro tenente aqui que deveríamos matar um sim e um não no local."

"Basta, sargento", falou rispidamente o tenente. "Seguimos as regras."

"Antes de tocar fogo", disse Wierzbicki depois que o empunhador da Remington tinha se retirado, "reuni alguns moradores da aldeia e os levei até o campo para que vissem por eles mesmos o que ocorrera na porta de suas casas. O velho padre, o coveiro, o ferreiro, algumas esposas de fazendeiros. Perguntei-lhes no melhor da minha educação de West Point o que eles sabiam sobre aquelas instalações, tão próximas de seus lares aconchegantes. Balançaram a cabeça como bonecos de madeira e disseram que era tudo do exército, altamente secreto, seis meses de prisão caso você vagasse fora da trilha da floresta ou olhasse para o lado errado. Um tiro na cabeça se um pastor entrasse na pedreira. Isso é tudo que sabiam. Nada a ver com eles, ah, não.

"Então mostrei a uma mulher um recibo que ela tinha assinado por trabalho escravo. 'Ah, só fizemos isso para ajudar os pobres coitados, dar a eles algum trabalho em nossa fazenda no tempo da colheita, fazer com que engordassem um pouco, recebessem uns trocados.' Mostrei ao ferreiro uma ordem da fundição para braçadeiras e correntes de parede, que encontramos na cela de tortura. Ele disse: 'Negócio é negócio'. Sabe de uma coisa? Não pude nem prender o cara em uma cela por uma noite sem que um advogado esperto da brigada berrasse no meu telefone para soltá-lo. A justiça era da sua conta, não minha, entendeu, tenente? Eu me vi na mesma posição do sujeito da aldeia: não poder fazer nada contra a máquina poderosa sem entrar em confusão."

Parou pelo tempo de duas baforadas, batucando na mesa com dedos escurecidos. Ele parecia, Paul pensou, tocantemente vulnerável para um homem cuja função era lutar e conquistar. Havia algo de atraente nele – era um jovem simpático e alguém que gritava em busca de razões para as coisas que tinha visto e feito. Podia seguir a orientação, espiritual e prática, de alguém com maior experiência. Mas

Paul não tinha nada a ver com isso. Tinha suas próprias confusões para resolver. A escravidão distorcera sua faculdade de análise. A liberdade consistia em uma enxurrada de questões para as quais ele não tinha respostas prontas dos princípios morais de um passado esquecido.

"Deixe-me lhe dar um conselho, doutor", disse o tenente, baixando a voz enquanto se levantava de sua cadeira ridiculamente enfeitada. "Se cruzar com um dos criminosos, não chame a cavalaria americana, entendeu?"

Paul acenou levemente com a cabeça. "Se vir um dos monstros que tomou conta do campo, faça o que tiver que fazer e me conte depois de feito. Não posso fazer justiça sob as leis da ocupação, mas não vou impedi-lo e posso ajudar a dar um sumiço nas coisas, se é que me entende. Existe a chamada justiça natural."

Ele assinou os papéis de Paul em uma caligrafia fluente e gritou pela janela aberta para que o sargento o levasse para casa. "Não posso deixar que ande pelas ruas até que elas se tornem seguras, meu amigo. Qualquer coisa que precisar, basta pedir, entendeu? Não suma."

"Obrigado, tenente", disse o renomeado Paul Miller, agarrando seus documentos impecáveis, usando sua nova identidade como um escudo.

CAPÍTULO QUATRO

A POUSADA ESTAVA LOTADA com outras patentes, barulhenta de alívio masculino. A cerveja derramava do tampo das mesas no cômodo de vigas baixas e uma gaita soava notas tristes em um ar viciado de Lucky Strikes. "Abrimos para os militares", gritou Alice correndo para o bar para receber Paul. "Papa está tão feliz. Ele diz que é graças a você."

"Não, Alice, a você", gritou Paul, fazendo com que ela corasse. Seus cabelos estavam descobertos e ela usava uma blusa bordada, na qual uma insinuação de decote cintilava para os clientes de cáqui. Papa resmungou um cumprimento cauteloso da extremidade do bar. Paul respondeu, resistindo a ser levado a maiores cumplicidades.

Durante o percurso acidentado, o sargento viera lhe explicando o quanto ele poderia ser útil. "É como a travessia do Reno", ele gritou, "o senhor sendo a última ponte que restou. Pense nisso, senhor Miller, só pense no que estou lhe pedindo."

Pelo que parecia, ele estava em uma posição peculiar. A força de ocupação estava proibida de conversar com os residentes nativos, exceto para dar ordens ou impor restrições. Os locais não tinham como se comunicar com seus novos senhores. Paul era um intermediário enviado dos deuses. "Pense nisso, senhor", gritou o sargento. "O cara quer comprar uma joia, quer conhecer uma garota, o senhor faz a ligação, recebe a recompensa. A senhora tem ovos demais em seu galinheiro, ela conta pro senhor, o senhor conta para mim, e todos têm um ovo estrelado no café da manhã. Entendeu?"

Paul, agarrando-se no lado do jipe e tentando não vomitar, não estava em estado de discutir com o maciço intendente. "O que se aprende no exército", disse o sargento, "é como fazer com que tudo funcione. Ordens são apenas ordens. Não se chega a lugar nenhum obedecendo às ordens – veja o que aconteceu com a gente quando ficamos fazendo hora às portas do campo. É preciso driblar as ordens. Assim, todos nós ficamos vivos e felizes. Concorda comigo, senhor?"

Exausto pelo esforço social e pela carona barulhenta, Paul, depois de um gole de cortesia, pousou a caneca transbordando de cerveja que o sargento forçara em sua mão e se retirou para a cozinha, onde uma velha desdentada chamada Tante Anna encheu para ele uma tigela de cozido, olhando cada garfada que entrava em sua boca, os olhos com inveja dos alimentos à medida que desciam pelo seu esôfago, os olhos fixos no seu pulso esquelético, conforme subia e descia numa parábola lenta, da tigela para a boca, da boca para a tigela. Paul deixou a comida pela metade e saiu para a friagem do anoitecer. Precisava ficar só, e ficar só ainda parecia proibido. Teria que ir se acostumando em doses pequenas ao luxo da liberdade. Pouco a pouco ele estava se retomando. Logo estaria pronto para partir. Havia um excesso de lembranças maléficas para que ficasse por ali. Poucos passos para lá e para cá lhe mostrariam que aqui morrera um amigo, ali outro. Se fosse até o alto da colina, estaria de volta ao campo; para baixo, estaria na pedreira. A vista da montanha da janela de seu quarto era gloriosa, o mapa mental inenarrável. Precisava decidir seu futuro, em algum lugar distante, e logo. Enquanto isso, tinha a proteção do comandante, o conluio do sargento e a gratidão da filha do taverneiro, temporárias, assim como eram essas coisas.

Inspirando profundamente o ar do crepúsculo, sentiu a pele se arrepiar na nuca e girou para descobrir duas crianças maltrapilhas

– sem jantar, pelo que parecia – olhando para ele. Imitou o ato de comer, levando a mão à boca. Elas concordaram com gritos ansiosos, e ele entrou para pegar o que restara de seu cozido, mas ao sair com duas tigelas redondas, haviam sumido, desaparecidas na escuridão que descia. Tentou imaginar por que teriam fugido. Seria ele, perante a visão desprotegida das crianças, um objeto de temor? Teria cruzado alguma barreira, passando de vítima a conquistador? Seria ele ainda o mesmo homem ou os eventos o tinham transformado em um camaleão que mudava de cor para se adequar às circunstâncias? Se era livre, por que estava sendo observado? Não era livre, esta é que era a verdade. Havia olhos sobre ele o tempo todo. Até mesmo ali, no escuro, a tia solteirona viria procurar por ele, seguida por Alice, seu pai, o tenente, o sargento, os órfãos da aldeia, e todo par de olhos indolentes do vale. Ainda era um prisioneiro, um escravo das esperanças alheias.

Aquilo definiu tudo. Tinha que partir sem demora. Subindo ao sótão, deitou-se na cama para traçar seus planos. Levantaria bem tarde da noite, entraria furtivamente no bar, limparia o caixa da pousada e fugiria antes do amanhecer. Com documentos novos e roupas de civil, poderia seguir em frente caminhando e por navio até um canto remoto da terra, onde o refeito "Paul Miller" poderia começar uma vida sem passado.

Cochilou por duas horas e, quando os últimos jipes roncaram na saída do átrio, esgueirou-se para baixo para ver onde ficava o dinheiro. Alice estava sozinha no bar, juntando maços de notas verdes com elástico e anotando o total em cima de cada maço. Ela o cumprimentou com um sorriso cansado e, fazendo retinir as canecas dentro da pia, perguntou se ele ajudaria enxugando-as. A velha fora para casa e Papa encontrara a felicidade no andar de cima, em uma garrafa de Jack Daniel's que recebera de um soldado em troca de uma cruz suástica, uma relíquia do regime deposto. Ouvi-la rindo a respeito do emblema acabou com o último escrúpulo de Paul a respeito de seu planejado roubo, um crime de pouca importância perante a lista de crimes cometidos pelo último regime. Era quase um dever moral, um imperativo, roubar de um povo que tinha saqueado todo o continente. Ele estava ansioso por partir com os maços de dinheiro que Alice enfiava na gaveta atrás do bar, onde guardava as rolhas.

Pendurando a última caneca, a garota sentou Paul em uma alcova para polir as taças de vinho, enquanto tagarelava sobre a agitação da noite, os dias excitantes que estavam por vir. Lisl, sua melhor amiga, voltara de Pringsheim, cheia de experiências arrepiantes – "Ela esteve por um triz de ser estuprada!" – e louca por aventuras. Praticamente todos os soldados do bar convidaram Alice para um passeio pela mata, e ela foi levando até que tivessem pagado por alguns drinques, quando então mostrava a aliança de sua mãe no dedo médio, fingindo estar "comprometida". Um dos rapazes falava sua língua de maneira muito compreensível e parecia mais interessado em uma conversa civilizada do que em umas apalpadelas entre as árvores. "Mas oficialmente ele está proibido de falar comigo", disse Alice, "e Papa teria um ataque se me visse andando com um soldado inimigo. Ele acha que sou muito inocente."

Alice perdera todo o interesse em Paul, isso estava claro. Ela não se preocupara em perguntar sobre sua entrevista na base militar ou sobre seus acertos com o comandante e seu sargento. Mais uma vez ele se tornara parte da mobília, e para ele era conveniente que ficasse assim. O cabelo de Alice balançava livre e dourado. Ela deve tê-lo lavado para os soldados e, além disso, vestido suas melhores roupas de domingo. Não que Paul estivesse com ciúmes. Ele pagara sua dívida integralmente ao conseguir que a pousada fosse reaberta.

"Tem algo que eu precise saber sobre minhas funções como senhorio?", ele perguntou, conforme o fluxo de tagarelice se esvaía.

"Ponha para fora os retardatários, não se meta em brigas e se lembre de trancar a gaveta do dinheiro", ela recitou, jogando para ele um molho de chaves do seu cinto. Tudo era muito fácil.

"Para mim chega." A garota bocejou. "Amanhã é domingo, mais tempo na cama, graças a Deus." Pendurou o último copo em um trilho suspenso e desligou a luz, um interruptor pesado de cada vez, em uma caixa quadrada de fusíveis ao lado da porta da frente. "Vou para a cama." Paul respondeu que tirara um cochilo e ainda não tinha sono. "Fique à vontade", ela disse. Ele gritou um "boa-noite" para sua cabeleira balançante.

Sentar na alcova à luz pálida do luar acalmava seus nervos; cada estalido da velha pousada afirmava sua insignificância perante o esquema maior das coisas. Ele era apenas mais um caminhante na turbulência dos séculos, um dos milhares que tinham ingerido uma bebida entre aquelas paredes. O tique-taque do relógio do avô ecoava suas insinuações de efemeridade, removendo qualquer obrigação de justificar sua existência através de uma ação ou de uma conquista. Ele era porque era. Não tinha uma importância maior do que a barata que subia ao lado do bar à procura de migalhas. Uma semana antes ele poderia ter tentado pegar o inseto e estourá-lo na boca, armazenando suas proteínas crocantes como defesa contra a inanição. Agora ele o saudava como um parente, seu primo apressado no jogo da vida.

Com a lua em seu pico, Paul deu uma espreguiçada e se levantou, procurando no escuro seu caminho até a escada. Subiu três andares calçando meias, a mão direita ascendendo pelo corrimão lustroso. Abriu a porta do sótão e, vendo que o saco de dormir de Alice já não estava no chão, jogou suas roupas conforme foi se despindo – a jaqueta em um canto, as calças e a camisa na cadeira, o resto a esmo. Lavou o rosto e os dentes com água da jarra, debruçando-se sobre a vasilha com veios azuis, e abriu completamente as cortinas para acordar com a primeira luz da manhã. Depois, enfiou-se no edredom, retorcendo-se para encontrar a reentrância de seu corpo no colchão, e sentiu, conforme avançava para o meio, o contato paralisante de uma pele nua.

"Olá", ela cochichou. Paul colou-se à cama, paralisado pelo pulsar do sangue na cabeça. Não conseguia se lembrar de quando fora a última vez que tinha tocado uma carne viva (das mortas ele se lembrava bem demais), ou de que sensação ela tinha. Seus instintos estavam desligados, seus membros tortos. Uma parte dele observava de fora e via um esqueleto seco deitado com uma jovem voluptuosa, nua da cabeça aos pés, uma conjunção absurda. Lábios aveludados beijaram sua omoplata, movendo-se para a fenda do seu queixo e murmurando palavras de incentivo ao chegarem a seu ouvido. A mão dela pegou sua palma e colocou-a sobre seu seio, onde ela se deixou ficar fria e vaga, como o molde de um escultor. Os lábios dela estavam em sua boca, alheios ao odor repugnante da desnutrição. "Venha", ela disse, deslocando o quadril para ficar sob ele, a respiração úmida. Mas ele, como um pássaro preso em arame farpado, pairou sobre ela nervoso, sem ação, não ousando se mexer por medo de ser criticado. Calmamente, como se estivesse levando um carneiro para a tosquia, ela esticou o braço e acariciou suas costas subindo e descendo pela nuca, ombros, costelas, sussurrando que ele não tivesse medo, que era assim que tinha que ser. Os dedos dela estavam na fenda de suas nádegas, movendo-se em círculos para a cavidade de sua barriga, indo até os pelos selvagens da parte inferior. Os nervos dele se esticavam como fios elétricos irrompendo de uma tomada, soltos e cheios de perigo. Tentou contê-los, assumir o poder, exercer sua vontade para dizer sim ou não, mas a mão dela desviou-se um pouco mais para baixo e ele ficou indefeso e exaurido, envergonhado por sua fraqueza e indecisão. "Não se preocupe", a garota murmurou. "Podemos fazer outra vez."

Ele mergulhou em um sono sem sonhos a seu lado e horas mais tarde estava semiacordado, com a lua flutuante em seus olhos, consciente das reparações a serem feitas. Movido pelo dever, com algumas preliminares, alçou-se sobre ela, e irrompendo pelo arame farpado penetrou-a impetuosamente, extraindo um grito de dor. Ele se retraiu, pedindo desculpas, mas ela o segurou firme, levantando o quadril para acompanhar o seu ritmo, envolvendo os braços em torno de sua cintura até que um suspiro ficasse preso no fundo da garganta e a parte inferior de seu corpo ondeasse no gozo, os braços abertos, um de cada lado. Com o tempo, Paul anteciparia e adoraria aquela parada em sua respiração, um som que nenhum outro homem conhecia. O som era Alice no que ela tinha de mais íntimo, sua dádiva de amor, o máximo que aquela discreta pessoa se permitiria expressar em matéria de entrega sensual. Em outra vida ele conhecera amantes mais barulhentas e mais exuberantes que Alice, hedonistas como sua estagiária de arquitetura, que gritava na hora do clímax; amazonas, como a amante de seu tio, que montava nele com botas. Nunca, porém, tivera uma parceira tão transparente quanto Alice, tão direta. Mesmo naquele primeiro encontro amoroso, incapaz de imaginar o que a motivava, ele se retraiu e se maravilhou com sua autossegurança, sua falta de indecisão, sua absoluta tranquilidade na convulsão do amor. "Melhor?", ela perguntou, dando um beijo em sua testa. "Melhor", ele concordou, "muito melhor."

Fizeram amor novamente em plena luz do dia, a mente objetiva de Paul perplexa com sua própria resistência, os olhos famintos por beleza banqueteando-se nas amplas curvas de Alice. Dessa vez, as mãos dela se travaram com firmeza em seus quadris, para impedir qualquer ideia de fuga, até que ele emitisse um grito seco de submissão e ela acariciasse seu rosto com meigas garantias de segurança, uma litania de afeto.

Muitos meses depois, quando já estavam casados havia um bom tempo, com ela deitada em seus braços em um domingo de manhã depois de terem feito amor, Paul lhe perguntou o que a tinha impelido, naquela noite virgem, a se entregar para alguém praticamente estranho. "Eu sabia o que estava fazendo", ela retrucou.

"Você sabia que eu estava para ir embora?"

"Imaginei que você estivesse pensando nisso. De qualquer modo, eu não teria deixado."

"Como é que você teria me impedido?"

"Eu ia esconder suas roupas. Queimar seus documentos. Quebrar suas pernas. Você era meu, pelo menos isso eu sabia."

"Seu prisioneiro?"

"Meu prêmio. Minha recompensa."

Ele riu alto perante a indignação possessiva da mulher. "Mas por que eu?", ele insistiu. "Você poderia ter tirado a sorte grande com um oficial americano. Eu não era um bom partido para uma jovem como você. Demasiado magro para me manter em pé, mau hálito, velho demais, um estrangeiro, cheio de ódio..."

"Você era lindo", ela disse, pondo um dedo sobre seus lábios. "Você era uma revelação. Vi em você a beleza que vem do grande sofrimento, a beleza que se vê nos retratos do nosso Deus."

"Isso é blasfêmia", disse Paul meio chocado.

"Não para mim. Você foi um salvador que chegou em meu momento de necessidade, a resposta às minhas preces."

"Um pedido romântico..."

"Não, uma mentalidade de camponesa cabeça-dura. Eu sabia o que estava por acontecer. Não havia homens que valessem a pena no vale. Os bons rapazes tinham morrido e os que tinham rastejado de volta da guerra estavam lesados no corpo e na mente. Eu podia ter pegado um soldado estrangeiro, mas isso teria sido prostituição. Meus planos eram reabrir a pousada, reconstruir a família, renovar a esperança. Deus ouviu o meu lamento e colocou você na minha porta."

"Por que eu? Eu não tinha muito o que mostrar..."

"Vi dignidade por detrás de sua miséria e força no seu olhar. Vi um homem morrendo por falta de amor, e mesmo assim aterrorizado com o afeto. Vi um homem orgulhoso que se recusou a aceitar uma refeição de graça. Vi alguém como eu, alguém que não se prende a uma nostalgia fútil, nem desperdiça seu tempo na terra. Alguém que trabalha sem parar, enquanto houver trabalho a ser feito. Alguém que não se deixa levar pela vaidade. Olhei para você e vi grandes qualidades. Me enganei, querido?"

"As expectativas são altas", disse Paul impressionado.

"Vi um homem, um homem de verdade, não os rapazes que conheci na aldeia, ou os soldados que queriam dar umas apalpadas. Vi um homem de caráter, um homem que eu poderia amar sem inventar as desculpas que minha mãe tinha que inventar para Papa. Meu homem, foi isso que eu vi, meu homem."

Ela não pediu nada em troca, nem naquele dia, nem nunca, nenhuma garantia de amor equivalente, nenhuma "Canção de Salomão" louvando sua beleza resplandecente e suas múltiplas virtudes. Ela não precisava de certezas nem de galanteios. Paul nunca tinha conhecido alguém tão dono de si como Alice, tão segura de suas ações e de seu lugar. Seu amor por ela empalidecia perante o dela por ele, era algo torpe, que mal valia a pena. Um amor de segunda mão, defeituoso, um jato de insalubridade, absolutamente inexpressivo. Contudo, ela não pedia mais do que isso, orgulhosa e feliz com aquele pouco, orgulhosa de seu homem e feliz com sua escolha. Ele insistia não ser um bom amante, nem física nem emocionalmente, mas ela jurou curá-lo, e, com o tempo, ele relaxou suas defesas e se adequou ao papel que ela lhe escrevera, tanto na vida quanto na cama.

O jeito com que faziam amor foi uma curva ascendente de descobertas. Conforme foi se encorpando, Paul se descobriria excitado por um pensamento ocasional em Alice, indo procurá-la na atarefada cozinha. Sorrindo, ela dava instruções às cozinheiras, levando-o para o que chamava de "uma avaliação de inventário", na despensa ou no porão, onde eles se atracavam quase sem desarranjar roupas e cabelos, para que ambos pudessem voltar ao trabalho em minutos, com o pacto renovado. Ele procurou palavras que expressassem sua gratidão pela tranquilidade que ela tinha no amor, sua assimilação da intimidade em um dia de trabalho, mas ela calou seus lábios com um dedo em riste, envergonhada por estar sendo elogiada por atos que lhe vinham com a mesma facilidade de um sorriso. Ele não tinha olhos para outras mulheres. Alice satisfazia todas as suas necessidades, reforçava sua autoestima e lhe proporcionava um lugar seguro.

E quando, no momento solene antes do amanhecer, ele pulava da cama e, junto à janela, a culpa irrompia, como um vira-lata ganindo, ela o amava de volta até voltar o sono, não importando quanto tempo levasse, dando-lhe forças para enfrentar o mundo de sua torre inexpugnável. Para defendê-lo, ela era destemida, começando em sua primeira manhã de domingo, no desjejum, quando contou a seu pai sobre a intimidade entre eles. Depois saiu, exibindo esse companheirismo na missa, para todos da aldeia, pessoas que a conheciam desde o berço e que se persignavam à menção do nome de sua mãe, especulando em comum, através de um hálito asqueroso, o que a santa Maria teria pensado de sua Alice, dividindo a cama com um homem duas vezes mais velho, desavergonhada como uma raposa no cio, e ainda sem estar casada.

"E você, Hedwige Bauer?", interpelou Alice à esposa de um fazendeiro, que fez uma careta quando ela passava de braços dados com Paul e Papa, no dia de feira. "Quais são seus padrões morais? Seu filho, o pequeno Richard, bom, ele não se parece muito com Fritz Bauer, parece? Me ajude a lembrar – onde estava Fritz no ano em que Richard nasceu? No *front*, é verdade, enquanto Hedi saía valsando com um gordo coletor de impostos."

"Chega, Alice", disse Papa Hofmann, levando-a embora e pedindo desculpas por sua língua afiada. Os Bauer eram ótimos clientes e a festa de confirmação do pequeno Richard estava próxima. Mas Papa não era relutante quando o decoro de sua filha era posto em questão. Tante Anna, especulando por que Alice estaria dividindo a cama com o estranho, foi despedida na hora, e quando um dos bebedores do salão dos fundos contou uma piada obscena sobre um bicho-pau e uma ninfomaníaca, Papa puxou um porrete cravado de pregos de detrás do bar e ameaçou arrebentar o crânio de qualquer imprestável velho capado que insultasse sua família. Paul viu o que pareciam ser manchas de ferrugem em um lado da arma e percebeu que ela já tinha sido usada antes, com raiva, provavelmente mais de uma vez.

No geral, Papa Hofmann se mantinha afastado de Paul. No salão dos fundos, com amigos de uma guerra anterior, ele bebia até o esquecimento. No bar, os soldados iam se tornando arruaceiros e libidinosos, ignorando avisos nas paredes com alertas para doenças venéreas. Alice deixava seu decote cair e seu sorriso se abrir de maneira tão vaga quanto a corça no escudo lá de fora. Isso fazia com que os homens comprassem mais bebidas, ela disse a Paul, que confiava nela. Ele próprio estava ocupado no terreno dos fundos, limpando um galinheiro e abrindo um buraco ao lado para a entrada de luz natural, para que ele pudesse usá-lo provisoriamente como escritório. Em uma prancheta roubada por Alice, fez um esboço da pousada e de seus arredores, assinalando as partes que poderiam precisar de atenção. Na falta de instrumentos apropriados, pegou um espeto da cozinha e uma escada do quintal, fazendo um pequeno circuito da construção e enfiando a lâmina em intervalos metódicos em junções expostas do madeiramento. Anotando os resultados em um bloco, descobriu que a estrutura era sólida, não precisando nada além de pequenos consertos com uma goiva e uma marreta, seguidos por uma camada de piche que ele e Alice aplicaram, em escadas paralelas, numa visão despudorada para a soldadesca que se embriagava. “Vamos lá!”, gritou Alice animada, com uma saia que mal cobria os joelhos. “Quem é homem o bastante para subir até aqui comigo e ter a melhor vista do vale?”

O primeiro soldado a subir a escada caiu estendido de costas, derrubado por uma porção de óleo de máquina que Alice, disfarçadamente, borrifara nos degraus mais baixos. Outro competidor apareceu, depois mais outros, em meio a um crescente entusiasmo. Com uma piscada para Paul e um grito de cerveja de graça para quem a ajudasse a terminar o trabalho, Alice desceu sob assobios para uma estridente ovação. Ela era hábil em fazer com que os homens atendessem a seu comando, confiante em suas amplitudes femininas. Paul, vendo-a flertar, admirou-a ainda mais, por saber que, para manter os soldados entretidos, ela tinha que suprimir uma modéstia inata que a inibia de despir suas roupas íntimas em frente a ele ou de nomear partes do corpo durante as preliminares. Evitando exibições públicas de afeto, ela assumia uma aparência exuberante para camuflar o amor entre eles, deixando que Paul permanecesse despercebido à sua sombra, até que estivesse pronto para enfrentar o mundo.

DEPOIS DE TERMINADOS OS CONSERTOS, Paul subiu a escada bamboleante para lubrificar uma dobradiça no escudo do bar, um suporte decrépito na tabuleta da Corça Sorridente que guinchava nas noites de vento e perturbava seu sono frágil. A dois degraus do alto, ele se viu tremendo de tontura e inspecionou os arredores ondulantes, o alto e a base da aldeia e o rio mais abaixo, como uma maneira de acalmar seu medo. Jurou que depois que descesse faria um esforço para andar até a aldeia, uma decisão que, simples como parecia, lhe permitiu descer degrau por degrau em segurança até o chão deserto. Tinha um plano de autodefesa. Em vez de devolver o espeto à gaveta de talheres como Alice dissera, enfiou-o na bainha interna da manga direita da velha jaqueta de Franz-Josef, logo acima do punho, para que ficasse facilmente à mão quando pusesse o pé para fora. Parecia uma precaução sensata. Diziam que as matas estavam cheias de homens alucinados – prisioneiros que escaparam com o bombardeio das prisões da cidade, conservadores do velho regime e sobreviventes desordeiros do campo, além de lobos e cães selvagens. As ruas também não eram seguras, nem mesmo de dia, com tropas bêbadas à solta e a polícia militar em lugar não sabido até que uma briga tivesse, com certeza, terminado. Alice dissera a Paul que não tivesse pressa em entrar na aldeia, mas ele tinha fantasmas para resolver e tempo em suas mãos.

Na manhã em que ele saiu da área do bar pela primeira vez, colheu ramalhetes de flores do campo e os colocou um em cada lugar da colina onde vira um homem morrer. Andando de olhos fechados, contou seus passos mecanicamente, sem olhar nem para a direita nem para a esquerda, identificando a padaria, o açougue, a quitanda e o curtume pelo cheiro. Chegou até o ferreiro antes que o rugido da fornalha derretesse sua decisão e o mandasse de volta, tremendo, para o galinheiro. Sentou-se ali suando, até se acalmar. Depois, rabiscou um gráfico de seus medos principais, graduando-os do azul até o vermelho, em ordem crescente. Os menos perigosos eram os comerciantes da aldeia, intimidados pela ocupação e ávidos por evitar interrupção nos negócios. Nenhum lojista atrairia atenção para si próprio, as lojas estavam desanimadas. Em seguida, vinham os xenófobos e os soldados de regresso que, acalentando queixas, poderiam cumprimentar uma ex-vítima como eles com um olhar amargo, mas nada além disso; estavam coloridos de azul-claro. Os antigos companheiros do campo eram imprevisíveis: um colega rancoroso como Maretzek podia atacá-lo em plena luz do dia, mas Paul reconheceu que podia dar conta de outros homens esqueléticos, tingidos de rosa. Seu maior medo era deparar com um dos antigos guardas, e, o pior de tudo, com o próprio Hans. Os guardas eram vermelhos, Hans, escarlate.

Era por causa desses medos que levava o espeto escondido na manga; para tais eventualidades que precisava de um plano. Se visse um guarda, passaria direto por ele e chamaria Wierzbicki pelo telefone da loja mais próxima, empunhando o espeto à sua frente até que as forças da ordem chegassem. Quanto a Hans, ele simplesmente sairia correndo e se esconderia no galinheiro. Hans ditava suas próprias leis;

não dava para prever o que ele poderia fazer se visse Paul e o reconhecesse como testemunha de seus crimes. O espeto teria tanta serventia contra ele quanto a lança medieval que ficava no poço da escada, e Paul ficaria paralisado de terror. O tom mais profundo e mais escuro de vermelho não chegava perto de transmitir o grau de perigo representado por Hans.

No entanto, depois que suas mãos pararam de tremer, Paul conseguiu racionalizar os riscos. Hans não entraria na aldeia. Havia uma recompensa pela sua cabeça e um cartaz de "Procura-se" na parede do posto de polícia. Ele não poderia colocar mais do que cinco itens em sua sacola de compras, antes que o mandato de prisão fosse executado por uma patrulha militar. Hans não poderia voltar e sair livre. Paul não tinha nada a temer.

Na mesma tarde ele foi mais uma vez para a aldeia, dessa vez com os olhos bem abertos. Visitou a casa de ferragens em busca de pregos e suportes, e na saída foi detido pelo rechonchudo padeiro com uma fatia de bolo de sementes de papoula recém-saída do forno. Na loja seguinte, o verdureiro colocou um repolho enorme em seus braços. Sob a tabuleta do bastão com a serpente, o enrugado doutor com bigode de morsa perguntou a Paul se ele poderia passar por lá depois para verificar uma goteira no teto. A notícia de que ele levava jeito com construções se espalhara.

Para onde quer que ele se virasse, as pessoas sorriam. Paul teve de se lembrar que aqueles eram os mesmos rostos que haviam se voltado para outro lado quando ele era açoitado duas vezes por dia, para cima e para baixo da rua principal, mas aquele pensamento esmaeceu quando, um depois do outro, homens e mulheres, vieram cumprimentá-lo, dizendo-se encantados com seu estranho sotaque, sua rápida disposição. Ele precisava parar para um café, um bolo de maçã feito em casa, um gole de *schnapps*, era o que diziam. Tentado por um sentimento de transgressão, ele aceitou aqui e ali, deixando-se ser introduzido em "nossa humilde morada", "nossa pequena cabana", "a sala de estar de minha avó". Sobre mesas de carvalho, conversou sobre a chuva, as colheitas e o bolo, consciente de que aqueles campônios não estavam ouvindo uma palavra do que ele dizia, mas sim olhando por entre as pálpebras pesadas a inclinação de sua cabeça, seus dedos estendidos em volta da xícara, a migalha sobre seu lábio inferior. Paul não estava seguro sobre o que foi que fizera para conquistar a amizade deles, mas ficou perplexo ao ver que, no campo, talvez tivesse cultivado um ímã de popularidade, a aptidão para ser querido sem ter tido que fazer muito para consegui-lo.

Tomado pela autoestima, viu-se confrontado com o aviso de Alice de que homens e mulheres que ganhavam a vida em solo montanhoso não davam nada sem esperar recompensa. Quando o padeiro enfiou um bolo em sua boca e o dono da loja de ferragens se recusou a cobrar por um punhado de pregos, não significava que eles estavam seduzidos por seu sorriso tímido e sua inteligência arguta (como acontecera com ela). Significava que eles achavam que ele poderia facilitar alguma coisa a favor deles em relação às autoridades de ocupação, uma vez que sabiam que ele tinha uma relação de amizade com o tenente. Os pedidos logo começaram a gotejar. O padeiro precisava de cotas extras de carvão para seu forno; a lavadeira, uma autorização de viagem para visitar uma tia doente. A costureira já não tinha linha. O médico precisava de um certificado atestando sua alegada perseguição por parte do regime anterior, sem o qual ele não poderia ligar um membro quebrado ou assistir a um parto em outra aldeia, embora a natureza, vegetal e animal, não tivesse deixado de trazer os dois em abundância à sua lustrosa porta negra. Um pedaço de papel voltaria a legalizar sua prática e permitiria seu acesso a um suprimento de remédios. "Qual é a urgência que o senhor tem disso?", perguntou Paul.

"Se o senhor estivesse parindo", disse o doutor Walters, "não faria essa pergunta."

Toda semana, Paul visitava o tenente Wierzbicki com um maço de petições, histórias infelizes e mentiras descaradas. "O que o senhor faria com isso?", perguntou o tenente.

"Rasgaria a maioria delas", disse Paul, ficando de joelhos para juntar uma pilha de fichas que haviam sido arremessadas da penteadeira pelo gesto aborrecido do comandante.

"Não posso fazer isso", disse o tenente, batendo a cabeça na de Paul sob a mesa.

"Então pare de lidar com pedidos individuais. Delegue um pouco para algum subalterno."

"Não posso", disse Wierzbicki. "A responsabilidade é minha."

"Talvez eu possa colocar os pedidos em ordem para o senhor. Três pilhas: 'Desesperado', como o médico; 'Talvez', como a costureira, e 'Esqueça', como o padeiro gordo."

"Parece uma boa ideia."

"Sou formado em raciocínio estrutural."

"Nesse caso", disse o oficial, pedindo mais dois cafés da cantina, "deixe que eu peça que dedique seu pensamento estruturado a meu problema mais urgente."

O vale estava em festa com as frutas da primavera, forrado de morangos e damascos silvestres. Amoras irrompiam nos arbustos e os pomares despejavam maçãs quase maduras. Um vagabundo poderia viver semanas só com o que caía das árvores, e muitos tinham aparecido por lá – indivíduos e famílias arrancados do leste, despejados de suas casas com apenas uma hora da notificação, sem lugar para ir, três gerações apinhadas em uma carroça com um pangaré. O leito do vale estava cheio de viajantes, montados em eixos quebrados e no que sobrara de sua sorte. Taciturnos, de pele macilenta, os olhos vazios de desespero, vinham e iam em ondas, sem serem refreados ou notados, a não ser quando eram presos ou caíam mortos. Os refugiados, disse o tenente, eram um acidente passageiro. Logo o fluxo diminuiria. Por outro lado, a colheita era uma crise contundente. Em algumas semanas o grão estaria alto, e não havia mãos para colhê-lo. Os homens em idade de cultivar a terra estavam enfermos, amputados, presos ou bêbados. As mulheres não tinham músculos nem prática. O tenente tinha pedido voluntários em um campo de prisioneiros de guerra que havia por perto, mas embora uma dezena deles tivesse demonstrado entusiasmo em tirar a camisa em campo aberto, à vista das mulheres, a brigada havia dito que isso violaria certa convenção internacional. Wierzbicki correu as mãos pelos cabelos ondulados e claros.

"Então, o que o senhor faria?", perguntou a Paul. "Fui treinado para liderar homens na guerra e trazer a maioria de volta para casa sã e salva. Meu manual não diz coisa alguma sobre como ser uma força de ocupação quando a safra está pronta e qualquer moleque caipira de Iowa sabe o que tem que ser feito. Se não fizermos a colheita na maior rapidez, o vale morre de fome. Simples como água. No próximo inverno, haverá bebês mortos no rio. Não posso ver a brigada recebendo, via aérea, rações extras, quando a fome se transforma na porra de uma inanição – desculpe o meu linguajar. Então, o que eu faço, doutor? O senhor é um homem estudado. Qual seu melhor palpite?"

Paul tinha visto Papa Hofmann martelando trancas nas portas de seu porão, onde guardava seus estoques de reserva. "Seja o que for que aconteça com a colheita", jurou Hofmann, "ninguém na minha casa vai passar fome." O vale, ele continuou, com a boca cheia de pregos, já vivera fases como aquela. Ele era uma passagem histórica. Em todo final de guerra, ficava entupido de pessoas vagando, zangadas, amedrontadas, pessoas sem esperança que não sabiam para onde ir e roubavam tudo o que podiam carregar, até que o inverno as afugentava, ou acabava com elas. "Um homem primeiro tem que zelar pelos seus", murmurou Papa.

O tenente, por outro lado, tinha maiores responsabilidades e olhava para Paul procurando mais do que simpatia. Usara a palavra *apóstolo* ao ouvir o nome de Paul, e Paul, que estudara o método psicanalítico, percebeu um sentido oculto. O tenente era uma alma perdida de origem simples, procurando alguém em quem pudesse encontrar uma liderança moral. Paul observou o rosto desarmado do oficial sobre a borda de sua xícara de café e se entusiasmou com sua personalidade incipiente. Ele, Paul, recém-saído de um campo de concentração, estava na posição de moldar o caráter daquele jovem. Como sobrevivente e professor, não conseguiu resistir.

"O senhor tem dois problemas", Paul disse ao tenente, "colheita e refugiados."

"Eu sei."

"Um é problema, o outro solução."

"O que isso quer dizer?"

"Ponha os refugiados para fazerem a colheita. Dê a eles um teto e três refeições por dia. As melhores casas para os que trabalharem melhor."

"Perfeito!" O tenente sorriu. "Mas onde consigo as casas, e quem prepara as refeições?"

Terminando seu café com uma concentração exagerada, Paul fez uma pausa antes de responder, andou ao redor do quarto e olhou para fora da janela, aumentando a expectativa do outro homem. Ele não recebera o apelido de Pavlov à toa.

"Eu poderia", ele disse sobre o ombro, como se estivesse testando uma hipótese, "se o senhor concordasse, tenente, eu poderia fazer um dormitório nos fundos do bar – teto de chapa e banheiros comuns, muito simples – para trinta trabalhadores da colheita e suas famílias."

"Como o senhor os alimentaria?"

"Temos uma cozinha grande na Corça Sorridente, serve trezentas pessoas em casamentos. As mulheres dos que estiverem colhendo podem cozinhar e fazer a limpeza."

Era a vez do tenente impor um intervalo, analisando a proposta sob suas regras e regulamentos, antecipando um ataque de objeções da brigada.

"Quanto custaria?"

"Nada."

"Como é possível?"

"O senhor fornece o material de construção com os suprimentos do exército. Eu faço as acomodações."

"E a comida?"

"O senhor fornece batatas, trigo, carne. Eu faço a projeção e lhe digo quanto. Nós colhemos vegetais da horta, frutas do pomar, pegamos peixes no rio. Não é preciso mais nada."

"Então, onde está o truque?"

"Não entendi."

"Qual é a contrapartida? Quem engorda à minha custa? Quem é que sai ganhando?"

"Desculpe-me, não entendo, tenente."

Um raio de sol brilhou atravessado no rosto do tenente, espontâneo como o salto de um salmão. "É claro que não, meu amigo." Ele riu. "O senhor não se parece em nada com os oportunistas com quem eu tenho que lidar diariamente. O senhor é um pensador em sua torre de marfim da universidade, que não sabe como engraxar uma roda, muito menos a palma da minha mão. O senhor não tem ideia do que as pessoas me oferecem, assim que aquela porta se fecha – ouro, garotas, garotos, qualquer custo que eu resolva pedir."

"Ainda não entendi", repetiu Paul.

"Eu sei, meu amigo, e é por isso que eu o chamo de 'meu amigo'. O senhor é um homem direito em um vale de trapaceiros, e fico agradecido. Vou pensar no seu plano e volto a falar consigo assim que for possível."

Uma confraternização de vestiário esportivo se estabeleceu na desfigurada suíte nupcial, uma amizade escanhoada entre paredes rosa. Paul olhou para o tenente, deslumbrado com sua inocência. Wierzbicki contemplou Paul numa atitude de puro respeito.

"Esses trabalhadores vão precisar de algum lugar para se reunir no final do dia", ele observou.

"É verdade."

"Talvez eu pudesse deixá-los usar a Corça Sorridente, relaxando as restrições?"

"Seria conveniente."

"Em reconhecimento à sua ajuda."

"Um *quid pro quo*."

"*Quid pro quo*: toma lá dá cá", gritou o tenente de sopetão. "Conheço meu latim. Fui criado como católico. O senhor está dizendo que no final das contas isso é uma retribuição?"

"Não", disse Paul, balançando a cabeça. "O que eu quero dizer é que é bom para o bar, para as pessoas que salvaram minha vida."

"Isso eu entendo", disse o tenente. "Então, quais são os seus planos?"

"Ficar aqui por um tempo."

"E depois?"

"Não tenho ideia. Sou uma folha na água, esperando que a próxima onda me leve."

Paul nunca deixava de ter uma boa metáfora, e o tenente levou um tempo apreciando aquela imagem. "A próxima onda, é?", ele repetiu.

"É isso."

"E nós estamos todos subindo e descendo naquela superfície."

"Acho que sim."

"Essa é uma frase verdadeira." O tenente suspirou. "Somos folhas na água, esperando que nos levem. Nós dois, irmão, nós dois."

CAPÍTULO CINCO

Em meados do mês da colheita, o ar pesado pelo debulho e os trovões ribombando em torno das colinas, Alice estava em plena exuberância, e não havia como esconder sua condição. Usava um vestido de verão todo solto e jogou uma piscadela insolente para as solteironas e as viúvas de guerra que se contraíram em reprovação quando passou por elas, mais atrasada do que nunca para a missa de domingo. Sua gravidez era uma intumescência de orgulho, um sinal de que, em primeiro lugar, não ia desperdiçar sua juventude, ou esperar por licenças e certificados, antes que o ciclo da vida pudesse ser retomado. De braço dado com sua amiga Lisl, empinou a barriga e se exibiu perante as presenças carrancudas que se achavam nos bancos baixos da igreja, desprezando suas tristezas com seu bem-estar à mostra.

A aldeia tinha aumentado. Havia trinta famílias da colheita no alojamento de chapa atrás da Corça Sorridente e mais em barracões ao lado da estrada. A pousada zumbia dia e noite, e o tenente precisava lembrar Paul de que não permitisse muito barulho depois do escurecer e de que os números se mantivessem dentro dos níveis de segurança. Para ficar mais atento ao movimento, Paul mudou sua escrivaninha do galinheiro para um guarda-volumes no *hall* de entrada, um lugar entulhado onde Alice se juntava a ele por curtos períodos, quando suas mãos estavam vazias e sua saia podia ser içada para o amor. Achava divertido desviar a atenção de Paul, prova de que ele a amava mais do que a seu trabalho. Acima de tudo, gostava de se sentar por lá, depois de um rápido embate de amor, e olhá-lo às voltas com um desenho estrutural, resolvendo problemas com golpes ligeiros de seu braço direito, como um campeão de esgrima no auge da rapidez. Sua concentração era intensa, mais ardente que no amor. Ela imaginava que fosse uma escapatória para os abismos da memória, e o alívio que aquilo lhe trazia era visível. Pela primeira vez, desde que desmoronara em suas latas de lixo, Paul dormia quase todas as noites até depois de o dia clarear e acordava, piscando, na cama que tinham no sótão. O alto verão acabou com a palidez do seu rosto e retardou seu andar no calor tórrido; ele estava se adaptando aos ritmos da terra.

Depois que os últimos feixes foram juntados, os campos totalmente colhidos, o tenente informou a Paul que estava de partida. Sua unidade estava sendo absorvida por um centro de operações geral e ele iria assumir uma fatia mais ampla do território. Isso significava que suas visitas à aldeia se tornariam menos frequentes. "Obrigado por tudo, tenente", disse Paul.

"Na próxima semana, será capitão."

Sua partida, ao invés de diminuir a autoridade de Paul, pareceu aumentar sua importância para a aldeia, e, com ela, sua responsabilidade. Logo ele despachou um memorando para Wierzbicki, prevenindo-o sobre a pressão sofrida pelos serviços locais, por causa do aumento da população. Havia setenta crianças a mais para o próximo ano letivo; o doutor Walters tinha triplicado sua carga de pacientes; os níveis de bactérias no reservatório de água estavam aumentando; as estradas estavam cheias de calombos; eram necessários quatro policias para conter os furtos e as brigas corriqueiras; e o próprio Paul poderia fazer uso de um auxiliar de escritório para providenciar os pedidos para o comandante, bem como os registros públicos de nascimentos, casamentos e mortes.

O capitão Wierzbicki respondeu na mesma hora. Designou um médico provisório e uma enfermeira para o consultório médico; três professores a mais, dois policiais e uma secretária para Paul. "Mas não me peça mais nada", ele escreveu, "porque do orçamento só sobraram dois clipes e um punhado de elásticos."

Paul escreveu de volta, juntando um plano ambicioso de usar a equipe da colheita no inverno para consertos das estradas e construção de casas. "Você nunca vai conseguir isso", disse Alice, lendo por cima do ombro dele, enquanto acabava de vestir suas meias. Para sua própria surpresa, Paul conseguiu, e antes que o mês terminasse.

A surpresa com que seus desejos eram satisfeitos, em contraste com o acúmulo da maioria dos pedidos, provocava resmungos nos beberrões retardatários sobre o forasteiro que colocara um bastardo na barriga da garota da pousada e enchera a aldeia de estrangeiros ladrões. Um olhar de Papa Hofmann na direção do porrete cravado de pregos esvaía as reclamações em obscenidades aleatórias, que por sua vez se dissolviam em sorrisos servis no momento em que Paul adentrava o bar, após um dia de doze horas de serviço abnegado às costas. Alice tinha pedido que parasse de trabalhar mais cedo, mas, quanto mais ele se atracava com a papelada, mais fácil ficava adiar uma decisão sobre seu próprio futuro, depois que deixasse aquele limbo de aldeia, coisa que tinha que fazer.

Não poderia ficar para sempre naquele lugar degradante, onde cada centímetro de estrada estava embebido em sangue. Pagara o que devia a Alice e, se tivesse que ir embora, ela e a criança estariam bem supridas com os gordos rendimentos da pousada até que outro candidato aparecesse, alguém mais adequado para ser seu companheiro do que um escravo liberto com um saco de mágoas. Ele lhe faria um favor se deixasse o terreno livre para um homem melhor, que fosse do jeito dela, que não despertasse pena nem culpa, que a deixasse dormir em sossego, sem se quedar admoestadoramente junto à janela escura. Como dissera a Wierzbicki, ele estava se aprontando para seguir em frente.

"Quero que nos casemos assim que a colheita começar", disse Alice de chofre, enquanto eles davam um passeio em meio ao enevoado de calor, depois do jantar, ao longo do riacho preguiçoso do verão.

"O que, que você disse?," gaguejou Paul fingindo desatenção para encobrir seu desconcerto.

"Temos que nos casar", ela repetiu lentamente, como se falasse com uma criança.

"Te-tem certeza?"

"Absoluta." Ela sorriu. "Você é a metade que me faltava, querido, o sonho do meu coração."

"Ma-mas..."

Ela colocou o dedo sobre seus lábios, eliminando um a um todos os obstáculos e objeções. Era verdade que não havia necessidade de se casarem. A velha moral estava morta. Na aldeia, esposas haviam concebido enquanto os maridos estavam na guerra e garotas haviam engravidado de uniformes passageiros, algumas com consentimento, outras à força, algumas sem saber qual dos onze homens seria o pai e rezando, enquanto pariam, para que a criança herdasse uma das melhores qualidades. Esses acidentes de guerra não traziam estigmas, nem Alice se colocava acima das menos afortunadas ou prudentes do que ela. Pelo contrário, ela disse, vê-la se casando traria luz e esperança às garotas que tinham sido deixadas sozinhas para criar seus bebês. Mostraria que era possível o amor surgir no momento mais difícil, com o companheiro mais improvável. Queria servir de exemplo. Queria que a aldeia testemunhasse sua transição de menina para mulher, que a aceitasse no lugar de sua mãe; anunciar, através de seu casamento com um forasteiro, que no mundo não havia lugar para preconceitos rancorosos e ódios pertencentes ao passado. E queria que a Igreja consagrasse seu gesto de receber um estrangeiro, assim como santificara Rebeca no poço e Rahab nas muralhas de Jericó.

"E seu pai?", objetou Paul.

"Papa vai ficar satisfeito."

"Ele não gosta de mim, você sabe..."

"Por que gostaria? Você tomou a filha dele e a preencheu com o seu amor. Ele está com ciúmes e bravo. Mas vai superar isso. Ou não – depende dele. Minha mãe adoraria você, e é isso que me interessa – como deveria interessar a ele, caso ele se lembre. Peça minha mão a ele assim que voltarmos. Ele não vai se atrever a recusar."

Paul levou os dedos dela até seus lábios, ganhando tempo. Uma decisão lhe estava sendo forçada. O que deveria fazer? Não queria enganar Alice com falsas promessas de amor eterno; mas também não podia chegar a ponto de decepcioná-la. Sentia-se arrastado, rompido, esticado em todas as direções. Sem mais desculpas, levou Alice até a beira do rio e olhou nos seus claros olhos verdes com uma desonestidade perturbadora.

"Está tudo errado", disse.

"O que está errado, querido?"

"Está errado você ter que me pedir para casar com você. Era eu quem deveria estar de joelhos, pedindo que seja minha esposa, você, linda e compassiva, você, Alice, minha salvadora de cabelos dourados."

"Não seja melodramático", ela disse, empurrando-o. "Não estou me casando com um poeta ou com um político. É você que eu amo, Paul, o sábio; Paul, o homem de poucas palavras."

"Alice, você quer se casar comigo?", ele sussurrou, levando a mão dela até seu rosto.

"Imediatamente e sem demora." Ela riu, cobrindo-o de beijos úmidos por toda a cabeça, sobrancelhas, queixo e languidamente nos lábios.

Ele se deixou levar por seu entusiasmo, varrendo a culpa e a dúvida dos cantos de sua mente. Poderia fazer aquilo dar certo, garantiu a si mesmo. Não era uma grande paixão, como uma que já tinha tido, mas poderia se acomodar com Alice e seu amor, dado livremente como água de um poço, um restaurador vital em hora de necessidade. Alice tinha conseguido sua dedicação, se é que isso era o que ela realmente queria.

"Vamos fazer um comunicado", ela gritou, pondo-se de pé num salto.

Papa Hofmann os recebeu no salão dos fundos, com gargalhadas falsas e olhos semicerrados. Bateu nas costas de Paul com um punho do tamanho de um pernil, abriu uma garrafa de *schnapps* na beirada de uma mesa e fez com que seu futuro genro tomasse um enorme trago da aguardente, rindo de alegria conforme ele engasgava. Alice se zangou com o pai, limpou o ranho das narinas de Paul, enquanto ele piscava entre lágrimas, esperando a aprovação formal. Mas o homem em formato de barril não dava uma pista, não mais do que um urso imóvel na clareira de uma floresta revela sua intenção de atacar ou resmungar. Uma década de diferença de idade e uma civilização em análise, Paul e Papa se olhavam numa incompreensão muda e mútua, até que Alice lhes disse para acabarem com aquilo ou ela mesma daria a notícia.

Hofmann contra-atacou com uma carreira de perguntas. Quantos anos Paul tinha? Velho assim, é? Já foi casado? Limpou a garganta. Pais vivos? Religião? A última resposta parece ter tocado no ponto certo, porque Papa se declarou satisfeito que Paul, mesmo sendo um camarada de fora, pertencia à única Igreja verdadeira, batizado e confirmado, não era um adepto de heresias reformistas nem – Deus me perdoe – uma alma em danação, um daqueles que negam a existência de Deus.

Irrompendo no salão e batendo o punho no bar, deu um grito retumbante e anunciou o noivado de Alice para o cômodo lotado – bebida para todos.

Foram feitos os proclamas e a data foi acertada para o primeiro sábado de setembro. O velho padre Hitzinger, que tinha aspergido água batismal em Alice quando bebê, e na mãe dela antes, os convocou para as orientações. Um zunido de debulhadeiras impregnava a nave, os ritmos das estações fixadas pelo Senhor. "Um tempo para semear e um tempo para armazenar as colheitas", disse o desgrenhado padre, com manchas de ovo na batina e uma sola batendo despregada em uma das botas, os olhos injetados pousados no diafragma protuberante da noiva. "Um tempo para o silêncio e um tempo para a fala", avisou Alice.

"Uma garota tão esperta!", disse o padre, suspirando através do hálito de cerveja. "Conhece as escrituras melhor do que eu."

"E acredita em cada palavra", disse Paul, com orgulho conjugal.

"Você precisará de um padrinho", lembrou Alice, enquanto voltavam para casa.

"Pensei em convidar o doutor Walters", respondeu Paul, que tinha descoberto uma espécie de amigo na aldeia. Ao visitar o médico para dar uma olhada em um buraco no teto do consultório, tropeçara em uma caixa de livros no sótão, e, tomando fôlego, se sentou em uma trave exposta, correndo os dedos pelas lombadas de extensas fileiras encadernadas, quase todos livros banidos pelo último regime. Havia quatro dessas caixas, cerca de duzentos livros. O médico devia ser um grande leitor e, pelo que dava para inferir, um dissidente.

Ao abrir um deles, Paul ficou hipnotizado pelo preto no branco. Houve uma época em que ele não podia ir até o parque sem um livro no bolso ou se sentar à mesa sem uma página aberta à sua frente. Os romances eram seu refúgio, seu jardim secreto. Nunca tinha vivido em uma casa sem livros até entrar na pousada, onde o único volume encontrado era uma Bíblia da família, que Alice lia alto aos domingos, escolhendo passagens sombrias e sentindo prazer em seus efeitos sanguinolentos. No campo, Paul tivera seu hábito de leitura interrompido e vivera muitos meses em liberdade sem o impulso escapista. Se havia alguma mudança em seu comportamento que provasse que já não era o mesmo, era esta. Perdera a necessidade de se deixar levar por histórias e ideias.

Deve ter ficado sentado na trave por meia hora, com uma biografia de Freud aberta sobre o joelho direito e um exemplar de Heine no esquerdo, até que o médico o trouxe de volta à Terra ao lhe oferecer chá de ervas e bolo de passas. Enquanto bebericavam e mordiscavam sob o silêncio de uma tempestade incipiente, Paul procurava entender como um homem de espírito tão independente e comportamento amigável podia ter olhado a marcha da morte passando em frente à sua porta sem se atirar em seu caminho. Era o único homem culto que Paul conhecera na aldeia. Será que as artes e as ciências de nada serviam quando assolava o terror?

Antes que pudesse formular uma primeira pergunta, o médico começou a se explicar através de um bigode torcido que, quanto mais Paul olhava, mais se parecia comicamente com o de uma morsa. Pelo que parecia, Walters era um exilado, expulso da prática em sua cidade depois que foram feitas alegações contra ele por uma sórdida garota de 16 anos, em quem ele se recusara a fazer o aborto de um bebê ilegítimo. "Ela me fez um favor, aquela Lore", disse o médico, os olhos enrugados com o humor. "Poupou minha família do bombardeio e da fome, e nos colocou ao alcance de nutrientes que florescem nos bosques e nadam no riacho. Tornamo-nos saudáveis na aldeia, enquanto meus amigos da cidade empalideceram. Todos os meus filhos estão bem roliços, com exceção de Lisl – você a conheceu –, que se alimenta de bons livros, como eu costumava fazer.

"Na idade dela eu era do mesmo jeito", disse Paul.

Indicando uma viga quebrada no teto, ofereceu-se para mandar alguém de sua força de trabalho para consertá-la. Ao ribombar de um trovão, os dois homens desceram para o andar térreo, recitando a versão de Heine de "Erkönig" em versos antifônicos e especulando sobre os possíveis efeitos da invalidez sifilítica do poeta no tom de seus últimos trabalhos. "Ele poderia ter se saído melhor com um homeopata do que com as sanguessugas e os carniceiros da medicina convencional", disse o médico. "Eu mesmo modifiquei totalmente minha prática terapêutica depois que vim pra cá. Por causa da falta de uma farmácia de cidade com um estoque de preparados químicos, passava minhas horas de almoço colhendo plantas e bagas no mato. Com um pilão e um socador, como o Fausto de Goethe, fiz poções para todas as doenças comuns. Tratei o semelhante com o semelhante à maneira de Samuel Hahnemann e fiz menos mal do que bem, cumprindo a promessa a Hipócrates. Não houve efeitos colaterais, e a única reclamação foi a de que minhas poções tinham um gosto amargo – nunca consegui rações de mel ou de açúcar que bastassem."

Paul tomou seu último gole do chá picante e disse estar excelente.

"Urtigas." O médico sorriu. "Eu mesmo colhi e sequei. *Urtica urens*, muito boa para gota e artrite, não que tais coisas deveriam preocupar um homem da sua idade. Mas anemia: você me parece um pouco pálido. Outra xícara?"

"Se acha que vai me fazer bem..."

"Depende do que você quer dizer com 'bem'."

Paul percebeu que o médico se divertia com paradoxos. Tinha lido todos os filósofos – Spinoza, Marx, Nietzsche, Freud, Jung, Wittgenstein – e sofria pela falta de discussão em um café. Na cidade, tinha uma mesa costumeira no Imperia, e um círculo animado de intelectuais, dois deles críticos literários do jornal matutino. Ali, não tinha ninguém com quem argumentar e estava perdendo a argúcia da mente. Sua mulher só lia histórias de amor e seus filhos, com exceção de Lisl, não liam absolutamente nada – optando pela vida do campo "como se fossem crias de camponeses". O outro único espírito ilustrado da aldeia era o desgraçado do padre, e ele não passava de um amontoado de superstições, confusas e semiesquecidas com a decrepitude.

Paul era um tesouro, uma descoberta rara naquele ermo. Agradando com ênfase absorta seu bigode cinzento, o médico o levou de volta ao sótão, convidando-o a levar o livro que quisesse. "Livros", declarou, "podem ser compartilhados sem que nenhum de nós sofra pela perda – esta, querido amigo, é a beleza da coisa."

Paul correu os dedos pela série de obras de Thomas Mann, um autor banido por sua imbuída humanidade. Próximo a *Morte em Veneza*, quatro vezes mais grosso, estava *A montanha mágica*. "Meu favorito", murmurou Walters. "Funciona como narrativa e como uma parábola da doença na sociedade. Ele até mesmo sugere, sob certo aspecto, por que nos fizemos levar para as montanhas, você e eu – para proteção da sociedade e nossa segurança pessoal..."

"Nossa?", retorquiu Paul. "Não me lembro de ninguém preocupado com a minha segurança e proteção. Na verdade, foi bem o contrário."

"Na cidade, eles teriam atirado em você na hora", disse o médico.

"Você entende disso, não é?", escarneceu Paul.

A fúria se acendeu dentro dele como um jato de gás. Como é que aquele homem se atrevia a fazer suposições sobre sua sina? O que ele sabia sobre os massacres na cidade e o que fizera quanto a isso? Indo mais direto ao assunto: o que ele soubera, ou tinha querido saber, sobre os açoitamentos e as mortes do lado de fora de sua porta na aldeia? Como é que ele podia conciliar seu dever de cuidar da humanidade com o fato de ter voltado as costas para homens agonizantes? Que direito tinha de comparar a ligeira inconveniência de sua mudança com as agonias mortais da pedreira?

Tão rápido quanto surgiu, o jato arrefeceu. Paul não estava em posição de criticar. O médico coloca a sobrevivência em primeiro lugar, assim como ele tinha feito no campo. Uma mente livre entre estúpidos, ele se recusara a arriscar a vida de seus filhos fazendo uma exibição sem sentido de solidariedade pelos oprimidos, da mesma forma que Paul não se levantara em protesto quando Hans expunha um enforcamento ou um salto de queda livre. A diferença entre ele e o médico era de grau: Walters tinha conservado sua família e dormia em sua própria casa. Paul tinha perdido seus bem-amados e fora metido à força em um campo de concentração. Cada um deles tinha descoberto uma maneira de racionalizar sua inação. Um andava pelo mato e lia livros no sótão, eclipsando os horrores externos; o outro vadiava em uma cabana de construções aquecida, enquanto seus amigos trabalhavam até morrer. O médico não tinha culpa do sofrimento de Paul. Paul nem mesmo tinha certeza de que Walters soubesse que ele era um dos integrantes da marcha da morte que passava pela sua porta. Naqueles dias, ele devia ter visto tantos homens à deriva em seu consultório, tantos olhos embotados e tantos passados lamentáveis! Tudo o que podia fazer era considerar cada paciente por sua aparência e não fazer suposições até ouvir uma história, na maioria das vezes falsa.

Envergonhado por seu desabafo, Paul sussurrou um pedido de desculpas e, na mesma toada, pediu ao médico que lhe fizesse a honra de ser seu padrinho no casamento com Alice, a filha do estalajadeiro. Walters, com um grito de alegria, afirmou que nada o faria mais feliz. Sua filha mais nova, a culta Lisl, ia ser a dama de honra; oficiar em um altar do Senhor com sua doce filha seria de fato uma glória rara. Pegando a mão fria de Paul com sua mão roliça, levou-o até a sala de visitas para um brinde com vinho de flor de sabugueiro e para apresentá-lo à sua esposa, de franja ligeiramente grisalha, cuja reserva se volatilizou como leite azedo. "Fui convidado para ser guarda-costas no casamento de Alice", gabou-se Walters. "Bom para você, querido", disse a esposa, enxugando um pouco do vinho derramado. "Tanta coisa para fazer", lamentou o médico, "e tão pouco tempo!"

Fazia anos, ele comentou, que desempenhara esse papel pela última vez; precisava de uma lista de deveres. Comparecer aqui, ficar ali,e, depois, na hora da festa, um discurso irreverente para os convidados, certo? Era bom ele levar seu terno de ir à ópera para uma limpeza a seco e resolver o que colocar na lapela, dele e do noivo. Papoulas vermelho-sangue, ele pensou, para irritar o padre. Sua fala, um discurso socrático, se alçaria tão alto sobre as cabeças dos camponeses que alguns pediriam uma cópia do texto para tentar memorizar seus aforismos pseudoclássicos, para serem repetidos mais tarde. Ah, que delícia, que delícia! Estava tão agradecido a Paul por tê-lo convidado, restaurando o sol da manhã no coração de um velho cansado.

"Não tão velho", disse a senhora Walters em tom de reprovação. "E preste atenção em quem você vai ofender nesse discurso. Não podemos nos dar ao luxo de perder mais um paciente para aquele jovem piolho em Pringsheim."

"Pensando bem", disse o médico, "esqueça *A montanha mágica*, é muito mórbido para a ocasião. Meu presente de noivado para você vai ser outra obra de Mann, *José e seus irmãos*, em uma rara primeira edição. De certo modo, vejo você como José, o filho que foi vendido como escravo e salvou sua nova pátria de sete anos de escassez."

Paul leu um capítulo do livro por noite e não se comoveu. Ao encontrar o médico na padaria, recusou-se a fingir entusiasmo. "O autor não fez com que eu me interessasse por seus personagens", ele disse.

"A intenção é exatamente essa", disse Walters. "Mann não está preocupado com o que alguém gosta ou não gosta, muito menos em relação a ele mesmo. Como eu, ele tem um trabalho a fazer. Não estou interessado na maioria dos pacientes e posso não me importar com seus hábitos e atitudes. Mas não deixo que a indiferença impeça minha atenção para com seu estado, ou afete o tratamento que lhes dou. De vez em quando, sou premiado com algum vislumbre fortuito da natureza humana."

"Alguma bondade natural revelada pelo sofrimento?", perguntou Paul.

Os fregueses os empurravam no meio-fio da calçada das lojas. "A bondade", respondeu o médico, ignorando o ceticismo de Paul, "não atravessa a soleira do meu consultório. Ela é deixada na sala de espera com as mães e as babás. Se eu parasse para prestar atenção no que é bom ou ruim em meus pacientes, não poderia cuidar de suas queixas com um distanciamento clínico. Trato todos que vêm me ver com absoluta neutralidade."

"A seus olhos, o ladrão e o padre são a mesma coisa?"

"Não me fale sobre aquele padre", retorquiu Walters. "É um bêbado sem solução. Tinha que ter entrado em licença há anos. Disse isso ao bispo não uma, mas dezenas de vezes. Ah, bom dia, padre. Estou vendo que veio buscar seu brioche para o café da manhã. É bom ingerir um pouco de sólido logo cedo, junto com sua dieta líquida costumeira. Conhece o senhor Miller?"

"Vou casá-lo na semana que vem", disse Hitzinger, franzindo o nariz numa careta de ressentimento e desconfiança.

"Só estou conferindo", o médico riu. "Para ter certeza de que o senhor não se esqueceu."

O ritmo dos preparativos se acelerou e Tante Anna voltou a cair nas graças para fazer com que a inflada Alice coubesse no vestido de casamento da mãe. A solteirona fungava conforme trabalhava em sua "pobre falecida Maria", até que Alice explodiu em um bustiê de renda e Paul foi chamado para promover a reconciliação. Ambas gritaram para que ele não olhasse o vestido, porque se visse uma nesga que fosse, antes da entrada na igreja, todos teriam azar. Restabelecida a paz, deixou que Tante Anna o ataviasse com um terno de casamento de Franz-Josef, reduzido a um tamanho duas vezes menor, e depois em um colarinho a rigor que parecia ter pertencido a um dos príncipes Hohenzollern. Estava na família havia cinco gerações; seis, disse Alice; não, cinco, disse Anna, e a briga recomeçou.

Duas leitoas, Selma e Greta, foram sacrificadas para o banquete de casamento, seus gritos alcançando Paul em sua prancheta de desenho e o levando a jurar que nunca mais comeria presunto. Lisl contornou a saia de Alice, bem composta como sua mãe, impassível quanto à conquista impressionante de sua amiga. "Meu pai insiste em que você leia isso antes do grande dia", disse ela, colocando nas mãos de Paul uma edição bem manuseada das memórias levemente lascivas de Arthur Schnitzler, *Minha juventude em Viena*. Ela sempre parecia ter um livro à mão.

Uma semana antes do casamento, Alice desceu para seu antigo quarto, deixando que Paul dormisse em um catre no corredor, enquanto ele supervisionava a reforma. Sua equipe guarneceu o *loft* com um banheiro conjugado à suíte, armários embutidos e uma cama *king-size* com dossel, tudo feito sob as especificações de Paul. Na véspera das núpcias, ele reassumiu as dependências terminadas, ostentando suas liberdades de solteiro – o direito de peidar sem pedir desculpas e de coçar o saco não lavado. Em sua noite pré-nupcial não houve despedida de solteiro. Paul não tinha ninguém com quem farrear, ninguém para provocá-lo quanto à perda da liberdade. Uma vez que estava se casando com Alice, se comprometia com aquele lugar, com pessoas que tinham se mantido cegas a assassinatos. Por que ele não notara isso? Será que estava tão cego quanto eles? Tormentos assolavam seus olhos insones. Como é que ele poderia viver ali, em paz e amando? Que tipo de criatura ele era para preferir conforto à retribuição? Era um traidor de tudo aquilo que lhe era querido, sua terra natal, sua língua, sua mãe, seu verdadeiro amor. Era um renegado, um colaborador, um carniceiro, um rato de esgoto, o mais reles dos vis.

Durante toda a noite, Paul virou de um lado para o outro na pretensiosa cama de dossel. E, quando o sono lhe trouxe o abençoado sossego, viu-se jogado em um filme paralelo, em outro tempo e espaço. Era a mesma época do ano, o calor sufocante de antes da guerra. Alice seria então uma criança, uma dessas meninas de rabo de cavalo que via nos jornais da tela, gritando *heils*, em uma multidão sem rosto. E ele, também sem imagem, era um acadêmico em uma cidade fabril, um professor de banalidades, caminhando para a calvície, pálido, em uma estrada para lugar nenhum. Já tivera esse sonho antes e sabia que não conseguiria fugir de seu fim terrível.

CAPÍTULO SEIS

Em outros tempos, antes que soubesse o significado da palavra dor, Paul estava pedalando pelo centro da cidade em uma manhã de segunda-feira, começo de uma semana semelhante à anterior, sua tese defendida com sucesso, mas insistentemente não publicada. O interesse por Alvar Aalto, seu tema, estava diminuindo. Aalto, um finlandês, desenhava estruturas transparentes em luz branca, tão diferentes quanto qualquer construção poderia ser das peças pseudobarrocas de sua terra natal, ou de seus poucos blocos protomodernos, desfigurados como eram pela incompetência arquitetônica e o conluio de construtores com funcionários públicos corruptos. Paul detestava a aparência de sua cidade. Uma dose estimulante de Aalto compensaria aquelas vergas com arabescos e as inúteis bordas das janelas, acrescentando um toque de conceito contemporâneo. No entanto, ele sabia que tinha partido dali tarde demais. Havia tanques concentrados na fronteira ocidental, muito próximos, e ninguém queria falar sobre campos claros, luminosos, com vidros em abundância.

A universidade lhe dissera para incorporar arquitetura militar no curso que lecionava – trincheiras, armadilhas para tanques e daí por diante. Ao se recusar pretextando ignorância, quando queria dizer indiferença, o reitor cortou suas horas e mandou que justificasse sua permanência ensinando outra disciplina, a qualificação em psiquiatria que obtivera para satisfazer seus pais, antes que consentissem em sua escolha de vocação. A proposta do reitor foi especialmente ofensiva. Ele deveria lecionar no primeiro ano de psicologia, para um bando de adolescentes ignorantes – uma disciplina a que ele tinha aversão porque não resolvia sua situação pessoal. Era um homem no final dos seus 20 anos, morando com pais idosos e sem esperança de um amor em uma cidade que arrotava fuligem e encarava a modernidade com severo desprezo. Precisava ir embora. Exilado no departamento errado, candidatou-se freneticamente a outras universidades, mas como nunca tinha bajulado colegas influentes em seminários de sinecura, suas cartas ficaram sem resposta. Todas as saídas estavam bloqueadas. Ia ter que ensinar a virgens saídas de colégios de freiras as teorias eróticas de Sigmund Freud, sem ofender a frágil fé que as mantinha quimericamente intactas para o santo matrimônio. Contemplava o novo ano acadêmico com uma apatia que beirava o desespero.

Para manter o foco e aumentar uma patética remuneração, Paul assumiu pequenos trabalhos comissionados de seu tio, um construtor envolvido em fumaça, cujo desempenho bem-sucedido fora erigido em um andaime de contatos sociais. Tio Antoni era um homem sem escrúpulos e sem filhos; se Paul jogasse o seu jogo de acordo com as suas regras, seria seu herdeiro. Essa perspectiva valiosa o deprimia ainda mais que o seu isolamento acadêmico e social.

O amor estava fora do alcance de Paul. As meninas o ignoravam nas festas, intimidadas por sua incapacidade de ter uma conversa amena. Ele conhecia três piadas, e eram tão batidas que seus pais o proibiram de repeti-las em casa. Sempre se esquecia de acender o cigarro de uma garota ou de lhe dar passagem ao atravessar uma porta. Não sabia como tomar a iniciativa. Era, para tristeza de sua mãe, um caso perdido – um diagnóstico que Paul encarava como um cumprimento perverso, destacando-o como um espécime interessante de disfunção humana.

Era com esses melancólicos pensamentos que estava indo se encontrar com um cliente de seu tio que queria uma extensão ilegal em sua pequena fábrica de meias, quando um caminhão do exército, a uma velocidade duas vezes acima do permitido, atingiu sua roda traseira, mandando-o por cima do guidão para a via oposta da rua Varsóvia. Pela graça de seis milímetros, um automóvel de quatro passageiros que vinha na direção contrária teve seus freios acionados com um guincho agudo, o para-lama gemendo metalicamente sobre a cabeça zonza de Paul. Um casal corpulento saltou do carro, mostrando os punhos para o veículo militar, que acelerou e dobrou a esquina, desaparecendo. Os dois, perfeitamente vestidos para um *nightclub*, gravata extravagante e saltos altíssimos, voltaram sua atenção para Paul, absorvendo-o em sua guerra conjugal.

"Toque alguma campainha e faça com que chamem uma ambulância", rosnou o homem.

"Não me diga o que fazer", gritou a mulher. "Fiz um curso de primeiros socorros. Tenho que lhe dar o beijo da vida."

"Não seja idiota! Ele foi jogado para fora da bicicleta, não se afogou."

"Quem você está chamando de idiota? Você sabe como fazer uma traqueotomia quando um acidente para a respiração?"

"Adina, com certeza ele vai parar de respirar se você começar a beijá-lo com esse perfume horroroso."

"Veio de Paris e custou uma fortuna."

"Eu sei, eu sei, imagine se não sei."

"Pare de ser um completo animal, Mitek, e afrouxe o colarinho dele."

"Ajude-me a colocá-lo no carro e deixe-me levá-lo para o hospital."

"Ficou louco? Você pode lesar a espinha dele. Ele vai acabar paralítico e processá-lo até o último centavo. Já pensou nisso, Mitek?"

"Ele vai acabar morrendo se não o levarmos até um médico. Agora, por favor, Adina, pelo menos uma vez não seja do contra, faça o que o seu marido diz."

"Não diga que não avisei."

Paul deve ter desmaiado novamente, porque voltou a si em um cômodo branco, com o som do casal discutindo se teriam feito a coisa certa, levado-o para o lugar certo, se já o conheciam de algum lugar. Ele parecia impressionantemente familiar. Não era o filho desajeitado de Johanna?

"Obrigada, senhor e senhora Gastwirth", disse uma jovem cheia de energia, em um avental branco engomado. "Agora é por minha conta."

"Ewa, querida, temos toda a confiança. Você vai nos dizer como é que ele está?"

"Passo à noite e dou notícias, depois do meu plantão."

"Queremos o melhor para ele, pobre rapaz. Dinheiro não é problema."

"Foi seu carro que o atropelou?"

"Deus me livre! Como é que você pode pensar uma coisa assim? Salvamos a vida dele, Mitek e eu. Ele teria morrido esmagado. Agora, por favor, cuide dele. Precisamos que todos os jovens estejam aptos e prontos, caso o pior dê no pior."

Através de um véu de dor, Paul ouviu a médica perguntar seu nome, endereço, profissão, dia da semana, onde doía. Seus dedos pressionavam levemente ao redor do seu crânio, mais firmemente nos ombros e braços. Ao tocar acima do cotovelo, ele deu um grito. "Desculpe-me", ela disse. "Talvez esteja quebrado. Vamos tirar uma radiografia."

Ele foi levado em uma cadeira de rodas por um corredor e depois por outro. Nas horas que levou para tirar o raio x e revelar os filmes, uma enfermeira com uma grande touca branca, que lembrava um iate marinho, ficou lhe dando goles de água. "Nada para comer", disse com arrogância; talvez tivessem que operar. Já era fim de tarde quando a médica, a quem o casal se dirigira como Ewa, voltou com os raios x, lamentando a demora, explicando que estivera detida na sala de cirurgia por uma fratura múltipla de crânio de grande complexidade.

"Outro acidente de trânsito?"

"Todos estão dirigindo feito loucos", disse a médica. "A tensão deixa as pessoas insanas." Ela trazia boas notícias. Uma fratura simples, seis semanas no gesso sem necessidade de cirurgia. Sua única preocupação era com a dor de cabeça e a confusão inicial. Não se poderia descartar uma concussão. Decidira mantê-lo lá durante a noite.

Paul balançou a cabeça para garantir que estava bem, fazendo suas têmporas latejarem e sentir o braço esquerdo gritar de agonia. Explicou, como se fosse para um aluno novo e obtuso, que sofria de uma leve forma de claustrofobia, o que tornava desaconselhável prendê-lo em um hospital. Ele enlouqueceria as enfermeiras, não tinha sido feito para a vida comunitária. "Deixe-me ir para casa", implorou. "Meus pais vão ficar preocupados. Eles não são jovens. Dê um trato em mim para esta noite. Eu volto amanhã para mostrar que ainda estou vivo."

A médica pareceu impressionada com suas desculpas. "Está bem", concordou. "Vou mandá-lo para casa com um analgésico, que você precisa tomar antes de se deitar. Mas amanhã às dez horas quero você de volta. Está claro? Se atrasar cinco minutos, mando os Gastwirth atrás de você. Eles já ligaram três vezes para saber como você está."

Ela envolveu o braço dele com camadas de gesso quente, explicando que a enfermeira responsável pela ortopedia já tinha ido embora e que ela mesma estava prestes a deixar o plantão. Seu cabelo era volumoso e escuro, seus movimentos, enérgicos e seguros. Ele queria olhar de novo nos seus olhos castanhos, retomar o duelo de vontades, mas ela era a impessoalidade personificada. Ele não tinha maior interesse para ela, uma reles fratura, um conserto de rotina. "Onde você mora?", ela perguntou, enfiando-lhe o braço esquerdo em uma tipoia de algodão.

"Moniuszko, 14. Você está voltando a testar minha concussão?"

"Não", ela sorriu. "Pensei em ver se era no caminho para a minha casa. Dê-me dez minutos para trocar de roupa e posso levar você. Vou livrá-lo dos sacolejos de um ônibus."

"Não se esqueça de que você tem que fazer um relatório a meus salvadores."

Ela riu, uma ondulação subindo por sua estrutura magra. "Os Gastwirth? Formam um par cômico, não formam? De bom coração e nunca satisfeitos. Quase se tornaram meus sogros no inverno passado. Uma escapulida de sorte."

"Para você?"

"Para todos nós."

O calor estava pesado no estacionamento do hospital, enquanto ela descia as janelas de um grande carro preto, o teto pintado de branco e decorado com uma enorme cruz vermelha. Paul, reconhecendo a elegância francesa, identificou o veículo como um Citroën Traction Avant, série 11, de quatro ou cinco anos atrás. Nunca tendo aprendido a dirigir, admirava os automóveis de maneira objetiva, como um eunuco poderia apreciar a nudez feminina. "Tenho o Citroën à disposição durante o estado de emergência", ela explicou. "Acomoda oito pessoas, mas o banco traseiro se modifica para acomodar um número maior de acidentados, caso haja um bombardeio aéreo. Ninguém sabe o que vai acontecer e quando, apenas que parece inevitável. Uma das enfermeiras-chefe me disse: 'O que quer que você queira, faça-o hoje – talvez nunca chegue o amanhã'."

Paul decidiu que ela não era seu tipo. Suas feições tinham uma disposição muito próxima, a tez era amarelada, as sobrancelhas indômitas. O queixo tinha uma sugestão de penugem. Não que ele pudesse ser confundido com Rodolfo Valentino. Anos de estudo ininterrupto haviam marcado seus lábios e empalidecido seu rosto. Seus ombros eram caídos e ele emanava pouca energia física. Olhando-se no espelho lateral do TA-11, conforme deixavam os portões do hospital, viu um espécime desleixado de masculinidade, um reconhecido solteiro. Não era de estranhar que, nas festas, as garotas o evitassem tão enfaticamente.

A médica guiou da mesma maneira que tinha tratado seu braço: em um silêncio concentrado. Nos semáforos, ela não batucava na direção, nem remexia no porta-luvas; ficava sentada perfeitamente composta, à vontade consigo mesma. Não usava batom e cheirava a sabonete cirúrgico. Suas unhas estavam perfeitamente aparadas, as cutículas brilhando como meias-luas em uma noite estrelada. Quando ela virou a esquina da rua Varsóvia, Paul se descobriu em começo de paixão. Por que naquele cruzamento, a duas ruas de casa, ele nunca saberia, mas conforme o enorme veículo balançou ao entrar na via principal, a dor localizada no braço foi substituída por uma grave dor existencial, e ele fez uma tentativa direta de conseguir sua atenção:

"Desculpe-me, doutora Ewa", ele disse, "posso perguntar uma coisa?"

"Vá em frente."

"A senhora é casada?"

"Muitos homens me perguntam isso", ela sorriu, com a cabeça voltada para a frente, "alguns até mesmo antes de serem examinados, alguns com a aliança de casamento no dedo."

"Peço desculpas pelo atrevimento, mas preciso da informação."

"Com que objetivo?"

"Por importantes razões pessoais."

"Quais são elas?"

"Sou solteiro e um ótimo partido. Na verdade, estou desesperado."

O carro balançou com as risadas dela e ele viu, pelo espelho, uma centelha de interesse. "Eu lhe dou uma resposta amanhã às dez horas", ela disse, ajudando-o a sair do carro e a ir até o arco de entrada de seu bloco de apartamentos. Ele desejou tomá-la na dobra do seu braço direito e levantar seu rosto oval para ele. Já estivera apaixonado antes, mas nunca de maneira tão instantânea. Ela lhe estendeu a mão e ele se lembrou, por uma vez, de levá-la até os lábios, encostando-a no rosto, antes de soltá-la. Ela sorriu, acenou e foi embora.

Depois daquilo, tudo aconteceu muito rápido. Às dez horas da manhã seguinte, a doutora Ewa examinou sua cabeça e não encontrou nenhuma concussão. "Um leve beijo acabaria com o latejar", ele sugeriu. "Aqui não", ela fez sinal de silêncio, o que ele interpretou como uma promessa.

Ela concordou em encontrá-lo ao meio-dia em um quiosque no parque. Ele comprou um pastel recheado para cada um, e caminharam até um banco ao lado do lago, jogando as migalhas que sobraram para os patos. Paul falava com paixão sobre planejamento urbano. Ewa lhe mostrou como consertar um osso quebrado. Quando ela colocou a mão em seu braço, ele a cobriu com a sua, e ela não pareceu se importar. Não demorou muito para que estivessem trocando confidências. Ewa reconheceu ser magra demais, consequência de uma pneumonia causada por muitas horas de serviço e de um mau relacionamento no trabalho, onde o diretor a colocara na clínica geral, embora ela fosse uma cirurgiã ortopédica, especializada em pediatria. Não tinha vida social. Estava com 28 anos, longe de casa, era quase uma solteirona. O filho dos Gastwirth, um vendedor no antiquário da família, tinha gentilmente se oferecido para casar com ela, mas era mimado, ignorante e de voz aguda. Ela gostava de homens elegantes, letrados, de voz profunda. Nunca poderia se casar com uma mente mal cultivada.

Paul expôs sua própria situação. Não tinha amigos e sobravam poucos interesses além da arquitetura, do desenho e do aspecto teórico da psicologia humana, sentindo uma espécie de pânico da parte prática. Era professor contratado na universidade e exercia um trabalho extra com seu tio, mas a vida estava passando por ele. Se gostava de alguma garota, ela virava as costas; quando isso não acontecia, se ele mencionasse a psicologia, ela discorreria sobre seus complexos, esperando uma imediata análise junguiana, enquanto se escorava na parede em uma festa da faculdade. Não tinha nenhuma ideia da garota dos seus sonhos, apenas uma vaga sensação de que havia alguém para ele em algum lugar. Aquela imprecisão acabara de se transformar em certeza. Ewa era seu destino. Ele não estava interessado em aparência, dote ou linhagem – embora tenha se apressado a acrescentar que ela era maravilhosa e brilhante, fazendo corar suas faces abatidas. Não tinha preconceitos ou expectativas. Sua mãe vinha de um lar tão pobre que as meninas ficavam sentadas em frente a rocas desde os 7 anos de idade, e de uma minoria religiosa que estava sempre sob ameaça. Ewa respondeu que em sua casa eles aumentavam a sopa noturna com água, até que desse para todos; caso ele não tivesse percebido, ela pertencia ao mesmo grupo étnico de sua mãe.

Ele pediu que ela conhecesse sua mãe – imediatamente, porque não havia tempo a perder. Quem sabia o que aconteceria em uma semana? Ewa observou que eles não deviam se apressar em tomar decisões, influenciados pelo estado geral de desalento e pânico, ao que Paul respondeu que não prestava atenção no que os outros pensavam. Sabia no seu coração que tinham sido feitos um para o outro. Ewa apertou seu braço. Passaram pelo pulgueiro com a eterna tela rasgada e estavam passeando por uma série de lojas, olhando as vitrines. Uma pirâmide sobressaía em um cartaz de agência de viagem. "Um bom lugar para lua de mel", disse Paul. Ewa ficou na ponta dos pés e o beijou no rosto. Estava participando de sua fantasia. "Tem certeza?", perguntou Paul, com um olhar investigativo. "Agora sim", disse Ewa. "Posso ter dúvidas mais tarde, mas parece determinado que nós tivéssemos que nos encontrar aqui e agora, à beira de um precipício. Minha vida tem estado paralisada por minha própria hesitação e pelas intenções funestas de outros. Estou pronta para confiar em meu instinto. Você é o homem mais agradável que já conheci em um bom tempo e me faz rir. Esse é um bom começo."

Ao entrar no apartamento miserável de seus pais, no quarto andar de um prédio bem gasto, apresentou Ewa sem preâmbulos como sua noiva. "Arthur", disse sua mãe, "traga uns copos." Seu pai remexeu sob a pia da cozinha e apareceu, o rosto vermelho, com uma garrafa de conhaque de ameixa com o gargalo sujo e quatro cálices de vidro lapidado. Ewa estendeu a mão sobre a taça de Paul. Como ele estava com a cabeça doendo, ela não podia permitir nada além de um licor de tília. O pai dele, brindando, contou a Ewa que antes de sua aposentadoria precoce por problemas cardíacos tinha sido o escrivão da cidade para nascimentos, casamentos e mortes. Conhecia todos pelo nome.

"Salvo pessoas avulsas como eu", sorriu Ewa.

"Não por muito tempo", disse Arthur, murmurando uma canção de amor em seu segundo conhaque. Ewa reuniu-se à mãe de Paul na cozinha, comparando receitas enquanto preparavam o jantar. Comeu com avidez à mesa, aliviando a indisfarçável ansiedade da mãe de Paul perante sua diminuta cintura.

"Sirva mais batatas para a garota, Johanna", disse o pai.

"Já comi uma plantação e meia", protestou Ewa.

"Mais molho?", perguntou a mãe, servindo à vontade.

O casal de noivos se sentou de mãos dadas no sofá, enquanto o rádio crepitava os acidentes na fronteira e as intimações de guerra. Conforme foram para o carro, Ewa concordou em se casar com Paul sem demora. Ela o levaria naquele final de semana para conhecer seu pai, que era líder espiritual de uma pequena congregação na capital, a duas horas de trem.

"Ele vai me aceitar?"

"Faz tempo que ele me deu por perdida como noiva. Ele vai apertá-lo contra o peito e fazê-lo dançar uma *kazatzka* com ele, dentro de um círculo de discípulos batendo palmas."

"Mas sou de outra religião. Fui batizado..."

"Não tem importância. Sua mãe, Johanna, pertence a nosso povo, nasceu em uma aldeia cujo nome ele vai conhecer. Meu pai se juntará a nós no casamento no sábado à noite, à luz de velas, sob um baldaquim, e perante uma centena de testemunhas masculinas, para que não possa haver desistência nas nossas promessas. Está preparado para isso?"

"Mal posso esperar", disse Paul. "E quando voltarmos, meu pai realizará a cerimônia civil em sua velha escrivaninha na prefeitura, aquela que ele ensaia na nossa mesa desde que sou garoto: 'Pelo poder da autoridade que me é investido pelo Estado, pronuncio você, meu filho, marido e mulher, com – cita o nome – a noiva do seu coração'."

Beijou Ewa sob a entrada crepuscular do bloco de apartamentos, fora das vistas da zeladora curiosa. Ela se aninhou em seu peito, um pardal numa tempestade, totalmente confiante. Foi somente quando ele mexeu nos botões de sua camisa que ela recuou.

"Não tenha medo", ele implorou.

"Não tenho", ela ronronou.

"Você não me quer?"

"Mais do que você imagina."

"Então o quê?"

"Vamos esperar mais alguns dias", ela disse. "Temos a vida toda."

Ele pegou sua mão, comovido com sua pureza, tão diferente do descaramento que via diariamente na universidade e no escritório de seu tio. Ewa estava esperando por ele. Quando ele lhe deu um beijo de boa-noite, ouviu um murmúrio em sua laringe.

De manhã, Paul foi até a estação e comprou um par de bilhetes de primeira classe para o trem de sexta-feira ao amanhecer. Conforme fazia a mala – um terno escuro com gravata, duas camisas, barbeador, escovas e roupas de baixo –, sua mãe lhe trouxe uma fotografia de uma grande família sentada do lado de fora de uma cabana de sapé. "Este é o meu pai, o que tem a barba comprida, minha mãe é a de lenço na cabeça", ela disse. "Mostre isso para a família de Ewa." Paul foi para a cama cedo e dormiu como se estivesse anestesiado.

Flashes explosivos atravessaram a noite. Aeronaves vibraram no alto e vidros estalaram na avenida abaixo. Paul correu para a janela e viu tanques inimigos triturando objetos como palitos de fósforo em sua passagem. Atrás deles vinham carros blindados com megafones, mandando que os cidadãos permanecessem dentro das casas. Os pais de Paul juntaram-se a ele na janela, grudados de medo. Ele pôs a chaleira no fogo e preparou um bule de café. Por aquela hora, Ewa estaria terminando seu turno da noite. Ele telefonou para o hospital, mas a linha estava muda. Seus pais se sentaram de mãos dadas, unidos pelo temor. Não havia nada útil a ser dito. O dia foi passando e o rádio só tocava música marcial, interceptada com proibições. Qualquer um que fizesse isso, ou deixasse de fazer aquilo, seria morto. A ordem seria mantida a qualquer custo.

O ribombar das esteiras dos tanques diminuiu ao crepúsculo e as ruas ficaram quietas, as luzes apagadas. Paul jogou uma jaqueta sobre o braço com tipoia e saiu à procura de Ewa. Esgueirando-se pela entrada da zeladora, abraçado às sombras dos muros, trotou em direção ao hospital. Gritos abafados chegaram a seus ouvidos a cem metros de distância, e ele apressou o passo. Ao ver o átrio bloqueado por sentinelas armadas, deslizou para os fundos, onde, quando garoto, entediado e solitário, costumava passar o tempo olhando o vai e vem das ambulâncias e auxiliares levarem para fora latões de lençóis sujos, vindos de uma entrada rebaixada do subsolo. Encontrou a porta do subsolo junto de uns degraus de pedra e fez uma careta de satisfação conforme ela cedia ao seu ombro. Passou pelo necrotério em direção à escada que levava ao *hall* principal de mármore.

Gritos estridentes o guiaram até o pronto-socorro, um depósito de corpos quebrados e indistinta atividade. O rosto de Ewa, pálido de cansaço, se iluminou. Jogando-lhe um jaleco marrom de auxiliar, ensinou-lhe em dez termos concisos a fazer uma triagem, separar os casos urgentes dos que podiam esperar. Soldados e civis, velhos e jovens, clamavam por atenção. Paul analisou a sala e imaginou soluções. Dispôs todos os parentes de um lado, dividindo-os em grupos, um para remover os mortos para o necrotério, outro para procurar esfregões e limpar o chão, o terceiro para tomar notas conforme ele entrevistava cada acidentado e colocava uma letra de prioridade nas lapelas dos casacos – A para imediato, B para secundário, C para pode esperar. No espaço de meia hora tinha as passagens livres, o chão limpo e três filas a postos para Ewa, seu estagiário, Jacek, e cinco enfermeiras exaustas. "Vocês comeram? Beberam?", perguntou. Balançaram a cabeça. Paul mandou que a mãe de um garoto gorducho, com um ferimento superficial no rosto, buscasse um carrinho com café e sanduíches na cantina e controlasse uma estação móvel de alimentos para a equipe médica.

A noite transcorreu em um esforço incessante, pontuado por perdas intermitentes. O éter e a morfina diminuíram, e Ewa reservou o que restava para as crianças. Adultos, salpicados de estilhaços, eram amarrados à mesa, desinfetados e cortados em um único movimento. Sozinha, depois que Jacek desmoronou de cansaço, Ewa fez as últimas suturas de emergência, à medida que a luz do sol penetrava através de um blecaute provisório.

"Quantos?", perguntou Paul, mas ela perdera a conta de quantas incisões e amputações. O único paciente ao qual ela se referia era o jovem minerador de carvão que acabara perdendo, vítima de uma hemorragia cerebral mal ela terminara de salvar sua perna totalmente estraçalhada.

"Você merece uma medalha", disse Paul.

"Fui treinada para isso." Ela deu de ombros, enfiando um chumaço rebelde de cabelos negros para dentro da touca verde.

A ajuda veio através de um comboio inimigo, duas equipes cirúrgicas e material novo, seguidos por uma torrente de sofrimento humano ao longo do dia. Ewa colocou a equipe que chegava a par do que acontecia, antes de levar Paul para um vestiário no porão, onde se jogaram em catres separados. "Amo você", ele sussurrou, com as pálpebras se fechando.

Novamente acordados e ansiosos para ajudar, subiram as escadas, pegaram um sanduíche e, ainda mastigando, tomaram o caminho mais curto para o consultório principal. "Fora", Ewa sibilou para Paul. "Você precisa ir embora. Novas leis raciais. Eles me fizeram identificar os membros da equipe que pertencem a minorias. Disseram que se encontrarem um, vão me prender e fechar o hospital. Você tem que sair. É perigoso para todos nós." Paul abriu a boca em protesto, mas ela apertou sua mão e disse ao diretor, em tom baixo, que estava disponível quando fosse necessário. Uma enfermeira que passava irrompeu em lágrimas. Ewa, dando-lhe um beijo de despedida, pegou Paul pelo braço saudável e o levou para os fundos, nas entranhas do prédio onde, esperando pelo cair da noite, ficaram de mãos dadas falando muito pouco, porque pouco precisava ser dito. O amor os ligava de maneira invisível, como uma corrente elétrica.

Sob a proteção da noite, saíram pelo necrotério e, evitando os bloqueios nas ruas, chegaram à casa de Paul por um desvio de duas horas. "Temos que fugir", disse sua mãe, depois que tinham se lavado e se sentado. "Eles vieram batendo às portas, pedindo documentos. Qualquer estrangeiro ou membro da minoria tem duas horas para fazer as malas. Os Goldvicht, do andar de cima, e os Kaplan foram levados."

"E vocês?", perguntou Ewa.

"Meu marido abriu a porta, mostrou seu certificado como escrivão municipal e jurou que era viúvo, morando sozinho."

Enquanto tomavam a sopa, planejaram a fuga. O pai de Paul disse que eles precisavam ir até seu irmão mais novo, Andrzej, que tinha uma loja esportiva em um refúgio na montanha e conhecia as trilhas das cabras pela fronteira do sul como as linhas da palma de suas mãos.

"Vamos dormir pensando nisso", disse Paul, deixando seu quarto para Ewa e se enrolando no sofá cheio de calombos.

Acordou com murros nas portas por todo o prédio. Espiando por detrás de cortinas rendadas, viu vizinhos em chapéus e casacos elegantes serem espancados com o cabo de rifles e chutados com botas de montaria, para que formassem fila e se pusessem em marcha sob os latidos de cachorros. Não havia tempo a perder. A zeladora, que mantinha uma lista dos moradores, logo os trairia. "Temos que levar Johanna e Ewa para as montanhas", disse seu pai.

"Mas como?", perguntou Paul. "Não há trens, e o toque de recolher é rígido."

"Tenho a ambulância", disse Ewa calmamente, "e um tanque cheio de gasolina."

"Onde ela está?"

"Estacionada dobrando a esquina."

Os proprietários de carros tinham sido obrigados a entregar suas chaves, mas o Citroën de Ewa tinha uma cruz vermelha na capota e nas portas, e as patrulhas pensavam que pertencesse a uma organização de ajuda internacional. "Ela me ajudou a passar por várias barreiras quando a trouxe até aqui." Ela sorriu. Um plano foi combinado em torno da mesa de jantar. Ewa tinha combustível suficiente para chegar até o refúgio de Andrzej. Ela dirigiria a ambulância. Se fossem parados, Arthur fingiria estar tendo um ataque cardíaco. Ewa acionaria sua sirene e, com a cabeça voltada para a direção, dirigiria pelo posto de sentinelas em alta velocidade. "Arriscado", disse Arthur. "É nossa melhor chance", afirmou Johanna.

"E quanto a mim?", perguntou Paul.

"Você fica aqui", disse seu pai, "para o caso de termos algum problema. Fale com meu irmão Antoni. Peça que lhe arrume uma série de documentos falsos. Espere aqui e aguarde notícias nossas."

"Onde vocês vão ficar?"

"No chalé de Andrzej, se Deus permitir, onde íamos de férias quando você era criança, lembra? É uma cabana simples", informou a Ewa, "sem serviço de esgoto e sem eletricidade, mas isolada. Ninguém saberá que estamos ali, exceto meu irmão, que mora sozinho."

"Vocês não podem me deixar aqui por minha conta", reagiu Paul com uma irritação crescente.

"Vai ser melhor", disse Johanna. "Um homem jovem no carro levantaria mais suspeitas do que uma médica de hospital e um casal de velhos pacientes."

"Você está com um braço quebrado", acrescentou Arthur. "Não serviria para trocar um pneu."

Paul protestou, argumentou, racionalizou, implorou, vociferou, contra-argumentou e finalmente pediu que Ewa o levasse junto. Sua voz assumira um tom de queixume e de repente ele se viu como um menino de 4 ou 5 anos, que tivesse se perdido enquanto colhia amoras em uma floresta, sentindo-se totalmente abandonado.

"Não será por muito tempo", disse sua mãe, remexendo em seu cabelo. "Nós sabemos que você não consegue se virar longe de nós."

"Nunca mais vou deixar vocês me abandonarem", ele jurou, agarrando-se em Ewa naquela noite, totalmente vestido, em sua cama. "Eu sei", ela cochichou. "Você é parte de mim, agora e para sempre." Ele acordou para ouvi-la se vestindo no escuro. "Temos a vida toda...", ela sussurrou, tocando seus lábios com um dedo gelado. Minutos mais tarde ele ouviu o motor francês roncando lá embaixo, e o carro partiu tranquilamente.

Sozinho, dormiu até tarde, e ficou indolente. Sua mãe deixara suprimentos na despensa que dariam para um mês de cerco. Paul perambulou pelo apartamento, sem se barbear e sem lavar a louça. Deixou um livro de genealogia aberto sobre a mesa, para que parecesse que seu pai estava por perto caso houvesse mais batidas, mas o toque de recolher estava sendo suspenso e no final da semana as pessoas começaram a voltar ao trabalho. Paul visitou seu tio Antoni em seu escritório. Ouviram pelo rádio que a universidade fora fechada. Antoni lhe ofereceu sociedade na mesma hora e o levou para almoçar em um restaurante de luxo, onde empresários estavam se encontrando com funcionários da nova administração.

Paul mergulhou no trabalho, era o primeiro a chegar e o último a sair. Isso o deixava livre de preocupações constantes e o fazia sucessor de seu tio. Dois meses se passaram até que Antoni lhe passasse um conjunto de documentos falsos, pedindo desculpas pela demora. Como forma de compensação, ele conseguiu um visto de viagem que permitiria que Paul fosse para o sul, sob alegações compassivas, para visitar uma avó moribunda. Poderia se juntar a seus entes queridos assim que tivesse notícias deles. "Deus o abençoe, Antoni", disse Paul. "Meu pai disse que você não nos decepcionaria. Vou até a estação verificar as conexões."

"Espere um minuto", disse seu tio. "Isso acabou de chegar."

Era uma carta de seu tio Andrzej, o vigoroso guia montanhês, homem de poucas palavras. Esperava que seu querido irmão e seu amado sobrinho estivessem em plena saúde e lhes enviava calorosas saudações. Caso estivessem pensando em lhe fazer uma visita, aconselhava enfaticamente a não fazê-lo, uma vez que o clima estava inclemente e seria difícil arrumar acomodações.

"O que ele quer dizer?", perguntou Paul alarmado.

"Parece haver problemas", disse Antoni. "Dê-me uns dias e eu descobrirei."

Alguns dias mais tarde, Antoni chamou Paul de volta a seu escritório privativo e fechou a porta.

"Notícias terríveis", ele disse. "Houve um acidente ao chegarem ao *resort*."

"Meus pais? Minha noiva?"

"Que descansem em paz."

"Todos os três?"

"Sinto muito, rapaz."

"Você sabe o que aconteceu?"

Antoni balançou a cabeça de um lado para o outro, como se não houvesse mais nada a dizer.

Paul trocou um aperto de mão com seu odioso tio, o suor do conluio gotejando em suas mãos. Arrumou o tampo de sua escrivaninha, trancou as gavetas e foi dar uma volta no parque, imaginando que as pegadas de Ewa estivessem gravadas sob as dele nos caminhos de cascalho. Foi para casa e tentou lamentar os mortos, mas as lágrimas não vieram, nada a não ser um bufo intermitente. Ficou sem trabalhar por três dias, e, ao voltar, seu comportamento tornou-se o oposto, como se um interruptor de sua caixa de controle tivesse sido mudado de positivo para negativo. A assiduidade foi substituída pela lassidão, a pontualidade pelo atraso, a seriedade por uma leviandade vazia. Contava piadas impróprias, repetindo-as em um tom mais alto quando ninguém ria. Seus desenhos tornaram-se imprecisos, seus projetos, inseguros. O perigo emanava dele como um feitiço.

As mulheres, que antes lhe tinham alergia, eram atraídas por essa nova *persona*, como abutres por um cadáver. Ele as afastava, não querendo nada do restante da espécie humana. Rejeitadas, elas se estendiam contra o muro de sua impassibilidade, impulsionadas por alguma urgência maternal que já não conseguiam refrear, à espera que finalmente ele cedesse à tentação. Sucumbiu depois de um tempo, primeiro com a recepcionista de meia-idade do escritório de seu tio, depois com a *designer* de interiores no cômodo pegado, duas estenógrafas inquietas, a mulher do chefe do departamento de Psicologia, uma oboísta da orquestra sinfônica que já não tinha trabalho, a interna de seu escritório, uma estranha no poço da escada do prédio de apartamentos de seus pais, a garçonete do quiosque onde almoçara com Ewa, a enfermeira que lhe dera um beijo de despedida no *hall* do hospital. Havia um princípio de dignidade em sua aquiescência. Nunca possuía uma mulher antes que ela estivesse totalmente disposta, esperando que ela propusesse primeiro e depois que o desejo físico dela fosse satisfeito antes de despachá-la com austera indiferença.

De todas as que viriam consolá-lo, apenas Jadwiga, a amante de saltos finos de seu tio, concedeu mais do que uma satisfação superficial, e o fato de conquistá-la veio preenchido com tal raiva que ele quase a estrangulou durante o coito. Atraída por homens poderosos, Jadwiga ficou mais impressionada do que intimidada e o impeliu a uma indulgência ainda maior. "Meu leão", foi como o chamou, agradando suas ancas nuas na casa moderna que Antoni construíra para ela. Paul mal ouvia seus carinhos ou sentia seu toque. Seu pensamento estava na enfermeira da noite anterior, sua memória mais próxima de Ewa.

Lendas sobre a libertinagem de Paul se espalharam pela cidade, trazendo-lhe uma fama indistinguível, em um estado de rendição abjeta do verdadeiro heroísmo. Sob ocupação militar, Paul fazia o que lhe agradava e demonstrava um frio desdém pelas consequências. As mulheres o paravam na rua e pediam fogo para seus cigarros. Os jovens falavam dele como um modelo. Monges encapuzados, que em tempos normais recuariam perante o pecado carnal, abençoavam sua rebeldia irritada, como sinal de uma resistência nacional. Até mesmo os oficiais inimigos lhe granjeavam respeito, reconhecendo em sua selvageria sexual uma ressonância de sua própria decadência. Enquanto outros ingeriam bocados de uma papa sem carne, Paul recebia convites dourados para festas com champanhe, em antigos palácios onde assassinos autorizados em uniformes negros dançavam com loiras de olhares vazios. Ficava perto da parede, com um copo na mão, cortejando o nada e o vazio. Quanto mais as mulheres o amavam, menos ele se sentia querido. Cada novo coito despertava uma onda de autorrepugnância.

O relacionamento com seu tio tornou-se frágil à medida que Jadwiga ia pra lá e pra cá entre eles, até que ela se escafedeu, substituindo-

-os por um coronel que usava um cachecol branco. "O que vem fácil vai fácil", disse Antoni sorrindo, seu braço ao redor dos ombros de Paul. "Evite confusão, filho", disse o tio, "e superaremos juntos esses tempos difíceis. As pessoas sempre precisam de construtores, lembre-se disso. E as mulheres sempre reagem a uma demonstração de desinteresse. Isso nunca falha." A mãe de Paul costumava chamar Antoni de "o lodo", quando seu pai não estava por perto.

Paul respondeu à camaradagem do tio com uma curva ascendente de conduta ultrajante. Deu seu terno para um mendigo de rua e passou a ir trabalhar em uma combinação estranha de camisas rústicas e sapatos envernizados. Cantava lamentos patrióticos em uma voz alta e monótona e encarava os transeuntes com olhar de desdém. Alardeava seu desprezo e Antoni nada podia fazer para contê-lo. Paul sabia demais sobre os negócios de seu tio e, potencialmente, em uma calculada indiscrição no almoço de domingo, poderia deixar sua tia Grazyna a par das inúmeras infidelidades do lodo.

Ele também ainda não havia desistido da infidelidade competitiva. Assim que Antoni pôs os olhos em Helena, uma estagiária morena, Paul a envolveu com seu abraço – ela, e a filha da zeladora, a sobrinha solteira da senhora Kaplan, três estudantes em uma semana, uma menina alta em um bonde e outras muito numerosas e indistinguíveis para serem lembradas. Conforme o tempo foi passando, começou a pensar se algumas de suas amantes não teriam sido invenções de uma fantasia deteriorada, rumores febris que um moinho da cidade tinha moído, transformando em fato digno de crédito. Lembrava-se com carinho e clareza de Jadwiga, de Helena e da enfermeira caridosa; o restante aparecia borrado em uma cavalgada de carne em trânsito, embora estivesse ciente da mudança que tinham provocado nele. O pária sexual tinha se transformado em um ímã erótico, o proscrito em um sábio, o leproso em um herói, exatamente como as histórias milagrosas que sua mãe costumava ler no Velho Testamento. Começou a entender a inconsistência da fama e percebeu que mais cedo ou mais tarde enfrentaria Nêmesis, sem dúvida nas mãos do maligno Antoni, que estava sofrendo de humilhação. Paul sabia que Antoni teria que se vingar, e não estava preocupado em como, quando ou por quê. Tinha perdido todos os motivos de preocupação. Exceto por uma dor persistente em seu braço esquerdo, não sentia coisa alguma.

Assim, quando numa tarde em que Antoni saíra para almoçar, os policiais arrastaram Paul para fora do escritório e o jogaram em um caminhão aberto, imaginou que, após quatro anos de estudada tolerância, seu sórdido tio finalmente perdera a paciência. Não era incomum naqueles tempos extraordinários que, ao se referir a familiares delinquentes, pessoas dissessem que o que eles precisavam era de um pequeno período doloroso em um campo de concentração. Paul não sentiu ressentimento contra Antoni por entregá-lo, nem mesmo uma nesga de satisfação por ter empurrado seu falso tio até os limites do interesse próprio. Antoni devia ter se convencido de estar mandando Paul embora para seu próprio bem, para que voltasse com a mente em melhor estado.

Muito provavelmente, ele o tinha sacrificado para eliminar um risco à sua própria pele e talvez para receber algum tipo de recompensa. De qualquer maneira, Paul manteve uma aparência impenetrável ao ser jogado na traseira do caminhão. Estava certo de que, o que quer que o esperasse, não poderia haver na terra dor maior do que sua autocondenação pela culpa no destino de seus entes amados.

Logo soube que estava errado. Açoitado ao longo de caminhos sulcados, em calçados de solas de madeira, faminto a ponto de ter miragens de sopas, exasperado com bolhas infeccionadas, Paul experimentou um grau de sofrimento físico que se equiparava ao existencial. Reagiu com uma resistência imprevista, uma recusa em sucumbir. Não sabia de onde vinha aquela força. Nada em sua criação o tinha preparado para a persistência; nada, em sua custosa educação, para tal grau de selvageria. Ao contrário dos tementes a Deus no campo, ele não entregava sua alma a uma vontade divina; ao contrário dos políticos, não sonhava com o poder; ao contrário dos intelectuais, não encontrava consolo no estudo. Acordava todos os dias para constatar que havia uma boa razão para estar sendo punido. Na pior das agonias, açoitado sobre uma bancada de pedra a mandado de Hans, por ter errado o cálculo na altura de uma verga, aceitou, numa respiração entrecortada, que merecesse cada uma das quarenta chibatadas por ter deixado que Ewa e seus pais partissem sós e desprotegidos. Não podia desistir da vida até que tivesse compartilhado todo o sofrimento que tiveram, pelo qual ele era o único e irremediável responsável.

Era tudo culpa sua. Se não tivesse levado Ewa para casa, ela poderia ter arrumado um jeito e escapado. Seus pais poderiam ter se arranjado com os documentos falsos de Antoni, enquanto ele manteria a cabeça abaixada na escrivaninha do tio. Se, naquela ensolarada manhã de segunda-feira, ele não estivesse mergulhado em autopiedade em sua bicicleta, não teria sido atropelado, nunca teria sido levado para o hospital, nunca conheceria Ewa, nunca teria interligado em uma morte inevitável as três vidas que lhe eram as mais preciosas. De tempos em tempos uma voz racional começava a falar que a fuga tinha sido planejada por Ewa, endossada por sua mãe e aceita por unanimidade. Ele não poderia ser responsabilizado por uma decisão coletiva, tomada com o risco devidamente calculado, e com os olhos bem abertos. Era insano que ele, o sobrevivente, sofresse. Ele sabia que isso era o que sua mãe diria. Mas não havia nenhuma compreensão e racionalização que aliviassem sua necessidade de assumir toda a carga de culpa, uma vez que um relato, digno de confiança, sobre o que acontecera com os três chegou à sua porta.

Seu tio Andrzej, de fala franca, levara quase um ano para obter um visto de viagem da obtusa burocracia da ocupação militar e foi dois dias antes do aniversário do desastre que ele chegou para dar seu testemunho. Paul buscou o enrugado montanhês na estação e foi com ele em silêncio até o apartamento. Suas bombachas de lã e seu quepe fora de moda atraíam olhares de esguelha dos transeuntes vestidos adequadamente, que se acotovelavam nas calçadas saturadas.

Ao chegar em casa, acomodou o tio no sofá com um copo de água, que era tudo o que seu visitante aceitaria como refresco depois de sua cansativa e assustadora viagem, pontuada por inspeções repentinas e ameaças violentas. Andrzej, com o rosto sulcado pelo sol e por sorrisos, colocou uma mão em cada joelho, as veias escuras aparecendo, e esperou por um pedido de que fosse em frente. Paul sentou-se em uma cadeira de espaldar reto, os braços caídos, e fez um aceno imperceptível. Quando Andrzej começou, Paul inclinou-se para a frente para captar as palavras, assim como um assassino inclina a cabeça para ouvir sua sentença, alerta para o inevitável, o vazio à frente.

ANDRZEJ TINHA ASSISTIDO ao drama por detrás da pesada porta de sua pequena loja. Começou pedindo perdão a Paul por não ter tentado salvá-los, por ter ficado paralisado nas sombras, pregado no chão. Paul buscou a mão de seu tio e lhe pediu que contasse tudo o que tinha visto, mas assim que falou se arrependeu, lembrando-se de que Andrzej descrevia cada arbusto e cada pássaro que via em um passeio pela mata com o formalismo de um naturalista, e era improvável que lhe poupasse as partes que menos desejava ouvir. Conforme ele temia, o bondoso tio narrou cada detalhe.

Ao que parecia, o plano de Ewa tinha funcionado perfeitamente, pelo menos foi isso que Arthur contou a Andrzej nos quatro dias que levou para morrer. Os três fugitivos deixaram a cidade sob a vistosa cruz vermelha e passaram incólumes, sendo até saudados por diversas barreiras enquanto se dirigiam para o descampado. Sem serem incomodados ao longo das vicinais vazias, dirigiram-se para um arvoredo ao lado de um riacho para encher suas garrafas de água, almoçar e esticar as pernas. Mal tinham deixado a estrada quando um comboio militar passou trovejando. Foi por pouco. Decidiram passar a noite no meio do mato e terminar a viagem no dia seguinte. Ewa fez com que Johanna e Arthur se acomodassem no banco traseiro reclinado e cochilou o melhor que pôde no banco da frente. Na manhã auspiciosa, a ambulância se empenhou uma vez mais, passando por um posto de sentinela em seguida do outro, subindo com o que restava de combustível para a entrada da cidade de veraneio de Andrzej, um enclave conhecido de hotéis familiares e diversões para dias inóspitos – um cassino, uma piscina aquecida e uma série de lojas de lembranças e de produtos esportivos.

A cidade estava sob lei marcial, seus turistas dispersos pela invasão. Oito ou dez soldados se agitavam na entrada, como se aguardassem ordens. Exatamente quando Ewa se preparava para atravessar, um deles levantou a mão enluvada e se colocou à frente do carro. Arthur, embalado por uma falsa confiança, soltou um grito involuntário e apertou seu braço. "Ele está tendo outro ataque cardíaco", gritou Johanna. Ewa baixou o vidro e, gritando "emergência médica!", desviou-se do soldado, arrebentou duas barricadas e seguiu tremendo até uma parada em uma feira, onde o sino do *Angelus* soava o meio-dia e uma cena medieval se desenvolvia com uma seriedade mortal.

Um oficial, em uniforme camuflado, parado em frente à prefeitura, batia na coxa com um impaciente chicote de montaria. "Estou esperando", ele disse, cada sílaba reverberando pelas colinas circunvizinhas com um zombeteiro eco triplo.

"Gostaria de saber, saber, saber", disse o tenente como um mestre de escola, "os nomes, nomes, nomes, dos homens que assaltaram meu arsenal na noite passada e roubaram três rifles e uma quantidade de munição, ção, ção. Depois que eu tiver os nomes, dou minha palavra de oficial de que nada será feito contra pessoas inocentes. Mas o tempo é curto. A não ser que eu tenha os nomes em precisamente dois minutos, nutos, haverá represália, sália, sália."

Andrzej, confinado atrás da porta de sua loja onde tinha ido buscar um chapéu, olhou para o relógio da igreja. Seu ponteiro de minutos se moveu de quatro para cinco minutos após o meio-dia e novamente para um mortal seis. Uma pilha de batatas caiu de uma barraca, rolando comicamente para o centro da praça. Ninguém se mexeu. O tenente, batendo na coxa, andou a passos lentos por entre as barracas, dos tomates para as alfaces, para as cebolas, colocando a mão com luva negra sob um queixo atrás do outro, encarando olhos vazios. Os joelhos de Andrzej chacoalharam e ele se agarrou em um par de esquis que estavam de pé, como apoio. O ar se solidificava à medida que ia entrando em seus pulmões. Justamente quando parecia que o próprio Deus ia ter que quebrar o silêncio, um veículo com cruzes vermelhas na capota e dos lados chegou disparado na praça, e Andrzej viu ereta, no banco de trás, o rosto lívido de sua querida cunhada Johanna. Quis correr para fora e recebê-la, mas seus pés estavam grudados no cimento. Foi o tenente de batidas na coxa quem primeiro chegou ao carro, escancarando a porta do motorista.

"Uma chegada oportuna", ele declarou, arrancando uma jovem de avental branco de seu assento, agarrando-a pela nuca como um gato malcriado. "Sou médica", grasnou sua presa. "Preciso levar este homem para o hospital. Ele está tendo um enfarte. É uma emergência, questão de vida ou morte."

"A minha também é uma emergência", disse o oficial caçoando.

"Cruz Vermelha", disse em tom abafado a mulher de avental branco.

"Centésima Primeira Cavalaria", disse o tenente, como se estivesse sendo apresentado em um coquetel. "Venha por aqui. Deixe-me mostrar como o meu regimento lida com uma emergência de vida ou morte. Cabo!"

Um artilheiro se pôs de prontidão.

"Escolha dez mulheres e alinhe-as contra a parede."

Donas de barracas foram levadas à força de suas bancas, desesperadas, e comerciantes dos lados da praça. "Não apenas as velhas e as gordas", ordenou o tenente. "Quero algumas jovens e bonitas, garotas meigas com a vida toda pela frente." Uma fila cadavérica foi colocada em frente à prefeitura. "Deixe-me juntar duas da minha escolha para completar uma dúzia", disse o tenente, como um homem escolhendo cogumelos em uma feira. Empurrou Ewa e Johanna para o final da linha.

"Posição de atirar!" Seis soldados colocaram os canos sobre uma pilha de queijos.

"Então, o que temos aqui?", perguntou o tenente. "Esposas, mães, donzelas, até mesmo uma menina de escola. Meus cumprimentos, senhoras. Em outras circunstâncias, eu poderia beijar suas mãos e convidá-las para dançar. Quero que saibam que não somos bárbaros. Não matamos inocentes. Mas, a menos que nossas armas apareçam, haverá mortes de inocentes do nosso lado e tenho o dever de impedir isso. Assim, senhoras, última chance, por favor, qual de vocês irá me sussurrar os nomes de seus ladrões de munição?"

Andou por toda a fila, colocando teatralmente o ouvido em cada par de lábios apertados, um depois do outro. Quando chegou em Ewa, a última da fila, olhou nos seus olhos e parou. "Então, o que temos aqui? Uma irmã de caridade, é isso?"

"Sou médica", disse Ewa, a voz atravessando a praça.

"Onde está sua sagrada cruz da piedade de Cristo?", perguntou o oficial. Tocando em seu avental branco, remexeu em torno de seu pescoço em busca do ornamento obrigatório e saiu de mãos vazias.

"Esvazie os bolsos", ordenou.

"O relógio da cidade bateu o quarto de hora, enquanto a jovem tirava lenço, chaves, moedas e um documento de identidade do avental. Um último item brilhou em sua palma, sua corrente balançando.

"O que temos aqui?", gritou o oficial, levantando uma estrela de ouro de seis pontas.

"Um presente", protestou Ewa, "uma lembrança de alguns amigos que emigraram recentemente."

"Verdade?", sorriu o tenente, malicioso. "Você acha que eu vou acreditar em uma mentira tão frágil? O que temos aqui?", repetiu, levantando a voz por toda a praça. "Uma impostora. De jeito nenhum uma médica, mas uma parasita racial. Uma das que provocaram a guerra entre nossos dois países. Uma traidora despudorada, carregando o símbolo secreto de sua tribo imunda. O tiro é piedoso demais para tal criatura. Tenho que lançar mão de um remédio mais exemplar."

Nessa altura, no sofá, tio Andrzej mudou de tom. Parou de repetir cada frase que fora dita e prosseguiu parafraseando o restante do encontro em frases secas e curtas, vazias de emoção. O oficial, ele continuou, arremessou a estrela de David ao chão e esmagou-a com o salto. Pegando as lapelas do avental e do vestido de Ewa com ambas as mãos, rasgou-os de cima a baixo, deixando-a quase nua, a não ser por algumas roupas íntimas. Com um gesto, ordenou que as tirasse. Quando ela olhou estupidificada para seu rosto impassível, ele a esbofeteou duas vezes nas faces e rasgou sua frágil vestimenta, até que ela ficasse nua e indefesa na praça. Fez com que ela ficasse de pé contra a porta da igreja. Um banquinho foi trazido lá de dentro. Ela teve que subir nele. Da loja de ferragem vieram pregos e um martelo. Era um dia agradável de começo de outono. Uma brisa ondulava os toldos das barracas da feira. Um cão latiu em algum lugar, um pintarroxo cantou. Dois soldados seguraram os braços nus de Ewa e um terceiro enfiou um par de pregos compridos e frios em seus cotovelos e outro em seus joelhos. O banquinho foi chutado para longe e ela tombou para a frente, os cabelos negros como carvão se sobressaindo de sua carne branca como giz, em maços acusadores. Os moradores desviaram o rosto, envergonhados e com repugnância. Uma ordem foi emitida como um tiro:

"Olhem para a frente, todos. Quem não olhar para a frente vai acabar ao lado daquele verme".

Começando pelo final, o tenente percorreu a fila de mulheres em frente à prefeitura. Segurando a pistola, fez uma breve pergunta a cada uma antes de atirar bem entre seus olhos. A mãe de Paul, recém-chegada, levou o tiro sem pergunta alguma. Enquanto ele recarregava a arma ao lado da sétima refém – uma avó com um avental de lona que não parava de rezar –, uma dupla de cavalos negros subiu a meio galope da extremidade da praça e dois oficiais saltaram para o chão com um tinido das esporas. "Pegamos os ladrões", gritou um deles.

"Excelente", disse o tenente. "Bem a tempo para o almoço. Podem ir para casa agora", disse ele para o restante das mulheres. "Fora daqui agora, xô, xô."

Um dos cavaleiros, um capitão, sacudiu a cabeça em direção à mulher nua pregada à porta da igreja. "O que está acontecendo, Hans?", ele perguntou. Sem esperar por resposta, avançou a passos largos, deu um tiro na cabeça de Ewa e disse a um sargento que limpasse a bagunça. O relógio soou a meia hora.

"Isso é tudo o que posso lhe contar", disse Andrzej, arrastando-se do sofá e inseguro ao colocar o braço fibroso em torno de seu sobrinho, que estava sentado rígido em sua cadeira. "Vi tudo isso da minha porta e não fiz nada. Não posso me perdoar por isso..."

"Obrigado, tio", disse Paul.

"Pelo quê?"

"Por ter tido a coragem de vir e me contar. Por me dar seu testemunho. Por me fazer sentir como se eu estivesse lá. Eu deveria ter estado lá, o senhor sabe. Nunca deveria ter deixado que saíssem da cidade sem mim."

"O que você poderia ter feito se estivesse lá?"

"Poderia ter morrido com eles."

"Ora, meu filho, que bem isso faria?"

"Estaríamos juntos."

"A garota..."

"Minha noiva, Ewa."

"... não fez um som. Nem um gemido. Suportou sua acusação com dignidade."

"Obrigado, tio."

"Todos na cidade disseram que ela se comportou como uma santa... Eles rezam em segredo pela sua memória."

Paul não podia suportar mais nada. Sua Ewa, tão tímida que pedira a ele, seu amado, que virasse de costas enquanto trocava de roupa em um quarto escuro, tinha morrido exposta aos olhos de homens estranhos. Pensar nela pregada em uma porta de igreja esgotou em Paul o que ainda restava de sua fé na raça humana e no seu direito de existir na boa terra de Deus. Também o deixou vazio de emoção. Não sentia necessidade de gritar, de se lamentar, de arrancar os cabelos, sabendo que isso não faria bem a ninguém. Nada faria.

"O que aconteceu com meu pai?", perguntou, completando a narrativa.

"Levei o querido Arthur do carro para dentro da minha loja e chamei o médico", disse Andrzej. "Deixei-o confortável na cama do andar de cima. Depois de colocar o estetoscópio no seu peito, o doutor balançou a cabeça. Arthur estava deitado ao lado da janela aberta, ouvindo os pássaros que ele adorava. Ele se aguentou, vagando para lá e para cá, decidido a me contar o que sabia para que um dia eu pudesse transmitir a você. 'Diga a Paul', ele disse. 'Paul precisa saber.' Na quarta noite seu coração parou e eu tive a triste honra de enterrar meu irmão mais velho, o herói que me protegia dos valentões da escola e estava sempre a postos quando eu precisava.

"Johanna e sua garota foram atiradas, com as outras mulheres, em uma vala na extremidade do cemitério da igreja onde morreram. Na noite em que Arthur morreu, eu e três amigos entramos no cemitério e, à luz da lua crescente, desenterramos nossas mártires, sua mãe e sua noiva, levando-as com Arthur para a liberdade das montanhas, para o jardim do meu chalé, onde passamos juntos aqueles alegres verões, os melhores de nossas vidas. Estendi Arthur e Johanna em um lote comum e a garota ao lado deles. Na primavera, as gencianas crescerão em torno deles e as mariposas esvoaçarão no verão. Você irá fazer uma visita."

"Irei, tio, obrigado", disse Paul, sabendo que nunca iria.

"Quando chegar a minha hora", suspirou Andrzej, "pedi a meus amigos que me colocassem ao lado deles."

Não havia mais nada a dizer. Andrzej se recusou a passar a noite na cidade poluída. Paul perguntou no caminho da estação se ele queria dar uma passada em Antoni, apenas para ver os lábios de seu tio se torcerem em desprezo. Não havia amor entre os irmãos, um ligado à terra, o outro envenenado pelas espertezas da cidade.

Na estação, Andrzej aguardou com uma paciência incansável enquanto seus papéis eram repetidamente conferidos e os soldados o maltratavam como se ele fosse um estorvo imundo. Enquanto se abraçavam em despedida, Paul cochichou uma última pergunta.

"Qual é o seu nome? O senhor sabe o seu nome?"

"Andei perguntando", disse Andrzej. "Ouvi de um de nossos policiais locais, amigo meu, que o tenente fora denunciado por ter danificado uma propriedade da igreja e mandado naquela noite para a Silésia. Witold não sabia o seu nome. Mas eu ouvi o cavaleiro, aquele que atirou na sua noiva, chamar o torturador por um nome cristão. Hans foi como ele o chamou. Ouvi claramente. 'O que está acontecendo, Hans?' foi o que ele disse."

Paul nunca conhecera um Hans. O nome não lhe dizia nada. Não dava nenhum estalo em sua memória, exceto como o primeiro nome de um autor dinamarquês, um *meistersinger* alemão, e o sujeito que inventou o contador Geiger. Até aquele momento, na plataforma ferroviária, Hans tinha sido um nome neutro para Paul, quando ficou marcado em seu cérebro como a marca de Caim. Daquele momento em diante, Hans significaria o máximo da atrocidade, uma maldade viral emboscada debaixo de uma fina camada folhada de civilização. Hans era a antítese da consciência, o demônio uniformizado, um medo sem-fim, um universo de iniquidade. E mais tarde, quando por graça do destino ou por coincidência o próprio Paul acabou sob a autoridade de outro Hans, decidiu que o nome tinha que ser genérico, um rótulo para o que havia de mais odioso, o pior do pior.

Definir Hans não aliviou Paul do medo e da miséria, mas permitiu certa pausa em sua autodepreciação. Paul não poderia ser a criatura viva mais detestável e desprezível, uma vez que Hans estivesse vivo – isto é, a não ser que Paul estivesse mantendo Hans vivo para se poupar do título indesejável. Desde que houvesse um Hans, Paul podia manter sua pretensão de decência humana e, talvez, almejar uma vida normal. Hans existia para salvar sua sanidade, para preservá-lo de sua autoaniquilação.

ESSES PENSAMENTOS sombrios e verdadeiros, na noite anterior a seu casamento, atormentaram Paul em sua cama feita à mão, lembrando-o de cada furto que cometera contra outro miserável do campo para continuar vivo, toda vida alheia que ele sacrificara em lugar da sua própria, toda vez que ele pedira silenciosamente para que o próximo homem a ser escolhido para a queda livre fosse outro que não ele. E toda vez, ele, que não merecia viver, fora poupado, enquanto que o inocente morrera.

Hans perturbou a sua mente naquela noite pré-nupcial até que Paul, em um ataque de desespero, pulou para fora da gigantesca cama de dossel e bateu a cabeça de encontro ao inclemente espelho da parede sete vezes, como se fosse um ritual místico, quebrando-o do teto até o chão. Contemplou as metades partidas de seu rosto, procurando por uma solução catártica sem descobrir nenhuma. Levou alguns minutos até que o sangue começasse a escorrer de sua testa, e quando ele começou, como riachos hesitantes, Paul o saudou como uma libação, uma bênção primordial nas múltiplas traições que estava prestes a cometer.

CAPÍTULO SETE

A MANHÃ DO CASAMENTO se abriu sob uma nuvem carrancuda e um chuvisco. O terno e a camisa de Paul estavam dispostos como uma mortalha, e no último minuto ele teve que encher os ombros do paletó com bolas de jornal para que não parecesse grande demais. Vestindo-se automaticamente, repetiu em voz baixa as réplicas que deveria fazer na igreja e as que, a todo custo, tinha que suprimir. Quando o doutor Walters veio buscá-lo, ele parecia tão pálido que o padrinho fez com que respirasse sais aromáticos e bebesse uma dose de conhaque antes de fazê-lo subir na charrete de casamento enfeitada com fitas. O sol apareceu abençoando quando ele descia à porta da igreja. O doutor o levou pelo braço e tamborilou uma cadência tranquilizadora em seu bíceps contraído.

A cerimônia transcorreu sob murmúrios inocentes. As declamações em latim eram familiares desde a infância, mas sob elas soava uma tagarelice áspera em uma linguagem que ele associava a perigo e morte. A língua do opressor. Cismou sobre o que as pessoas estariam sussurrando sobre ele e olhou para cima tentando recobrar a segurança, mas tudo que seus olhos viram foi um corpo branco nu crucificado, representando Ewa. No momento em que estava se unindo à sua noiva perante Deus, Paul tremia e suava como se fosse uma vítima de malária em delírio, incapaz de tirar os olhos do crucifixo. Alice segurava seu braço com dedos fortes e calorosos, infundindo nele volts e descargas de confiança. Ele não sentia a mão dela, nem ouvia o padre em suas práticas ministeriais. Não estava em uma igreja, mas em um tribunal, acusado de cumplicidade em um assassinato. Não sairia vivo daquele lugar.

Quando os votos foram sacramentados e o curtido padre Hitzinger o convidou a beijar a noiva, Paul caiu de joelhos perante o altar, pedindo perdão a Deus e a piedade de uma morte indolor. Alice, acreditando que ele estava tomado pela devoção, ajoelhou-se ao lado dele, rezando o terço. Paul balançava para trás e para a frente. Hans, Hans, Hans, era o ritmo dentro de sua cabeça. Hans o primeiro, Hans o segundo e Hans ele próprio, o terceiro e o pior. Os dois primeiros haviam feito o que um Hans tinha que fazer. Ele, o terceiro Hans, estava fazendo dele mesmo um Hans ao misturar seu sangue, o sangue dos mártires, com a linhagem dos assassinos.

"Venha meu amor", disse Alice, levantando-o com uma mão e acariciando seu rosto com a outra. "Vamos ao encontro do mundo." Um raio de sol iluminou a nave para a passagem deles. Alice segurou no seu braço direito e o doutor Walters murmurou palavras de encorajamento às suas costas. O ar fresco ardia nos seus olhos. Homens apertavam sua mão, mulheres beijavam seu rosto. O doutor socou o seu ombro, declarando-o um sujeito de sorte. Papa Hofmann deu-lhe tapas exaustivamente entre as omoplatas.

"Venha", cochichou Alice, escapulindo pelos fundos da São Inácio e pelo declive do cemitério, em direção a uma área bem tratada na qual ele de longe viu o nome "Maria Hofmann", gravado em dourado em uma lápide de um branco cadavérico. Alice cuidava da sepultura de sua mãe duas vezes por semana com uma pá e flores. Era a primeira vez que levava Paul ali. Aquela era a sua maneira de incluí-lo em sua tristeza. Ele se inclinou e beijou o alto de seu véu, comovido pelo desejo de Alice de vê-lo recebendo a aprovação da mãe.

Enquanto estavam abraçados ao lado do túmulo, ele sentiu uma presença espectral. Desprezando as superstições, pôs-se à frente de Alice e gritou: "Quem está aí?". Um vagabundo esquelético saiu por detrás de um pinheiro, vestido naquilo que um dia fora um uniforme do exército, o tecido gasto, desbotado e puído. Já não havia colarinho, a jaqueta estava rasgada. Uma das mangas balançava vazia. Uma das botas rinchava com a sola aberta; os artelhos, úmidos, fediam a dez passos. "Franz!", gritou Alice, atirando-se contra o intruso e esmurrando seu peito com os punhos, mais enraivecida do que seria razoável.

"Alice?", hesitou o estranho sob uma saraivada de golpes. "É você?"

"Claro que sou eu", gritou Alice, "e este é o túmulo de mamãe, que Deus o amaldiçoe. Ela soltou seu último suspiro acreditando que você estivesse morto, seu imprestável de merda. Nunca recebemos uma notícia sua. O telegrama dizia que você desaparecera em ação. Onde você estava? Por que é que você não escreveu, porco imundo? Por que deixou que mamãe fosse para o túmulo achando que seus dois filhos estavam mortos, cão fedido?"

Paul nunca presenciara tal fúria em Alice; seus lábios salivavam e o rosto estava afogueado, no entanto, o corpo tinha perfeito domínio de suas emoções. Alice atirou-se mais uma vez contra o soldado, que, tropeçando no meio-fio, teria caído caso ela não o tivesse segurado com ambas as mãos, mantendo-o de pé como uma boneca de trapo. Depois de esmurrá-lo, ela passou a sacudir o pobre vagabundo e a chacoalhar seus ossos de espantalho, até que, com a raiva aliviada, abriu os braços e o apertou contra seu vestido de noiva; o irmão pródigo de volta de uma morte presumida.

Os convidados, ouvindo a algazarra, chegaram correndo ao cemitério, velhos e jovens. "Um milagre!", gritou Tante Anna, escorregando no cascalho lubrificado pela chuva e acabando em sua posição preferida de súplica, os braços levantados para o céu. "Franz-Josef!", gritou Lisl. "Graças a Deus!", gritou Papa Hofmann, indo de encontro a seu filho ressuscitado com os punhos tremendo pela necessidade de alguma bebida forte. "O Senhor dá, e o Senhor tira", entoou o padre Hitzinger, ao se encontrar em meio a túmulos, e escolhendo o que achava ser um verso adequadamente funéreo. "Abençoado seja o nome do Senhor", respondeu o médico, que por duas vezes avisara a diocese sobre as divagações do velho, sem receber resposta. "Ele vivificou os mortos", sorriu o padre, com as pontas de sua sobrepeliz branca se agitando ao vento, "e trouxe a ressurreição."

"Este é meu filho Franz-Josef", vangloriou-se Papa Hofmann, pegando Paul pelos ombros e o colocando face a face com o recém-chegado. "E este", disse o homem barrica a seu filho, "é o Paul de nossa Alice."

O noivo apertou a mão esquerda de seu cunhado, contemplando cavidades embotadas, para ter um indício de sua natureza, se ele havia vivido a guerra como carne para canhão ou como opressor de homens. O rapaz baixou os olhos, um par de poços vazios, encovados pelo fracasso.

"Mamãe...", murmurou Franz-Josef.

"Ela disse que o encontraria entre os anjos", soluçou seu pai. "Manteve o telegrama ao lado de seu leito de morte, juntamente com sua fotografia e a de Karlheinrich, os filhos que a esperavam no céu."

"Não será a primeira vez que você a decepciona, Franzi", disse Alice secamente. "Ela não deve ter ficado surpresa por não encontrá-lo no céu, exatamente como você sempre se atrasava para as refeições e para a escola. Mas veja só – não podemos deixá-lo aqui como um cão faminto. É melhor levarmos você para casa e tratar de enchê-lo com alguma coisa."

"Era isso que mamãe costumava dizer..."

Alice lançou um braço branco transparente em torno de seu pescoço e levou o irmão manco em uma procissão de convidados até a carruagem do casamento, esquecendo-se de Paul na excitação. Ele se sentou em uma tumba e deixou que a brisa desgrenhasse os cabelos rebeldes de sua nuca. Em vez de se sentir excluído, sentiu-se moralmente elevado. Estava claro que nunca pertenceria àquele povoado, o que significava que não tinha traído o seu. Desde que mantivesse um pé na soleira, pronto para partir, sabia que pertencia a outro lugar e que um dia poderia voltar para lá. Era um hóspede, estava apenas de passagem. Em pouco tempo, outro forasteiro veio se juntar a ele, o capitão Wierzbicki, cheio de culpa por ter perdido a cerimônia por causa de uma inspeção inesperada de um general de quatro estrelas.

"O senhor não perdeu só isso", disse Paul sorrindo. "O irmão maneta da noiva ressurgiu dos mortos e foi levado como convidado de honra em meu lugar."

"Que horror!", exclamou o capitão.

"Nem tanto", disse Paul. "Ele é um deles."

"Como é que você fica nisso?"

"Um espectador, divertido, mas não incomodado."

"Quer que eu verifique o rapaz quanto a crimes de guerra?", perguntou Wierzbicki.

"Não é necessário." Paul deu de ombros. "Ele não é o tipo."

"Não existe um tipo."

"Eu sei, mas ele parece inofensivo."

"De qualquer modo, vou checar. Tem mais alguém em quem queira que eu aproveite e dê uma olhada?"

"Se não for muito incômodo, um tenente na Centésima Primeira Cavalaria, cujo prenome é Hans." Paul deu uma data, um horário, uma cidade, meia hora de terror.

"Não é informação suficiente." Wierzbicki franziu a testa.

"É tudo o que tenho."

"Vou fazer o possível, não garanto. Ainda não achei aquele seu outro Hans."

Quando o noivo chegou à pousada, acompanhado pelo militar, a festa estava no auge. Franz-Josef estava sentado no assento dourado do noivo, com os aldeões fazendo fila para tocar algum de seus membros para ter certeza de que ele não era uma aparição. Cerveja espirrava de jarras enormes e uma canção patriótica foi interrompida quando eles entraram. Papa Hofmann estava caído sobre uma mesa e Alice assumira o comando dizendo ao pessoal do bar que mantivesse a cerveja fluindo depois que terminassem os últimos pedaços de porco. Um beijo no rosto de Paul, e ela desapareceu na cozinha. O doutor Walters deu início ao seu discurso, que não dava para ser ouvido em meio ao burburinho. Um bolo de três camadas foi trazido com fanfarra.

"Parabéns", disse Wierzbicki.

"Vai dar tudo certo." Paul sorriu.

A banda foi para fora e atacou uma valsa. Primeiro a noiva dançou com o noivo, depois a dama de honra com o padrinho, havendo um intercâmbio e um procedimento social, ao longo da lista de convidados. O capitão tirou Alice para um rodopio, murmurando formalidades cerimoniosas em seu ouvido. "Vou fazê-lo feliz, o senhor sabe?", ela replicou.

"Espero que sim", disse Wierzbicki. "Ele merece uma dose dupla de felicidade."

Lisl arrastou Paul para uma explosão de conversa fiada, repreendendo-o por ter se demorado no cemitério, chegando tarde à festa.

"Você está sempre fora das coisas, Paul", ela ralhou.

"Estou?"

"Você parece estar nos julgando."

"Não julgo. Observo as pessoas do mesmo jeito que seu pai, mas de maneira menos clínica."

"Ele tenta curá-los. Você nos menospreza."

"Isso é injusto. Não em relação a Alice, certamente."

"Espero que não", disse a garota.

Wierzbicki interrompeu e levou a dama de honra para uma tentativa de dança.

"Somos todos criminosos para o senhor?", perguntou Lisl.

"Claro que não", ele respondeu.

"Então relaxe, ponha a mão em torno da minha cintura e imagine, só por um momento, que sou a garota dos seus sonhos."

"Isso é muito meigo." O soldado se iluminou, seu rosto no dela.

"Eu disse só por um momento", advertiu Lisl. "Apenas para trazer um brilho de fantasia e romance neste dia nublado. Pronto, agora já chega."

"Você é muito esperta", disse Wierzbicki. "Não é como as outras garotas daqui."

"O senhor tira conclusões muito apressadas", respondeu Lisl.

"Seu inglês é bom."

"Gosto de ler. Um de seus homens me deu um livro de contos. De O. Henry. Nome engraçado. Gostei deles. Pode me indicar algo parecido?"

"Não leio muito."

Estava ficando tarde e o capitão tinha um longo caminho até a base. "O que posso lhe dar como presente de casamento?", perguntou a Paul, enquanto paravam ao lado do jipe.

"Encontre Hans", disse o noivo. "Qualquer Hans."

Naquela noite, na cama, Paul virou-se para a parede e alegou cansaço. Alice tocou-o alegremente entre as pernas e o percebeu inerte. "Não tem importância", ela riu. "Temos a vida toda."

Ele recuou como se tivesse levado um tiro. "O que você disse?"

"Temos a vida toda..."

"Não diga essas palavras", gritou Paul. "Elas não lhe pertencem. Não diga isso."

"Qual é o problema, querido? O que há de errado?"

"Nada, estou cansado. Desculpe-me. Uma lembrança ruim."

"Durma agora. Amanhã você se sentirá melhor."

Aquelas palavras, *a vida toda*, pertenciam a Ewa, seu compromisso com ele. Alice não tinha o direito de usurpá-las, de tomar o seu lugar. Mas Alice nada sabia sobre Ewa. Ele devia estar enlouquecendo, confundindo duas mulheres, misturando dois mundos. Já não tinha certeza de ter ouvido Alice usando aquelas palavras. Talvez tivesse imaginado. Estava ouvindo vozes; tinha que ir embora. Ele não pertencia àquele lugar. Cada respiração que ele dava ali era uma traição. Tinha que partir, não havia tempo a perder, ir embora enquanto ainda tinha algum contato com a realidade e meios de escapar. Partiria de madrugada, decidiu, condenado a vagar pelo resto de seus dias. Passados cem anos, as crianças da aldeia seriam embaladas com a canção do noivo que fugira em sua noite de núpcias, um parente mítico do Holandês Voador.

Acordou às cinco da manhã, encontrando a cama vazia, sem Alice. Que delicada, ele pensou, tão mais fácil para ele fugir. Assim que colocou as calças, ouviu um barulho por detrás da nova porta do banheiro, um som de choro. Bateu e, não obtendo resposta, entrou, encontrando Alice agachada sobre a pia, com sangue espalhado pelo chão e pelas paredes, nos bonitos azulejos cinza e branco que ela escolhera com tanto cuidado. "O bebê?", ele sussurrou. Alice apertou o diafragma e procurou sua mão. "Vou buscar o médico", ele disse.

De camiseta e descalço, subiu a colina correndo até o consultório, pulando de uma sola esfolada para outra, enquanto o padrinho da véspera enchia sua maleta com agulhas e comprimidos e arfava com ele pela ladeira, em direção à Corça Sorridente.

"Cama por uma semana", disse o doutor Walters uma hora e meia depois, enxugando as mãos em uma toalha que assumiu vários tons de vermelho, antes de se sentar para um café da manhã de presunto rosado e ovos mexidos, que Papa Hofmann colocou em sua frente.

"O bebê?"

"Perdeu, sinto muito... Vinte semanas, vinte e uma... Limpei os dutos e dei uma injeção... Alice está dormindo. É uma garota saudável. Com o tempo terá mais bebês, se Deus quiser."

Paul ouviu-o até o fim, pálido; Papa Hofmann, com rude resignação. Ouviu-se um uivo do canto do cômodo, um grito animal. Franz-Josef, despercebido em um reservado, desabafava em lamentos impressionantes, chorando todas as suas perdas – sua mãe, seu braço, sua juventude, sua piscadela, seu sorriso e agora seu parente não nascido, uma alma consignada ao limbo como a sua própria. Seu grito era suficientemente selvagem para distrair o médico de seu café da manhã com uma sobrancelha erguida. Papa Hofmann abriu uma garrafa de *schnapps*, seu infalível remédio.

Lisl entrou exatamente naquele momento, a mando de sua mãe para avisar o doutor sobre outro chamado. Dando-se conta do ambiente paralisado, foi até Franz-Josef e o tomou em seus braços. Abafado o uivo, ela olhou para Paul e lhe acenou para que viesse. Com a mão no ombro de Franz-Josef, Paul prometeu-lhe que Alice ficaria bem, que não morreria como sua mãe, que um dia ela teria uma filha com o nome da avó. Assuando o nariz, Franz-Josef apertou a mão direita de Paul com a sua esquerda, a cabeça sobre o peito de Lisl, os três unidos no pesar. Paul não sentiu nada além de pena daquele jovem mutilado, incapaz de amarrar seu cadarço, inepto para a maioria dos serviços da pousada, dependente para o resto dos seus dias da bondade de estranhos. Assim como Paul, ele estava espoliado e emocionalmente inválido. Era um Franz, não um Hans, nada do que ter medo. Paul fez um bule de café de bolotas de carvalho e bebeu com seu cunhado a uma aliança simulada de desolação.

Uma semana mais tarde, quando Alice desceu, seu marido e seu irmão tinham determinado as funções. Franz-Josef tomaria conta do bar, Alice cuidaria da comida, Paul faria um plano de trabalho e Papa iria atrás de outros interesses. O Corcel Negro, em Pringsheim, estava lutando para reabrir. A dona era uma viúva de 40 anos, Mathilde Zumsteig, ansiosa por conseguir alguma espécie de parceria com a Corça Sorridente. "Por que não?", perguntou Alice. "Isso eliminaria um concorrente do mercado."

"Melhor ainda", disse Paul, "cria uma economia em escala."

"O que é isso?", perguntou Hofmann.

Paul explicou a mecânica da compra em volumes e como uma empresa maior poderia prosperar com margens menores que as de uma empresa pequena.

"Você quer dizer preços mais baixos?", disse Franz-Josef.

"Exatamente. E quanto mais pousadas tivermos, mais rápido poderemos baixar os preços e mais clientes serão atraídos. Essa é uma boa época para começarmos a comprar pousadas, criando uma cadeia pelo vale a tempo do movimento turístico."

"Levará anos até que os bons fregueses voltem", resmungou Papa.

"É por isso que a hora é tão boa para começar", entusiasmou-se Alice, "quando as propriedades estão baratas e os negócios lentos. Vá e veja se Zumsteig nos vende meia sociedade em sua pousada."

"Estamos de acordo quanto a isso?", perguntou Paul.

Alice e Franz-Josef levantaram as mãos em aprovação.

"Não é da nossa conta", disse Paul semanas depois, quando Papa embrulhou suas navalhas afiadíssimas e, depois de uma última escanhoada no espelho do bar, levou seus pertences pessoais pelo desfiladeiro até o Corcel Negro.

"O cão imundo", disse Alice, "arrastando-se para a cama de uma viúva na sua idade."

"Ele merece uma segunda chance", disse Paul apaziguadoramente. "Aqui, ele vai morrer de tanto beber. Talvez a viúva consiga fazê-lo parar. De qualquer modo, temos uma sócia ali e uma aposta nos lucros."

"Não gosto daquela Zumsteig", resmungou Alice. "Ela cheira a cebolas."

"Deve ser uma boa cozinheira", provocou Paul.

"Não tanto quanto eu", gabou-se Alice. "Alho é muito melhor do que cebola."

"Talvez ela seja...", Paul riu, balançando o quadril.

"Vamos para cima e eu mostro quem é boa no quê", disse Alice pegando-o pela mão, um gesto a que ele não resistia.

Wierzbicki passou para se despedir. Seus papéis de despensa tinham chegado e ele estava indo para casa, ele disse, uma pequena cidade em Iowa. O desencargo da autoridade tinha aliviado seu permanente cenho franzido e o deixara com disposição para conversar. "Qual é a primeira coisa que você vai fazer ao chegar em casa?", perguntou Paul.

"Vou abrir uma garrafa de cerveja e acabar com ela na varanda." Seu amigo sorriu. Lembrando-se de um filme pré-guerra, visualizou uma casa na campina, em uma eterna varanda, e Mark Twain, de chapéu panamá, roncando em uma cadeira de balanço ao meio-dia.

"E depois?"

"Sei lá. Acho que quero algo mais. Vi bastante da vida e bastante da morte, e estou com um pouco de medo de me entediar em uma cidade perdida de 583 pessoas, onde pouco aconteceu desde que Teddy Roosevelt assobiou por lá pela O-12 ou coisa parecida."

"Quais são as possibilidades?"

"Tem o projeto GI..."

"O que é isso?"

"Tio Sam está se oferecendo para pagar a minha faculdade."

"Eu costumava ter um tio rico", refletiu Paul.

Wierzbicki explodiu em um riso rasgado, divertindo-se com o mal-entendido. "Sinto muito", ele soluçou, batendo ritmadamente nas costas de Paul como se ele fosse um bebê que tivesse que arrotar. "Estou tão acostumado com sua inteligência que falo com você como com um colega, e me esqueço de que você não entende metade do que eu digo."

"Entendo 583 e Theodore Roosevelt", disse Paul, levemente magoado.

"Eu sei que você entende, cara. Deixe-me explicar. O governo dos Estados Unidos, Tio Sam, gentilmente ofereceu mandar um milhão de sujeitos como eu de volta para a escola."

"Para estudar o quê?"

"Bom, é isso que estou pensando. O que você sugeriria?"

"Sou a pessoa errada para perguntar", disse Paul. "Primeiro, tentei medicina. Depois de dois anos, frustrado com o pouco que conseguimos curar, me voltei para a psicoterapia. Li Freud, Jung, Adler, Reich, Ferenzi – e cada um deles afirmava que os outros não apenas estavam completamente errados como eram uns salafrários. Durante meus exames, desenhei para aliviar a tensão. Tudo o que eu desenhava se parecia com uma construção. Levei os esboços para meu analista, que também era meu supervisor acadêmico. Ele perguntou: 'Por que não tenta arquitetura?' Estudei dez, onze anos, para dois doutorados. Agora sirvo drinques em um bar. Como é que eu posso servir para dar conselhos sobre alguma carreira?"

Era uma tarde agradável de outono, e os dois estavam sentados na parte externa do bar, com duas taças de vinho, uma garrafa amarela pela metade e um prato de salgadinhos à frente.

"Qual é a melhor parte da arquitetura?", perguntou Wierzbicki, mastigando um grissini salgado.

"A dimensão da beleza", respondeu Paul sem hesitação. "Aalto, o grande modernista finlandês, disse que nas construções a forma precisa acompanhar os ditames da natureza circundante, e a beleza fluirá disso."

"Gosto disso!", exclamou o jovem oficial. "A maioria das construções de onde venho é feita da maneira mais barata possível. Eu até que gostaria de administrar em uma – como é que você disse? – dimensão de beleza. Talvez eu estude arquitetura. Vi um curso listado em Chicago."

"Você pode se sair bem, sabe?", disse Paul com o entusiasmo aumentando. "Você tem experiência em liderança, meu amigo, e um idealismo saudável. Tem bons instintos, uma compreensão de estrutura e uma vontade de ajeitar as coisas. Se quiser, pode fazer do mundo um lugar melhor."

"Acho..."

"Mas não faça isso por minha causa", advertiu Paul. "Não sou exemplo para ninguém."

"Nisso você pode estar enganado, cara", murmurou o herói de partida.

"Como seu pai vai receber isso?", perguntou Paul.

"Não vai ficar feliz. Ele está por conta própria desde que minha mãe morreu e não está tão bem. Mas tenho uma irmã perto, e seu marido vagabundo pode ficar vadeando pelo posto de gasolina, vendendo coca e cachorro-quente enquanto eu estudo à custa do Tio Sam."

"Dou-lhe os parabéns", disse Paul com grave formalismo.

"Vou mantê-lo informado", disse seu protegido.

O vinho jovem efervesceu nas brasas do crepúsculo. O tempo deles estava se esgotando e ambos sabiam que nunca mais voltariam a se ver.

"Aquele Hans sobre o qual você perguntou", disse Wierzbicki, retomando seu tom oficial e baixando a voz. "Consegui seu nome: Hans Kruger. Existe um dossiê contra ele, grosso como o seu braço. Está sendo procurado pelo massacre que você mencionou e por outro em Sanislawow. Um capitão do mesmo nome está sendo procurado pela matança de metade dos homens adultos de uma aldeia francesa. Não sabemos se esses dois ou três são a mesma pessoa, se estão vivos ou mortos. É um nome comum, e esses sujeitos têm uns jeitos de escapar danados de bons. Tudo o que posso dizer é que os dossiês estão marcados com 'Prioridade' e as polícias de três países estão envolvidas."

"E o outro Hans?", perguntou Paul. "Aquele que estava aqui, Hannes Joachim Kerner?"

Wierzbicki balançou a cabeça. "Dei uma verificada nos dossiês que pegamos nas instalações do campo. Dois de seus agentes foram para casa, nos Bálticos, onde os soviéticos os dependuraram em frente a um teatro. Outro guarda foi morto a tiros por uma de nossas patrulhas. Seis estão em custódia. O restante está espalhado por qualquer lugar que você imagine. Kerner desapareceu sem deixar rastro. Nenhuma pista desde a noite em que fugiu daqui. Com sangue nas mãos e a pilhagem que fez, conseguiria comprar um passaporte para o esquecimento. Nessa altura, provavelmente ele está vivendo a vida de Juan Diego del Riley em alguma república latina das bananas, onde o presidente gosta de linguiça de fígado malpassada."

"Desculpe-me...?"

"Você é que tem que me desculpar. Ele fugiu; isso é o máximo e o mínimo que sei. Os crimes de guerra têm um dossiê contra ele, mas tenho que lhe dizer que as probabilidades para sua prisão são tão altas quanto as de Chicago na época em que Al Capone era rei. O que eu estou dizendo é para você não esperar que ele seja enforcado."

"Obrigado", disse Paul.

"Por nada."

"Não, obrigado por tudo. Você tem sido um bom amigo."

"E você também. Nunca teria conseguido uma promoção sem o conselho que você me deu sobre a colheita e os refugiados, e foi o pagamento extra que me levou a pensar sobre conseguir um emprego melhor quando estiver de volta à vida civil."

Chegara o momento da despedida. "Seja feliz, meu amigo", disse Wierzbicki, beijando-o à antiga maneira do país, em ambas as faces.

"Para mim", disse Paul, afastando-se de seu abraço, "a felicidade não é uma opção."

PASSOU-SE UM ANO e, na mesma estação melancólica, conforme as folhas se avermelhavam e Lisl, pesada de grávida, se casava com Franz-Josef na igreja de São Inácio, Alice se afastou do trabalho de meio turno para dar à luz, com a ajuda do doutor Walters, a um robusto garoto de quase quatro quilos. Batizaram-no Johann, em homenagem ao santo da Bíblia (disse Alice), e Karlheirich, por causa de seu irmão, morto na França. Parecia uma carga pesada de expectativas colocada em cima de um recém-nascido, mas enquanto padre Hitzinger aspergia despreocupadamente vinho consagrado na cabeça do bebê, em vez de água batismal, e o doutor Walters anotava mentalmente para mais uma vez denunciá-lo ao bispo negligente, Paul olhava para o pálido crânio de seu filho e agradecia aos céus que algo tão puro e maravilhoso pudesse reparar seu elenco de concessões, erros e fraquezas. Os olhos castanhos do garoto pertenciam à mãe de Paul, Johanna, íris imensas que se escancaravam ao som da voz do pai. O nome também era o de sua mãe, embora nunca tivesse dito isso a Alice. Decidiu que era desnecessário. Ao chamar o menino de Johann, tinha lançado uma raiz nessa vida secundária e eliminado todas as intenções de fuga.

Era um pai ativo, profundamente envolvido. Ao primeiro resmungo do bebê, saltava da cama e o levava até Alice para mamar. Amava tocar na criança, trocar suas roupas, conversar e cantar para ela, prometer-lhe uma vida mais feliz do que a vivida por seu pai. Alice suportava essas intromissões com uma careta de irritação, ressentindo-se da inferência de que ele fosse melhor para perceber quando o bebê estivesse com frio ou fome. Mas Paul ficava tão maravilhado com Johann que ela não podia se sentir irritada com ele por muito tempo, nutrindo sua adoração pela rosada maçã daquele amor improvável.

Conforme as estações iam se sucedendo como páginas em um calendário de parede, um ciclo atrás do outro, Lisl deu à luz gêmeos, um menino e uma menina, e a pousada vibrava com o choro dos recém-nascidos. Lisl levantou estantes ao longo do corredor superior e Paul se divertiu com os romances que ela pegava emprestado de seu pai e se esquecia de devolver. Walters vinha toda noite brincar com seus netos e ficava para uma cerveja ou uma refeição.

"Talvez não seja fácil para Alice ter outro bebê", avisou a Paul. "O nascimento de Johann foi complicado, você sabe. Não fique impaciente."

Talvez, pensou Paul, fosse por isso que Alice perdera seu apetite para o amor e se esquivava de suas tentativas. No começo ele reclamou, mas, cedendo aos desejos dela, alterou seus hábitos para uma frequência menor, uma relação menos tórrida.

Uma noite, acordado junto à janela, viu um raio de luz cruzar o átrio e, temendo um assalto, desceu as escadas com uma faca nas mãos. Abriu uma fresta da porta almofadada da pousada e viu, em uma mesa de canto, sua cunhada, Lisl, sentada de camisola com uma lanterna de mão, lendo um espesso volume. "É a noite de Franzi se levantar para os bebês", ela sorriu. "Precisava de algum tempo retirada, para ser eu mesma."

"Sinto ter interrompido", gaguejou Paul.

"De jeito nenhum. Leu isso?" Mostrou um romance comercial de Vicki Baum, que falava sobre alta sociedade e quartos de hotel.

"Não é meu tipo de coisa."

Ligou a chave geral, enchendo de luz o nicho onde ela estava e, enquanto colocava uma chaleira para ferver, observou sua cunhada de uma distância segura. Os olhos de Lisl eram vaga-lumes. Dançavam e se arremessavam, enquanto outros pares que Paul via, embotados pelo sol e pela neve, percebiam o mundo com pesada reserva. Seus cabelos pretos eram brilhantes e curtos, em um sombrio panorama de centáureas amarelas, emoldurando com luas crescentes seu rosto de pele cor de oliva. Ela se destacava na aldeia pelo pigmento e pelas atitudes, e não demonstrava desejo de se amoldar. Paul fez duas xícaras de chá de camomila, um presente do herbário do médico, e as levou até a mesa em uma bandeja.

"Seu pai conseguiu que mandassem o novo Thomas Mann?", ele perguntou.

"Ainda está esperando. O livro foi publicado na América e na Suécia, mas aqui ainda não, na sua terra natal. Você sabe do que se trata?"

"O bem e o mal, gradações do sombrio e do puro. Doutor Fausto, o herói, vende sua alma ao demônio, mas não pelas razões costumeiras – juventude, virilidade, atração, riqueza. Ele a troca pelo talento de compor música de uma maneira muito moderna, não melódica."

"Por que ele iria querer fazer isso?"

"Para superar todos os compositores que vieram antes, como aconteceu com Bach, e se consagrar como o pai de tudo o que se segue no futuro."

Lisl franziu o nariz e juntou as sobrancelhas em concentração.

"É uma alegoria, não é?", ela arriscou.

"O que você acha que ele está retratando?"

"Minha opinião é a de que se trata do nosso país, sobre sua necessidade de destruir o passado e recomeçar, sempre procurando pelo elixir que nos permitirá sobrepujar o bem e o mal – agir como filhos dos deuses, livres dos valores comuns."

"Isso é muito perspicaz", disse Paul, impressionado. "Você ainda nem leu o livro!"

"Li um longo ensaio e o discuti com meu pai. Parece-me que nenhum livro que surgir agora poderá ser lido isoladamente. Até mesmo os livros infantis trazem indícios velados de onde o autor esteve nesses últimos quinze anos. A literatura é um espelho de nosso interior, alguém disse uma vez. O que você acha, Paul?"

Paul estava pensando sobre os seios pesados de leite que desequilibravam a delicadeza simétrica de Lisl. Semanas de celibato traziam fantasias sexuais espontâneas à mente. Ele se excitava com facilidade e Lisl estava próxima e era desejável.

"Acho que ouvi Johann chorando", ele disse, levantando-se. Precisava desfazer o contato ilícito. Não podia aceitar sua vibrante cunhada em uma intimidade que nunca poderia compartilhar com sua dedicada esposa. Paul desejou uma boa-noite a Lisl e foi para a cama, a cabeça tinindo. Fazia anos que não se entregava ao pensamento abstrato e era uma sensação estimulante, como a primeira nadada em um rio gelado na primavera. Seu mecanismo intelectual, indolente como um carro guardado em uma garagem durante anos, tinha soltado uma faísca ao ser tocado. Ansiava pela rodovia do pensamento à solta, a vibração dos cabelos desarranjados pela velocidade com as janelas abaixadas, mas Paul não podia deixar que isso viesse à tona, por medo de que a intrusão de ideias elevadas fomentasse um descontentamento com sua vida na aldeia, além de uma proximidade indecente com Lisl, cujo desencanto com o abjeto Franz-Josef estava se tornando muito evidente. Tinha havido batidas de portas e ar de enfado. As coisas não estavam bem com seus cunhados, mas Paul sabia que era melhor não se envolver. Em vez disso, decidiu manter distância da suspirosa Lisl, e sua mente, longe dos livros pesados, lembrando a si próprio, com um beliscão no traseiro, que a pousada era um lugar de refeições para o público, não um círculo filosófico ou a biblioteca nacional. Ele era um estalajadeiro e um construtor. Não devia deixar que seu calmo presente fosse invadido pelo turbulento passado. Qualquer tentação do tipo cerebral o distanciaria de Alice e diminuiria seu prazer sentimental nas constantes novidades de Johann, que se pusera a balbuciar – "Bah, bah" – e engatinhava à vontade, rapidamente, por qualquer brecha inoportuna.

Assim, com o senso comum de um homem casado, Paul evitou as estantes de Lisl e ocupou os espaços vazios de sua mente com tecnicalidades do planejamento urbano e com o básico da política local. Suas novas casas haviam se espalhado pelo vale e pelo declive oposto, chegando à fronteira da histórica Pringsheim, revivendo inimizades locais e provocando um aumento de resistência. Houve murmúrios em ambas as pousadas. Papa Hofmann avisou que os pringsheimers estavam pegando em armas e se preparando para marchar pela capital do estado para impedir a unificação de Paul. Ele precisava agir rápido e com segurança. Com a infalível habilidade de uma popularidade não merecida, Paul circulou por Pringsheim durante três dias inteiros, sorrindo e brincando com pessoas que não conhecia, persuadindo líderes da revolta a irem encontrá-lo no salão dos fundos da Corça Sorridente, onde, em meio a canecas transbordantes e uma enxurrada de promessas, endossaram sua visão para o vale. Uma semana mais tarde, convidou os mais velhos de ambas as comunidades para um jantar festivo no Corcel Negro. Após uma suntuosa refeição preparada por Mathilde Zumsteig, que era mais nova e mais amigável do que Alice inferia, ambas as comunidades concordaram em juntar forças sob a liderança de Paul para conseguir o aumento de posição e fundos do estado para uma nova cidade, a ser provisoriamente conhecida como Neustadt. O subsídio extra, murmurou alguém de barba grisalha com um sorriso malicioso, compraria um cavalo e uma carroça para cada fazendeiro. Uma onda de autointeresse salpicou a toalha branca.

Foi proposto um brinde a Paul Miller, que, se preparando para responder, percebeu uma mudança decisiva ao se levantar. Já não era benquisto em uma espécie de "Ame-o ou deixe-o". Ao longo dos dois encontros, era sua presença, mais do que seus argumentos, que prevalecia, derretendo corações e mentes. Tinha a aura de uma autoridade e, além disso, um almíscar misterioso que fazia com que homens e mulheres gostassem dele na hora. Já não era bom ou ruim, um Paul tedioso ou brilhante, mas um novo Paul saído das ruínas, um Paul cuja presença poderia aquecer um ambiente. De que outra maneira ele teria podido contar com a amizade de Wierzbicki e de Franz-Josef, do médico e de Lisl, de Hoening, o padeiro, e daquela sorridente vendedora de cenouras que nunca o deixava passar por sua barraca sem alguma divertida obscenidade? As pessoas gostavam dele por ser ele mesmo e ele ficou tentando colocá-las em evidência quando o promotor lhe espetou um dedo gelado, na hora antes do amanhecer, proclamando sua inutilidade. Mas as pessoas gostam de mim, protestou Paul. Poupe seu fôlego, respondeu o acusador. Se você é benquisto, conte para a corte isso: Por que o acusado está tão consumido pelo ódio por si mesmo, a ponto de não conseguir dormir à noite sem correr para a janela? Para essa acusação, Paul não tinha resposta.

O SEGUNDO VISLUMBRE de clarividência veio quase no final do banquete, quando Mathilde Zumsteig decorou seu *strudel* de maçã com uma porção dupla de creme, aplaudindo seu sucesso ao fundir as duas comunidades. Paul percebeu que estava começando a sair do fundo do poço. Podia lutar, com a força do conhecimento e da experiência, com consertos no sistema de encanamento e nas torres de eletricidade, mas não tinha ideia de como juntar o sistema conjunto para distribuição de eletricidade com o seu vizinho, ou se tal movimento era factível e desejável. Seu portfólio de *design* se limitava a ampliações de fábricas e casas fantásticas para os desprezivelmente ricos. Sua ignorância sobre o planejamento de uma cidade era enorme. Quantos pontos de luz nas laterais de uma rua, e a que intervalos? Qual era a ocupação ideal de um condomínio? Como se programava e se investia em transporte público? Sem resposta para nenhum desses enigmas, sem conhecimento sólido sobre infraestrutura urbana, integração social, fluxo populacional, desenvolvimento industrial e proteção ambiental, ele estava se propondo a construir uma cidade completamente nova, e destinada, com o tempo, a ser exposta como uma fraude. As regras que conhecia estavam ultrapassadas havia anos e pertenciam a outra jurisdição. Precisava conseguir um curso intensivo em eletricidade prática e uma rede de contatos na estrutura governamental para guiá-lo pelo campo minado das papeladas.

"Conheço pessoas que podem ajudar", disse o doutor Walters enquanto bebiam uma *schnapps* tarde da noite. "Por que não vamos juntos para a cidade grande?"

"Nessa altura", disse Paul, "preciso saber o que perguntar antes de me encontrar com alguém. Tenho que mergulhar na biblioteca da universidade durante alguns dias e depois no departamento de planejamento urbano."

"Posso agendar reuniões enquanto você estiver na biblioteca", disse Walters.

Seu entusiasmo era inesperado. Paul tinha ouvido o médico jurar que não poria os pés na cidade enquanto não recebesse um pedido público de desculpas por sua expulsão e uma oferta de compensação pela perda de sua clientela. Um homem que raramente falava em um tom acima de um murmúrio introspectivo, o médico gritava e batia na mesa quando a cidade era mencionada. No entanto, agora ele se oferecia para se juntar a Paul no que parecia uma viagem prazerosa na alameda da memória. Não fazia sentido para Paul, que mudou de assunto.

Contudo, Walters continuava pressionando-o. "Tem uma boa orquestra sinfônica", ele disse. "Existem bares. Podemos fingir ser homens da cidade..."

Paul ouvia seus incentivos sem prestar muita atenção, até que chegou a hora de marcar sua passagem. A decepção do médico ao ver que Paul viajaria sozinho foi tão pungente que Paul se recriminou por não ter percebido a extensão da necessidade do seu amigo. Colocou na cabeça que lhe traria um presente que compensasse.

Alice foi menos resistente. Paul contou para a esposa que pretendia passar uma semana pesquisando e outra se reunindo com engenheiros e planejadores urbanos para elaborar instrumentos estatutários que, uma vez aceitos, dariam à sua aldeia uma importância geográfica maior do que tivera desde a Guerra dos Cem Anos. Alice desceu uma mala e colocou roupas para quinze dias, enfiando linguiças e queijos entre as dobras para que ele não morresse de fome nas ruas duras e pavimentadas. Escreveu a um primo de Hofmann, mandando-lhe que esperasse o trem de Paul, e na noite antes de sua partida fez amor com um vigor saudável, como que para miná-lo de qualquer energia e curiosidade que pudesse sentir em relação às garotas perdidas da capital, que, segundo se falava, haviam se tornado ainda mais depravadas sob a ocupação do que sob a notória decadência do antigo regime.

Embora chorasse quando o marido foi embora, Alice não estava de maneira nenhuma infeliz por se livrar de Paul por um tempo, por ter seu adorável filho só para ela, por chamá-lo, sem que a censurassem, de qualquer nome derivado de Hans que quisesse. Estava ansiosa por ter a cama de dossel só para ela e por ficar acordada o tempo que quisesse, conversando com Lisl assuntos de garotas e sondando para descobrir o que havia de errado no casamento da amiga. Alice se destacara em relação a Lisl desde seu primeiro dia de escola e agora estava confiante em aplacar sua insatisfação em relação a Franz-Josef. Ela também conversaria com o irmão, diria para ele se recompor e se empenhar junto à sua linda esposa, antes que ela o largasse por alguém melhor. Essas falhas domésticas seriam resolvidas enquanto Paul estivesse fora, para que ele pudesse voltar para um ambiente doméstico sorridente, uma empresa próspera e uma esposa amorosa, cujo orgulho feroz e encorajamento eram a base para suas realizações e para a estima pública.

Com um pé no estribo do táxi, Paul se curvou sobre a doce cabeça de seu filhinho e prometeu estar de volta antes que lhe nascesse um novo dente. Era a primeira vez que deixava o vale desde sua chegada como escravo, e suas mãos tremiam em seu colo, enquanto o velho táxi Daimler rodava colina abaixo e por caminhos frondosos na ida cheia de solavancos até a confluência da estrada de ferro. Levava uma hora para se chegar à estação e três horas mais, com duas baldeações, até a capital. Paul, que quando estudante nunca tinha pensado duas vezes para pegar um trem de sua cidade industrial até a elegante, ameaçadora e fútil sede do governo, agora se sentia como um camponio em uma cruzada medieval, enfrentando ameaças mortais e testes para sua fé. Estava prestes a reingressar em um mundo perigoso, um mundo onde um fantasma percebido nas sombras poderia abalar a confiança e pôr em risco a sobrevivência. Alerta e não com pouco medo, murmurou uma prece que aprendera sentado nos joelhos do seu avô, uma prece sobre viagens perigosas e retornos a salvo: *E Jacó seguiu seu caminho e lá foi recebido pelos anjos de Deus.* A prece acalmou seus nervos, mas ao deixar a última curva do vale viu-se desejando que tivesse levado o médico como companhia, para protegê-lo do desconhecido. Suspeitava que o doutor tivesse um motivo recôndito para querer ir junto, mas Paul tinha razões importantes para fazer aquela viagem sozinho. Entrar no trem era uma ruptura com o campo. Era seu primeiro gesto como homem livre, sem que o observassem e sem uma obrigação concreta.

Parte dois

Luta

CAPÍTULO OITO

O TERMINAL DA ESTRADA de ferro tinha a estrutura de uma concha, bombardeada até o limite de poder ser útil, e suas plataformas, um sistema de pontes feitas com pranchas nas quais os passageiros que chegavam caminhavam precariamente em direção a um saguão destelhado. O tumulto era opressivo. Acima dos bufos e dos silvos dos motores a vapor, do guincho dos breques e do som estridente dos carregamentos havia os queixumes dos mendigos, os berros das crianças abandonadas, os pregões dos mascates. De perto nada era bem o que parecia. Um pedinte sem perna acabava virando, com a proximidade, alguém sentado em um membro saudável, dobrado por detrás de um toco falso; uma criança chorando estava sendo ensinada por sua mãe ou irmã a simular abandono; e mercadorias que estavam sendo apregoadas para venda não eram vistas em lugar algum. A mercadoria estava sempre dobrando a esquina: "Siga-me, senhor. Por aqui, por favor". Paul, prevenido por avisos nas paredes para evitar negociantes malandros, seguiu por um caminho acidentado em meio ao entulho até a grande arquitrave de uma saída, um símbolo ditatorial deixado bizarramente intacto por uma tonelada de bombas de guerra.

Com a mala na mão, percorrendo em vão a multidão à procura do primo Hofmann a quem Alice ordenara que fosse encontrá-lo, sentiu um perfume tão agudo que atravessou todos os odores doces e pútridos da humanidade triturada e o arrebatou de volta à infância. A princípio não conseguiu dar um nome ao aroma, mas ele o colocou na mente de Marcel Proust e de suas *madeleines*, a evocação de um garoto no paraíso. Sentou-se em um banco junto à parede do átrio e se permitiu saborear o perfume enquanto tentava situá-lo.

Algum tipo de bebida quente, uma espécie de café, precisa como uma faca de pão e abençoada como vinho doce, mas onde em sua infância e quando? Fechando os olhos, invocou a imagem de uma velha senhora com um apertado lenço de cabeça, nenhum fio de cabelo à mostra. Está grelhando feijões-verdes em um tambor que roda sobre o fogo. Depois que os feijões ficam prontos, ela os tira do tambor com uma concha e os esmaga em um pilão, entoando em voz baixa uma triste e louca melodia. Enquanto Paul observa da altura de uma cadeira, o chefe da casa, de barba grisalha e olhos luminosos, entra no cômodo usando um chapéu de aba larga e pendura seu casaco em um cabide na porta. A mulher, sem uma palavra de cumprimento, coloca uma pequena quantidade do pó em uma vasilha branca lascada e derruba água quente por cima. O velho senhor murmura algumas palavras em voz baixa e leva a vasilha até os lábios com um suspiro beatífico. Paul se agarra ao avental de sua avó, compartilhando a alegria do velho em seu café da manhã. A mãe de Paul, jovem e submissa, senta-se à mesa, cortando vegetais, imersa em um diálogo frugal com seus pais. Leah, é como eles a chamam, não Johanna. Os irmãos de Leah, mais jovens e mais velhos, adentram a aromática cozinha. O rosto de Paul é acariciado, o cabelo despenteado, as faces beliscadas. Ontem ele chorava sozinho no mato, abandonado; hoje está invulnerável, amado por todos. Pede ao avô uma história e sobe com expectativa num joelho ossudo.

Uma batida na porta. Um homem está lá fora com um chapéu marrom, mala na mão, olhos fixos em uma Leah branca como papel. A mala fica ao lado do umbral. Palavras concisas se alçam sobre o cantar de grilos. Seu pai estende a mão para dentro do cômodo. A avó vira as costas. A mãe se levanta, hesita, pega a mão. Eles saem. A mala fica acusadoramente sobre o capacho. O café exala uma fria ansiedade. Os joelhos do avô tremem. Ele ensina o garotinho a dizer uma prece para longas viagens. As mãos sarapintadas da avó, com as veias roxas sobressaindo, limpam os pratos do desjejum. Ela diz algumas palavras a seu marido em uma língua estrangeira; ele retruca com longos suspiros, suspiros-piros-piros. Um jovem imberbe, um tio ou um primo, se oferece para passear com Paul. Eles chegam à porta exatamente quando sua mãe e seu pai, com os rostos corados, voltam de mãos dadas. Tudo está bem. Eles vão partir na mesma hora. Estão indo para casa.

Preso pela memória, Paul cismava como poderia ter esquecido um acontecimento tão importante, uma crise existencial no casamento dos pais: a fuga de sua mãe, a busca respeitosa de seu pai, o desespero de seus avós. Ele devia estar com 4 ou 5 anos, e o que aquilo tinha a ver com o cheiro de café, para trazer a cena de volta? Por que a lembrança estava guardada tão profundamente? Do que ele tinha medo? Substituindo Proust por Freud, se perguntou se sua tenra psique teria sido danificada pela ruptura de seus pais, se teria sido rompida e formada, simultaneamente, pelo choque de culturas. O pai pertencera ao mundo enclausurado de homens em ternos e escritórios; as origens da mãe estavam em uma aldeia de barbas e lenços na cabeça, entre pessoas que não mudavam seus hábitos havia séculos, encapsuladas numa fé inquebrantável. Ele os tinha visto se afastando e se reencontrando, a base de sua existência desfeita e refeita perante seus negros olhos lacrimosos. Como aquilo teria condicionado a pessoa que cresceu para se tornar Paul?

Refazendo a lenda familiar, lembrou-se de como eles tinham se conhecido, Arthur e Leah, criaturas de constelações diferentes. Tinha algo a ver com uma cirurgia. A mãe, levada às pressas para um hospital rural com cólicas estomacais; o pai, um recepcionista júnior, abandonando seu posto e se precipitando para a casa do chefe da clínica, arrastando-o de um cochilo de domingo para fazer uma apendicectomia de emergência. Havia uma fotografia em algum lugar de sua mãe, aos 16 anos, com os cabelos negros magnificamente trançados, recostada em uma cama de um pavilhão para convalescentes, bebericando água em um copo transparente. Separada durante um mês de sua imutável família, recebia de hora em hora a visita do recepcionista, que se apaixonara por seu exotismo, o mesmo acontecendo com ela, mais lentamente, em relação ao fato de ele ser comum, seu ar de pertencer a uma maior e mais abrangente camada da humanidade do que seu próprio clã autorrecolhido. Fugiram para a cidade no dia em que o pai dela deveria ir buscá-la, dizendo um ao outro que o amor e a boa vontade triunfariam sobre as diferenças culturais. Como no final aconteceu.

A história deles era a de duas criaturas dóceis em um único ato de revolta, e Paul a ouvira muitas vezes em aniversários e outras comemorações, com variações mínimas e muitos brindes com conhaque de ameixa. Agora, no burburinho de uma estação de trem, onde nada ficava quieto por um segundo, ele viu com fascinante lucidez a origem de sua estrangeirice, da insistência no seu não pertencimento – a razão pela qual dois Pauls brigavam dentro de si, um ansiando por ser aceito, o outro sabendo que isso nunca lhe seria concedido. Sua identidade estava atrelada àquele instante congelado, o momento em que seu pai parou na porta, dividindo o filho pequeno ao meio, cada jovem metade em um mundo. Que chance tinha Paul de uma completude? Eles, a mãe e o pai, o tinham quebrado nas mãos como se fosse uma noz e o mantiveram inteiro com um solvente a que chamaram de amor, sabotando suas chances de autodescoberta. Soltou um urro de raiva contra Arthur, por ter ido à procura deles, e outro contra Leah, por aceder a seus pedidos, abandonando sua própria origem e nunca mais buscando uma reconciliação, negando ao filho uma metade vital de sua natureza legítima. Paul suspirava pela bênção do avô, pelo tremor de seus joelhos. O ódio correu pelas suas veias como álcool puro, rapidamente seguido por uma sensação decorrente - um imenso alívio por ter descoberto o direito de detestar os pais, algo que nunca fizera enquanto eles estavam vivos ou que nunca se atrevera a encarar desde sua morte terrível. Levantou-se do banco da estação consumido pela catarse, curado por um bálsamo purificador de *madeleines* de Proust e de análise freudiana.

Encorajado por dois dos grandes behavioristas, seguiu a trilha de um terceiro – Ivan Petrovich Pavlov, que provara que os cães salivam a qualquer som, visão ou cheiro que associem a comida. Paul seguiu o aroma pavloviano da memória suprimida até a saída à esquerda da destruída estação, arrastando a mala angulosa de Alice até o guichê de um quiosque na parede de fora, onde um amontoado de uniformes se pavoneava como um bando de pinguins em uma calota da Antártida. "Somente militares", dizia a placa. Dentro havia um monstro prateado arrotando baforadas brancas de uma fumaça penetrante.

"Desculpe-me senhor", disse Paul a um aeronauta de azul-claro com estrelas no ombro. "O que é aquela máquina?"

"É um maldito salva-vidas, isso é que é."

"O que ela faz?", insistiu Paul.

"Ela bombeia água quente em alta pressão através dos grãos de café. *Capisce*?"

"É assim que ela se chama?"

"G-a-g-g-i-a. Um sujeito italiano. Acho que a patente é dele."

"Achille Gaggia", disse uma voz sonora por detrás do guichê. "Um gênio de Milão, um fazedor de milagres." O tom relaxado, a frase hiperbólica, ambos eram inconfundíveis.

"Ângelo?", perguntou Paul sem ar.

"Leonardo?"

Irrompendo em meio a uma multidão de azul-celeste, os colegas de barracão caíram num abraço que era quase uma dança, dando graças a Deus por se encontrarem vivos.

"Você conseguiu!", gritou o que servia café, tocando incrédulo o rosto de Paul.

"Quase." Paul sorriu. "E você – olhe para você, um doutor de jaleco branco."

"Tem razão, um curandeiro da sede."

"Dá para ser servido aqui?", ressoou uma voz na outra extremidade.

"Um momento, senhor", gritou Ângelo. "Tenho a honra de receber um grande artista, meu professor de arte. *Mio caro* Leonardo, aceita um café?"

"Está escrito 'Somente militares'."

"O 'somente' fica a meu critério. Eu dito as regras. Diga-me, Leonardo, o que está fazendo aqui nesse péssimo lugar? Vai ter que me contar tudo. Não, primeiro você precisa beber. Uma xícara pequena. Cheire, depois beba bem devagar. Bom, não é?"

Paul experimentou e ficou sem fala. Um viciado em café, que tivera que se virar com bolotas de carvalho fervidas quando não havia mais nada à mão, não cheirara nada mais forte desde a infância, nem experimentara outro líquido tão estimulante, a cafeína penetrando por suas narinas até o alto da cabeça e descendo para as extremidades de seu arcabouço exaurido pela viagem. Estava intoxicado no sentido literal do termo, mente e corpo perturbados pelas toxinas que absorvera, a ponto de estar disposto a provocar uma briga, caso isso fosse preciso para conseguir uma segunda dose.

"Outro?", perguntou Ângelo, observando a mudança de suas expressões faciais, uma exposição progressiva de satisfações sensórias.

A segunda xícara o deixou agitado na mesma hora, com muita energia e a língua queimada, tagarelando inconsequências até que Ângelo o aconselhou a se acalmar, comer um biscoito, tomar um copo de água e esperar uns minutos para que pudessem se sentar e pôr a conversa em dia. "Vou fechar já", avisou Ângelo, colocando um aviso de 'Quebrado' e pressionando os clientes a esvaziarem suas xícaras e irem embora. "Chega de Paradiso por hoje", ele gritou; "amanhã o anjo volta."

Esperando pela descida das portas de ferro, Paul sentiu um nó de pavor obstruindo os últimos goles de café em sua garganta. Não estava pronto para amenidades sociais com camaradas do campo, muito menos preparado para lidar com perguntas pertinentes. Olhando Ângelo mexer nos botões de sua máquina como um organista de igreja no introito, Paul o viu em um cenário paralelo: rastejando pelo chão sob os pontapés de dois guardas, mergulhando uma côdea na água de chuva da sarjeta, curvado na vala da latrina com uma diarreia sanguinolenta. Viu Ângelo como era no dia da chegada, arrogante, com a cabeça enfaixada por causa de uma briga dos *partisans* vencida por forças superiores, e novamente ao final, cadavérico mas jovial, preservado por sua resistência aguerrida e sua irrepreensível capacidade de brincar. Ele se lembrava, palavra por palavra, de sua última conversa no barracão.

"Você acabou não indo para casa?", perguntou Paul.

"Fui para casa e já não era minha casa."

Empurrado por soldados da libertação para uma ambulância de campanha, Ângelo usou o que lhe sobrara de força para escapar e se esconder na confusão do campo, apavorado, em um pavilhão de celas, até que farejou uma oportunidade. Uma caminhonete de padeiro parou no campo, distribuindo pães frescos para a multidão faminta. Ângelo, na maior rapidez, desapareceu atrás da pilha de assadeiras do fundo, lambendo as migalhas. Quando a porta se fechou e o veículo partiu, comemorou em silêncio. Já não estava entre os listados. A perua foi até uma espécie de depósito, onde as portas ficaram escancaradas. Recuando para o fundo, Ângelo evitou ser visto até que a última assadeira tivesse sido retirada e o veículo estivesse pronto para receber nova carga. Enquanto os soldados foram atrás de mercadoria fresca, ele se esgueirou com uma bengala de pão preto sob a camisa e se escondeu em um banheiro do exército, que parecia elegante e luxuoso. Trancando-se em um cubículo, terminou o pão em pequenas mordidas e dormiu algumas horas junto à parede, sem ser perturbado pelas idas e vindas.

Quando o banheiro em silêncio, ele saiu. O depósito consistia em uma padaria e uma quitanda, que entregava suprimentos para o exército de ocupação. Ângelo, magro como um cabide e sem identificação a não ser o número do campo no braço, se escondeu em um engradado no fundo do caminhão de verduras e foi sacolejando em direção ao caos de um centro de triagem postal, onde roubou algumas barras de chocolate e se escondeu em um saco de correspondência destinado a "Bérgamo". Rodou pelas montanhas, parando de cidade em cidade, ouvindo em lágrimas a cadência de sua língua natal e planejando o momento exato de saltar fora, quando o motorista parou para uma cerveja.

Vagou pelos campos, onde zumbiam insetos, borboletas sorviam néctar e camponeses se persignavam ao vê-lo, um espantalho ambulante. Recebido por um fazendeiro solitário para compartilhar sua refeição noturna, saboreou cada bocado de macarrão, a vermelhidão dos tomates, a pele roxa das berinjelas, a carne picada dos animais campestres, a limpidez gelada da água da nascente em um copo sujo, a exiguidade das necessidades básicas. Pela manhã, com um sol benfazejo em suas costas surradas, cambaleou pelas últimas milhas pavimentadas até sua casa.

Foi recebido com a exata exuberância que poderia ter almejado – seu pai gemendo agradecimentos ao Salvador, os vizinhos se atarefando para um banquete com vitela e vinho, primos e colegas trazendo alimentos e roupas, como que para compensar o que tinham consumido enquanto Ângelo penava pelos pecados que haviam cometido nas garras do inimigo. O acerto de contas podia esperar. Enquanto isso, a alegria pela sua volta era tão espontânea, os discursos tão efusivos, os beijos tão doces, que ele chorou várias vezes durante as comemorações que prosseguiram por uma semana e fraquejou de par em par por braços receptivos, em uma sucessão de consolos até que se viu pronto para tentar uma retomada de normalidade.

Seu pai o levou para se suprir de novas roupas e ele se juntou ao tio em sua barraca de frutas e verduras, voltando suas sensações envelhecidas para a algazarra de cores e perfumes. As tarefas eram leves, as brincadeiras, triviais. Queria mais. Um primo com amizades políticas lhe conseguiu trabalho na gráfica do jornal local, uma espécie de serviços gerais que lhe traria alguns trocados. Os colegas de escola levaram-no a ver novos filmes, uma ópera no festival de maio, um jardim começando a florescer; cada dia uma nova alegria, cada presente um reconhecimento particular de culpa, cada palavra uma confirmação de que ele nada tinha em comum com aquelas pessoa frívolas.

"E Renata?", sugeriu Paul, lembrando-lhe a exuberante fome de amor de sua namorada.

"Renata estava imensamente feliz em me ver." Ângelo riu por entre as falhas dos dentes. "Não saiu do meu lado naquelas primeiras semanas. Eu era seu anjo descido dos céus, devolvido a ela para todo o sempre. Ela ficara de luto enquanto estive fora e jurou nunca ter olhado para outro homem, mesmo sem ter ideia se eu estava vivo ou morto.

"Para ser sincero, Leonardo, sua fidelidade não era o que mais me importava na lista das preocupações. Eu não teria ficado muito aborrecido, ou me sentido diminuído como homem, se ela tivesse confessado ter feito amor com um *partisan* solitário, ou mesmo com vários membros do nosso grupo, tomados como estavam pelo medo de serem capturados e mortos. Nem homens nem mulheres podem ser julgados pelo que fazem na guerra. Eu a teria perdoado, desejado-a como antes, respeitando qualquer sacrifício que tivesse feito para continuar viva e lúcida. Percebi-me desejando que ela tivesse alguma transgressão a confessar. Isso nos colocaria em pé de igualdade quanto à dor e ao remorso, à concessão e à vergonha, porque eu também fiz coisas ruins para sobreviver."

"Você roubou?"

"Pior." Ângelo deu de ombros.

"Não me conte."

"Renata, minha adorável Renata, tinha engordado nos quadris. Só falava de seu amor por mim, sua esperança na minha volta, sua constância, como se nada tivesse me acontecido enquanto isso e eu tivesse permanecido o mesmo. Não perguntou sobre o campo, mudando de assunto mal eu me referia ao que ela chamava de 'a história horrível'. Insistia em que não era sua culpa de que eu tivesse sido mandado embora, de que tudo estava terminado e de que não queria ouvir mais nada sobre aquilo.

"Repetia isso com tanta frequência que comecei a suspeitar de que talvez ela tivesse de fato algo a ver com aquilo, porque com certeza alguém do grupo havia me traído, ou deixado de me avisar sobre a armadilha na qual caí. Renata insistiu que não sabia de nada. Seus dois irmãos mais velhos, membros de um certo grupo, disseram que haviam investigado o assunto e identificado um culpado, que fora tratado da maneira tradicional. Renata era inocente, ponto final, mas sua recusa em ouvir a minha história me incomodava muito e criou um silêncio entre nós, além de uma desconfiança da minha parte."

Paul assentiu, incentivando-o a continuar.

"Não deveria ter me incomodado àquele ponto", continuou Ângelo, "mas todos agiam da mesma maneira, pondo as mãos sobre os olhos para encobrir o que não tinham visto, como padres em uma casa de pecado. Contaram-me sobre suas famílias, seus negócios, suas doenças, mas ninguém disse uma palavra sobre os ferimentos em minhas costas, que gritavam em plena luz do dia quando eu ia nadar. Eu não tinha ninguém com quem conversar na minha cidade, no meu dialeto, ninguém que visse que, embora eu estivesse na pele de Ângelo, meu interior havia mudado. Ia trabalhar todas as manhãs sem ouvir nada além do futebol da noite anterior e das trepadas. Tornei-me solitário e melancólico. À hora do almoço, saía para caminhar em vielas recuadas, olhando, através das janelas abertas, mulheres que serviam massas e vasilhas de sopa fumegantes a homens suados em camisetas. Eu não estava faminto por aquelas coisas, por tal espécie de vida. Com certeza eu havia sido poupado para um propósito melhor.

"Minhas noites pertenciam a Renata, que planejava nosso casamento com detalhes exorbitantes, comparecendo a provas de roupa, analisando roupas de cama e banho, procurando lugares para alugarmos. Ela mal percebia quando eu faltava a um encontro, depois a outro, aceitando minha desculpa de que ficara bebendo com os impressores após o trabalho.

"Em um bar, na Piazza Stazione, comecei a conversar com uma garçonete muito magra, que viera de uma fazenda nos arredores de Trieste. Quando perguntei como é que chegara à nossa cidade, Jovanka fez um gesto de pouco caso. Todos têm alguma história, eu disse. Ninguém quer ouvir, ela respondeu. Não tenho nada melhor para fazer, disse a ela.

"Então, ela puxou uma cadeira – o bar nunca estava cheio – e deixou que eu escutasse toda a história de como ela fora levada para servir na propriedade de algum chefe do partido. Vi que ela tinha três fios de cabelo preto saindo de uma verruga no queixo e ombros tão encolhidos que os seios caíam para dentro do que outrora fora um colo. Com pouca luz ela poderia ter qualquer idade, de 8 a 80. Fora espancada todos os dias – pelo patrão, por sua esposa, até mesmo pelo bruto do filho pequeno deles, de 7 anos. Caçoamos de nossos antigos anfitriões. Contei-lhe como eu fora chutado pelo chão; ela me contou como o patrão e seus amigos haviam estuprado as empregadas da casa, atirando em todas que ficavam grávidas. Uma das garotas abortou com uma faca de cozinha e morreu em agonia. Quando Jovanka passou dois períodos sem menstruar, conseguiu escapar em um latão de leite vazio. Andou cento e sessenta quilômetros de volta para casa, onde seu pai deu uma olhada em sua barriga e bateu a porta na sua cara. Ela continuou andando pela península e pelo interior do país, arrastando-se de um trabalho pesado para outro, até que uma viúva dali, originária de seu país natal, lhe deu um trabalho no bar.

"'E você?', ela me perguntou – a primeira pessoa a querer saber. Disse a ela que eu também tinha percorrido um longo caminho, e ela ouviu palavra por palavra da minha história. Senti um grande alívio, quase uma absolvição religiosa.

"Para tornar curta uma longa história, o bar de Jovanka se tornou meu refúgio. Na sua noite de folga, eu a levava para o bairro medieval, mostrando-lhe a igreja com os famosos afrescos. Ela me perguntou se eu acreditava em vida após a morte. Peguei sua mão gelada na capela crepuscular e disse que o único paraíso em que acreditava era o que construíamos para nós mesmos. Terminamos em seu quarto mal ventilado sobre um curtume. Ela não era atraente, nem mesmo bonita. Seu rosto, encovado pela fome, afilava-se na forma de um V, com o ponto na verruga do queixo. Sua pele parecia fina como um pergaminho ao meu toque e era de uma cor quase uniforme. Eu a fitei por tanto tempo que ela me acusou de estar sentindo piedade e cobriu a cabeça com o lençol. Eu disse: 'Descubra-se, Jovanka, descubra-se. Você é tão linda, tenho tanta sorte de tê-la encontrado'.

"Passei a negligenciar meus deveres. Chegava tarde ao trabalho, discutia em casa, era rude com Renata. Meu pai ficou nervoso, meus amigos, preocupados, meu primo, zangado. Uma noite, ao deixar o café, vi meu caminho bloqueado por dois funcionários do matadouro com sangue em seus aventais – os irmãos de Renata. Perguntaram se eu pretendia me casar com sua irmã. É claro, eu disse, mas precisava de mais tempo para organizar algumas coisas. Eles me deram uma semana e me disseram que parasse com as visitas ao bar da estação. Percebi, então, o que precisava fazer."

Ângelo enfiou a mão em um bolso interno e tirou um folheto dobrado em três com a propaganda de uma nova máquina de café que prometia varrer o mundo como as legiões de Júlio César. Um vendedor o tinha dado a Jovanka no bar. Ele jurou que a máquina intensificava o sabor do café em dez vezes, tornando-o irresistível a homens e mulheres. Uma xícara podia transformar a noite em dia, a tristeza em alegria. Era bom para o organismo e, a partir daí, para o desempenho sexual. Ângelo leu o folheto e ficou muito interessado. O redator era um amigo. Resolveu procurar o *signor* Gaggia no endereço de seu café, ao pé do folheto. Foi até um joalheiro e comprou um colar de ouro que estava na vitrine, embrulhou-o em um quadrado de seda multicolorido e o deixou, sem bilhete, no quarto de Jovanka sobre o curtume. Foi o último a deixar o trabalho naquela noite, saqueando a escrivaninha do impressor para ter dinheiro e correu para a estação para pegar o trem para Milão.

Na manhã seguinte, em seu melhor terno, foi até o Café Gaggia e pediu para falar com o dono. O inventor, impressionado com o seu interesse, reconheceu estar enfrentando obstáculos em seu plano para conquistar o mundo. Não conseguia obter uma licença de exportação porque não descobrira o homem certo para subornar e não via como os humildes donos de café dos outros países conseguiriam arcar com a máquina, depois de somados todos os impostos, licenças e subornos. "É aí que eu entro", disse Ângelo.

"Você me consegue uma licença?"

"Posso colocar sua máquina em uma cidade grande, onde as autoridades estão ocupadas demais com os crimes de guerra e a restauração da ordem para se preocupar com papéis de importação-exportação."

"Tem algum lugar em mente?"

"A zona ocupada."

"Você fala a língua?"

"Todas elas."

Ângelo voltou naquela noite para a terra da opressão. Para entrar sem ser percebido, vestiu o macacão dos gráficos e se escondeu em um vagão de carvão que chacoalhava lentamente para o norte. No momento em que o trem guinchou no enorme terminal, ele saltou fora e saiu em busca de um oportunista que, em troca de um vidro de azeitonas, lhe daria o caminho das pedras. Logo ele estava negociando em um canto suspeito com um homem de Dachau ligado ao comércio de cigarros, que lhe avisou que o homem indicado era um cabo mascador de chicletes, com uma predileção por iguarias; chamava-se Bignotti. Ângelo localizou o homem e viu seu ar carrancudo se desmanchar ao receber o vidro de azeitonas e vinho tinto Barolo. Bignotti perguntou o que ele queria e, com um sinal em sua prancheta, destinou-lhe um quiosque, que era um buraco encravado na parede, ao lado da entrada da estação.

Dois dias depois, ele abriu às sete para o café da manhã. À hora do almoço, a fila se estendia até a metade do átrio. Depois de um delicioso gole, Bignotti pediu para comprar a máquina de Ângelo, quando fosse desmobilizado. Ela seria ótima, ele considerou, na *trattoria* de seu irmão ao sul de Milwaukee. "Qual é a urgência?", perguntou Ângelo. "Seis, sete semanas", respondeu o cabo. "Perfeito", pensou Ângelo.

Vendendo a máquina para Bignotti em troca de uma mala estufada de dólares, colocou um aviso de "Volto logo" no quiosque e pegou um vagão de carvão vazio de volta para o sul, com todos os seus sonhos sob a cabeça adormecida. Na manhã seguinte, entrou no bar de Jovanka quando ela estava tirando as cadeiras de cima das mesas e arrumando-as para o trabalho. Usava o colar que ele dera. "Partimos amanhã", ele avisou.

Com uma trouxa dos escassos pertences dela e um saco de batatas com o dinheiro dele, pegaram o trem para Milão e, ao chegarem na manhã seguinte, lavaram-se nos suntuosos banheiros públicos da estação monumental.

"E agora?", perguntou Jovanka.

"Vamos às compras."

Em uma galeria de lojas da moda coberta com vidro, oposta à famosa casa de óperas, Jovanka parou para admirar uma criação em verde-claro e lilás, com uma grande rosa de algodão acima do busto reproduzido em gesso. Ângelo a apressou para dentro, com um braço possessivo em torno de seus ombros curvos.

"Experimente."

"Não posso."

"Por favor, por mim..."

Ela saiu por detrás da cortina do provador transformada, não mais encolhida, mas altiva com uma carga erótica. "Vamos ficar com ele", disse Ângelo, sem se incomodar em verificar o preço. "Sapatos lilases para combinar?"

"Mas..."

"Por favor, por mim..."

"Como é que você pode pagar por isso?", ela cochichou.

"Trabalho honesto", ele piscou. "E você vai ser minha sócia."

Parando para comprar para si mesmo um chapéu escuro de aba larga, levou Jovanka ao cabeleireiro para um tratamento facial completo que esconderia a embrutecedora verruga. Na hora do jantar, pegaram uma mesa no Café Gaggia. O proprietário, fazendo uma grande mesura, cumprimentou Jovanka por sua clássica beleza e compleição impecável. Inclinou-se duas vezes quando Ângelo lhe entregou, em maços, metade dos dólares que ganhara com a venda de uma máquina. "É o bastante", exclamou Gaggia, "para comprar um restaurante familiar em Rimini."

"Há mais lá de onde isso veio", disse Ângelo.

Com três máquinas e uma saca de café, pegaram um noturno de primeira classe para a populosa metrópole. "O plano é o seguinte", disse Ângelo segurando Jovanka nos braços sobre a estrepitosa ferrovia. "Sempre que precisarmos de máquinas ou de grãos de café, você irá de primeira classe até Milão com toda sua elegância. Com a sua aparência, ninguém poderá confundi-la com uma contrabandista."

"Mas..."

"E todas as vezes que você for para lá, comprará uma roupa nova."

"Mas..."

"Sem mas, meu amor. Você conquistou os privilégios da beleza."

Eles se instalaram no quiosque e trabalharam duro até que Jovanka conseguisse alertar Ângelo para o defeito no seu plano e, quando ela o fez, ele bateu a cabeça com horror e desânimo. "Você tem razão", ele disse. "Onde é que eu estava com a cabeça? Como é que eu poderia deixar uma linda mulher viajar sozinha em tempos como estes? E para mim é impossível ir com você – não podemos arcar com o fechamento do quiosque."

"Deixe comigo", disse Jovanka. "Acho que tenho a solução."

Ela o mandou encontrar uma dupla de sérvios, ladrões de dólares, na plataforma 13. "Vá com seu chapéu preto novo e um pouco de enchimento sob o ombro esquerdo", ela instruiu.

"Para quê?"

"Eu disse a eles que você é da Cosa Nostra – a máfia siciliana. Esses rapazes são bandidos, mas não são idiotas. Uma olhada para o seu Borsalino e a sua saliência e eles ficarão bem calmos."

Ela tinha um faro para a vulnerabilidade masculina, aliado a uma alegre disposição e incansável ingenuidade. Pendurou tapetes de *kilim* nas paredes do porão que eles alugaram, e servia a refeição da noite em pratos decorados. Aos domingos, assava pães. Pelo relato de Ângelo,

Jovanka era um modelo de virtude, e ele teria ficado feliz de passar o restante da tarde discorrendo incansavelmente sobre suas inúmeras qualidades, regozijando-se por sua própria virilidade ao ter conquistado tal deusa em forma humana.

"Você vê, Leonardo", disse ele radiante, "seu amigo é um homem de sorte, abençoado com o amor de uma boa mulher, bem-sucedido nos negócios, vendendo xícaras de café de um guichê e máquinas de café para o mundo. Já temos Gaggias em dezoito dos quarenta e oito estados americanos, onde Marcello Bignotti é meu agente. Logo os ianques irão para casa e nós venderemos para os suíços, os suecos e os sauditas, a qualquer um que aprecie um bom café e tiver dinheiro na mão. No ano que vem vamos abrir um café com mesas na Prince Regent Street. Em três anos, eu e Jovanka compraremos um hotel perto do mar e teremos lindos bebês que se tornarão tenores de ópera e modelos das casas de moda, ou apenas pessoas comuns, sem grandes ambições, que nunca precisarão saber o que sua mãe e seu pai sofreram."

Paul deu uma olhada no pulso, levando Ângelo a estapear a testa. "Mas você, *mio caro*, você deve estar exausto da viagem de trem e eu não deixei que dissesse uma palavra. Tão grosseiro da minha parte, mas é que estou tão animado! Fico aqui dia após dia na beirada da estação, olhando todos que passam, procurando velhos amigos, velhos inimigos. Ninguém escapa aos meus olhos."

"Quem você viu?"

"Você se lembra de Vremi, com o problema no pé? Ele passou a caminho da França. Dragan, o sérvio, e dois ou três outros. Mas eles não são o meu Leonardo, o meu mestre, meu professor, meu amigo. Me diga, caro Leonardo, me diga o que aconteceu com você desde a última vez que nos vimos. Onde você mora? Você me parece bem. Encontrou trabalho?"

Paul fez um breve e insípido relato de seus feitos, antecipadamente ensaiado para um eventual encontro com aqueles que deixara para trás.

Contou que desmaiara ao deixar o campo, tendo sido socorrido e cuidado, sem dizer onde. Não sabia como Ângelo reagiria ao fato de ter permanecido na aldeia, ao lado do campo. Confessou como teria feito a um inspetor de imigração, limitando-se ao essencial, não se comprometendo em nada: casado, com um filho, trabalhando em sua profissão. Ângelo, enxaguando as xícaras, não interrompeu. Paul sabia que estava sendo julgado. Nunca conseguira interpretar a expressão ou o temperamento de Ângelo, nunca fora tão próximo dele quanto do Professor ou do pobre Janko e não estava interessado em ser seu amigo. Lembrava-se de Ângelo como alguém às vezes efusivo, às vezes indefinível, nunca transparente em seus motivos. Tinha que tomar cuidado sobre aonde aquilo poderia levar. Exercendo função pública, Paul não poderia se permitir alguma confusão empresarial com conhecidos do passado; e, como sobrevivente, a última coisa que queria era recapitular velhas mágoas.

Ângelo era o primeiro companheiro do campo que encontrava em três anos, e não tinha vontade de vê-lo novamente. Não tinham nada em comum, a não ser uma provação. Paul sabia que precisava se levantar, trocar um aperto de mão e ir embora. Isso seria a coisa sensata a ser feita, foi o que disse a si mesmo, mas o desejo o deteve. Seus olhos estavam transfixados por um brilho de metal e suas narinas tremiam com a excitação do café. Paul se apaixonara pela máquina de café de Ângelo e queria ter uma. Ele a instalaria na Corça Sorridente e atrairia visitantes a quilômetros de distância. Era exatamente o que a pousada precisava como propaganda de seu conforto moderno. Paul mexia-se na cadeira, pensando na melhor maneira de fazer uma oferta. Ângelo voltara a falar sobre sua amada – "venha jantar e experimente sua insuperável costeleta de vitela e a sobremesa de merengue". Paul, ambivalente, se declarou vegetariano. "Sem problemas", disse Ângelo. "Ela faz um magnífico macarrão com molho de tomate." Eles marcaram para sábado à noite e estavam a ponto de fechar, quando Paul impôs uma condição.

"Sem lembranças no jantar, OK?", ele decretou.

"Exatamente o que Jovanka diz", exclamou Ângelo. "Passado é passado e nós, sobreviventes, não temos o direito de ter autopiedade. A piedade e as histórias pertencem aos que morreram."

O dono do café insistiu em acompanhá-lo até o endereço que Alice dera como o do primo Hofmann, suficientemente perto da estação para ir a pé e bastante perigoso, com ladrões e crateras, para não ser percorrido sozinho. Ângelo andava empertigado pelo entulho, com a habilidade de uma mula alpina. Casas destruídas dos dois lados da rua fervilhavam com mulheres de avental e meninos de joelhos de fora, que passavam em silêncio, de um para outro, tijolos e água. O centro da cidade estava se levantando, piso por piso, das ruínas da guerra.

Paul o deixou com um abraço no portão de uma casa de dois andares, o piso superior sem telhado, mas a fachada intacta. Um homem perneta veio até a porta, resmungando que não tinha conseguido ir recebê-lo na estação por conta de sua invalidez. Mostrou a Paul onde colocar sua bagagem e onde deitar a cabeça à noite. Uma exibição das linguiças e queijos da mala vinda do campo abrandaram sua recepção para um prolongado queixume sobre a inutilidade de sua pensão e a ausência de sua esposa, que trabalhava ao lado das mulheres do entulho, para que eles tivessem comida e combustível. Paul se ofereceu para pagar aluguel por sua estada, aliviando o ambiente para uma quase cordialidade. Um par de garrafas de cerveja se materializou sob a cama conjugal. Paul procurou ver alguma semelhança do primo com Alice, e não encontrando nenhuma não lhe deu mais atenção, concentrando-se no volume de trabalho a ser feito.

O reaprofundamento no estudo técnico assinalou uma volta à vida estudantil que pertencia a outro Paul. Encontrar os livros adequados em uma biblioteca da universidade, sentar-se em uma longa mesa e fazer anotações em um caderno em espiral era uma experiência bifurcada: uma metade de Paul suava sob a pressão dos exames, a outra no governo de uma cidade. Conciliar as duas era impossível, mas a experiência não era desconfortável. Decidiu que era a mesma sensação de um velho casal que voltasse a se hospedar no hotel onde havia passado a lua de mel, encontrando-o substancialmente o mesmo.

Descobriu um aliado prestativo na figura de um bibliotecário de monóculo da universidade, parecido com o tipo que conhecera em sua cidade; um homem apreciador de uma formação acadêmica sólida, que o orientou para a literatura relevante sobre planejamento e que, gostando de sua seriedade, fez sugestões sobre uma leitura periférica que Paul, de outro modo, não teria considerado, mas que, segundo o bibliotecário, poderia ampliar suas perspectivas.

Dispondo de uma incrível lista de leitura, Paul relutava em perder tempo em um drinque após o trabalho, mas o bibliotecário era insistente e, resguardado em sua *Stube* favorita, apresentou seu convidado do interior para um escriturário do Ministério da Habitação, meio polonês por parte de mãe, que se prontificou a providenciar um volume com os regulamentos municipais, passados e presentes, sublinhando todos que tivessem ligação com o propósito de Paul. Tratava-se de um atalho bem-vindo. Durante vários dias, os dois funcionários guiaram Paul por um emaranhado de restrições, ajudando-o a completar sua pesquisa mais rápido do que ele esperava. Uma rodada de cafés no Ângelo e o presente de suas últimas linguiças suínas resultaram em maiores vantagens. O escriturário prometeu colocar seus requerimentos no alto da pilha. O bibliotecário fez ainda melhor. Na manhã seguinte, antes de começar a trabalhar, levou Paul por uma estreita rua lateral até o que parecia ser um monastério medieval, descendo por um corredor de celas onde se encontrou com três homens de aparência comum, que, segundo murmurou, eram os principais sinaleiros dos recursos públicos, com poderes de acender uma luz verde de aprovação para esquemas vantajosos, eliminando meses de audiências com comitês. Esses três camundongos grisalhos estavam agarrados a seus cargos, de governo em governo, recusando todas as ofertas de promoção pessoal e de enriquecimento. De dentro de uma célula monástica, supervisionavam a terra destruída do alto de um princípio. Em meio a um copo de chá fraco, Paul perguntou se eles conheciam Alvar Aalto. Dois assentiram e o terceiro assentiu com um encorajamento. Paul contou que seu doutorado fora sobre o finlandês e que estava projetando um condomínio baseado em Aalto para sua nova cidade, um empreendimento incrementado com luz natural e dimensões orgânicas. Um zumbido de aprovação vibrou pelo buraco de rato e Paul percebeu que tudo ia dar certo.

O sucesso foi acompanhado por um cansaço extra. Sua cabeça pulsava com o excesso de informação e com o barulho do trânsito, e suas costas doíam por ter ficado curvado em um banco de biblioteca. Não via a hora de estar de volta em um beco do interior, onde poderia organizar seus pensamentos ao som dos pintarroxos. A pressão era constante, os dias curtos demais. Suas mãos tremiam pela intensidade. Não tinha lugar para relaxar.

Todos os dias, corria para a central do correio, onde uma carta de Alice o aguardava, cheia das façanhas de Johann; algumas vezes, havia também notícia de Lisl sobre um livro que acabara de ler e sobre outros que queria que ele comprasse. Respondia em um cartão-postal, com um olho no relógio para pegar o próximo compêndio. Apressando-se pelos balcões lotados, abria caminho até a saída em meio à garoa, prestando atenção em onde punha os pés, enquanto a cabeça zunia por camadas e camadas de regulamentos, lógicos e triviais, todos precisando ser cumpridos antes que o primeiro tijolo pudesse ser colocado.

Paul gostava de regras. Gostava da colisão entre uma visão rebelde e os padrões legais, porque era no acatamento de leis fixas que a inspiração se punha à prova e uma ideia se viabilizava como um projeto de benefício geral. Todos os obstáculos que ele superava, todas as condições que cumpria o faziam subir um degrau em direção a um objetivo que reluzia como o Taj Mahal ao crepúsculo, o ápice da arquitetura. Ele se referira ao ponto onde a visão era endossada pelas regras como seu "momento Leonardo da Vinci", a prova derradeira; e quando seu tio lhe disse que os arquitetos eram uma coisa banal e que ele não era de uma genialidade surpreendente, Paul respondeu que qualquer homem que conseguisse fazer de um esboço uma construção a ser habitada tinha em si um gene altamente criativo, de *cratio ex nihilo*, algo a partir do nada. Nenhuma brutalidade ou revés arrefeceria o orgulho que Paul sentia por sua vocação.

Imerso em pensamentos, ele caminhava todas as noites até a cabana do parente de Alice, onde uma refeição fria o aguardava em uma mesa sem toalha. Ciente de que a comida era insípida e que a conversa com o primo aleijado não tinha sentido, pegava caminhos cada vez mais longos na volta para casa. Apesar dos avisos do bibliotecário e do escriturário ligado à habitação, ele não tinha medo das ruas desprotegidas e pouco se importava com sua segurança pessoal. Não tinha sobrevivido a um campo de concentração para acabar vítima de um crime urbano. Andava com confiança crescente pelo entulho e não se incomodava em conferir ruídos súbitos, que eram muitos.

Quando um crepitar de pneus terminou com um veículo brecando a seu lado, continuou andando, descuidado. Uma porta se escancarou e o mandaram entrar.

"Prefiro andar", disse Paul, acreditando ser uma brincadeira de Ângelo.

"Suas preferências são secundárias", disse a voz de maneira arrastada. "Por favor, entre."

"E se eu recusar?"

Luzes de farol destacaram um cano de arma reluzente barrando o seu caminho. "Não acho que possa se dar a esse luxo", disse a voz com um sotaque que soava como pertencente a alguém de classe mais baixa, ou a um gerente-assistente de um grande hotel.

"Minha mãe me disse para nunca pegar carona com estranhos", disse Paul. "Ou dispare esta coisa estúpida ou a tire do meu caminho."

A luz era fraca, a rua, deserta. Ele podia ter levado um tiro e ser empacotado para dentro do Buick, ou ser deixado sem socorro até de manhã. Assobiando a frase de abertura de uma mazurca de Chopin, contornou a arma e continuou caminhando.

"Escute aqui, meu caro amigo", disse a voz oscilando. "Tinham me dito que o senhor poderia ser um pouco resistente, mas isso é ridículo. Seja sensato, suba e tudo será explicado. Minhas desculpas pela intrusão, faremos as apresentações formais. Fui enviado por um amigo seu para buscá-lo, um homem de muitos nomes, alguém que o senhor reconhecerá. Ele está ansioso por voltar a vê-lo e eu garanto que vai achá-lo agradável. É um homem rico e de bom gosto, um protetor das artes. Fará com que tenha uma noite muito agradável e providenciará para que chegue em casa em maior segurança do que o faria se continuasse andando por esta rua, um verdadeiro covil de bandidos – ninguém o avisou?"

"Tenho que andar um pouco mais", disse Paul. "Pode me apanhar em cinco minutos no final da avenida, na esquina da direita."

"Tomarei a liberdade de ir dirigindo logo atrás de você com a arma para fora."

"Como quiser", disse Paul.

Três homens de jaquetão ocupavam o veículo, cada um deles dando "boa-noite". Guiaram durante um tempo em círculos para confundir Paul quanto à sua direção. A chegada foi marcada por uma súbita virada à esquerda e uma pisada nos freios.

"Permita-me, senhor", disse o chofer uniformizado, abrindo a porta do Buick e iluminando o caminho com uma lanterna de mão. Havia um lance de escada até uma nada auspiciosa porta de porão. Uma série de batidas, sete e cinco, depois três e quatro. A porta de ferro se entreabriu e um par de olhos cautelosos esquadrinhou Paul da cabeça aos pés. Dentro, a decoração era laranja e malva, os matizes decadentes de uma casa de sexo. Na extremidade do fundo havia um palco e à direita um bar, seus bancos altos ostentando garotas em estágios relativos de nudez. Cartazes de cinema emoldurados enchiam as paredes, e o espaço estava pontilhado de mesas para dois, as cadeiras arrumadas de frente para o palco, onde duas mulheres cruzavam as línguas ao som de um saxofone em surdina. Não havia clientes, a noite estava começando. "Por aqui, por favor", disse o guia de Paul, conduzindo-o pelo lado esquerdo da casamata até uma porta de aço à prova de balas.

"Entre!", exclamou uma voz. Ele foi introduzido em um imperioso cômodo com luz néon, uma nuvem de charuto encobrindo seu habitante.

"Embaixador", ribombou a voz, "você deixou os canibais esperando."

"Professor!", engasgou Paul, recebendo um abraço de urso de um homem rechonchudo em um terno e óculos. Ele devia ter imaginado que seu velho colega de barracão o rastrearia, e não estava nem um pouco surpreso por encontrar o antigo técnico de laboratório ocupando-se de metáforas gastas e favores sexuais em um descorado clube noturno. Soltando-se do aperto, sentou-se em uma cadeira estofada que poderia ter sido uma Luís XIV, mas que, com certeza, era uma reprodução.

"Cuidado com as pernas", disse o anfitrião, esfregando um ponto imaginário no costume de veludo.

"A corte do rei sol?", arriscou Paul.

"Um primo próximo", riu o romeno.

"O senhor está com os canibais, Professor?"

"Como você vê, negocio com carne viva – é mais lucrativo do que matar e comer."

"Isso é de mau-gosto", disse Paul. "Podemos desistir da brincadeira? Está ficando rançosa."

"Como nossa antiga amizade", disse o Professor; e Paul percebeu que seria levado a se confrontar com a simples verdade e com as possíveis consequências que ela traria.

Os dois se entreolharam através de uma neblina azul. Uma loira alta entrou com uma garrafa de vinho borbulhante e duas taças *flute* em uma bandeja de prata. Paul não pode deixar de notar que ela não usava absolutamente nada sob um curto quimono estampado de preto e amarelo.

"Você a quer?", perguntou o Professor, indiferente à presença da garota. "Ela se chama Úrsula. Tinha 16 anos quando começou. Seu pai, o conde Waldstein, foi quem a trouxe aqui. Sangue-azul como tinta, mas um pouco chegado demais ao velho regime, se entende o que eu digo. Vai ter que manter a cabeça abaixada até que os mandados de prisão desapareçam e ele possa voltar a mostrar o rosto nos cassinos em Monte Carlo."

"Você está abrigando um criminoso de guerra e cafetinando a filha dele?"

"Dou com uma mão e tomo com a outra."

"O que aconteceu com o seu grito de guerra: 'A vingança me pertence, disse o Senhor'."

"Não o trouxe aqui para me recriminar, querido Pavlov", disse o Professor.

"Então por que se deu ao trabalho de me buscar na rua?"

"Queria ver o que foi feito de você."

"Bom, agora você sabe."

"Me contaram que você vive na pousada da aldeia da morte."

"Quem disse isso?"

O barrigudo o ignorou. "Por que você continuou lá?", perguntou.

"Porque me acolheram quando eu estava morrendo."

"As mesmas pessoas que ficavam sentadas ao ar livre na cervejaria nos olhando morrer todos os dias?"

"Exatamente as mesmas."

Paul assoou o nariz, aliviado por ver exposta a sua traição, enquanto devolvia o lenço para o bolso traseiro de sua calça. Não havia mais nada a esconder, e o Professor não estava em condição de fazer um julgamento moral. Percebeu que também poderia partir para a ofensiva.

"Acho que valeu a pena sobreviver", sorriu desdenhoso, "para mascatear carne e proteger assassinos."

"É um jeito de ganhar a vida", o Professor sorriu.

"Como soube que eu estava aqui?", perguntou Paul.

"Ângelo me contou. Ele trabalha para mim. A maioria das pessoas dessa cidade pecaminosa trabalha para mim. Ou então me pagam pelo direito de trabalhar para alguém."

"Que tipo de trabalho?"

"Mercado cambial, material de construção, combustíveis. Mantenho o mercado negro funcionando e os preços razoáveis. Graças a mim, as construções acontecem, e as pessoas têm onde morar. Já não precisam vender seus móveis, suas filhas e suas esposas."

"Exceto para você."

"Os soldados precisam trepar. Os civis precisam comer. É feita uma transação e eu levo um tanto. Uma menina que trabalha precisa de um médico, eu encontro um. Um médico precisa de penicilina, eu arrumo. O hospital precisa de carvão, eu entrego. Sou o distribuidor central de produtos básicos."

"Você é um cafetão", disse Paul.

"Um empresário", disse o Professor. "Organizo todos os tipos de divertimento, de concertos de música clássica a sexo ativo. Forneço saídas para alívio, sem os quais a malha da sociedade se desfiaria e cada um tomaria o que quisesse sob a mira de uma arma."

"Como o que você fez comigo esta noite..."

"De fato."

"Mas sua justificativa moral é duvidosa."

Paul se lembrou de quanto não gostava da propensão do outro homem a locuções vazias e verborrágicas, um disfarce para uma educação inadequada. Havia muita coisa no Professor que ele nunca apreciara. Em determinado momento, eles tinham se ajudado mutuamente para que se mantivessem vivos, mas isso não os tornava amigos. As suspeitas de que ele sempre sufocara agora se escancaravam. Devia ter se divertido menos com a satisfação do outro homem em ser chamado de Professor, quando não passava de um lavador de frascos em um laboratório de patologia. Devia ter sido mais circunspecto em relação ao bebê que ele gerara, quando sua descrição sobre a trapalhada no armário de vassouras da Academia de Ciências soara mais como um estupro. Ele confiara no Professor apenas enquanto precisava de suas qualidades complementares. Agora, quanto mais ele olhava aquele homem, menos queria respirar o mesmo ar pesado. Decidiu dar um fim ao encontro o quanto antes, para seu próprio bem-estar e autoestima.

"O mundo", disse o Professor majestosamente, rolando as cinzas do seu charuto em um prato quadrado de vidro sobre a escrivaninha, "está na iminência de uma transição inexorável. Estamos gravitando das regras militares para a administração civil. Um novo começo. Os negócios precisam acompanhar os tempos, então estão transmutando minhas operações para entidades legais com passivos limitados, acionistas e toda a parafernália de respeitabilidade. Estou me tornando legal, como dizem nossos amigos americanos."

"Você será um pilar na nova sociedade."

"Se preferir. Estou percebendo uma censura velada?"

"Quem sou eu para censurar?", exclamou Paul.

"Quem de fato?", disse o Professor, e um silêncio caiu entre eles, espesso como uma bruma. "Como?", começou Paul, quebrando o impasse.

"Como é que eu me tornei um contrabandista de armas, um traficante de drogas, um corruptor de inocência?"

"Não quis dizer isso. Não tenho o direito."

"De qualquer modo, vou contar." O Professor sorriu como se tivesse esperado muito tempo por aquela oportunidade. "Vou contar a partir do momento em que você nos abandonou de um jeito tão egoísta."

Mal se mantendo vivo quando os libertadores chegaram, "esgotado pela disenteria e pela desilusão", nas palavras dele, o Professor foi levado às pressas para a casa de convalescença onde ficou semiconsciente durante dias. Assim que conseguiu sentar e se alimentar com algo além do que vinha de um tubo, pediu que sua cama fosse mudada para um lugar mais privado, no final do pavilhão, contra a parede da sala de enfermagem. Lá ele ficou deitado, ouvindo como uma raposa em uma coelheira, atento a todos os sons. Algo não estava certo com um dos enfermeiros, que deixava cair urinóis e bandejas de refeição. Ouvindo pela parede, escutou quando um médico chamou o enfermeiro por um nome famoso, um que pertencia a um antigo líder político, famoso por seus discursos inflamados. O demagogo tinha escapado no momento exato e precisava de um último aliado que o atravessasse na fronteira do sul, onde amigos o esperavam. Tinha uma bagagem pesada e estava procurando um caminhão para roubar. Uma ambulância seria o ideal. Ofereceu ao médico duas barras de ouro em troca de uma seringa cheia de tranquilizante que ele pudesse injetar no motorista antes de fugir com seu caminhão. O médico queria cinco. Chegaram a um acordo com quatro. O demagogo não tinha tempo a perder. Seu nome estava próximo ao topo da lista de procurados da ocupação e sua cabeça trazia uma recompensa de um milhão de dólares.

O Professor sabia que tinha que ser duas vezes mais rápido. No meio da noite, gritou para ser levado ao lavatório. O ministro derrubado estava sozinho de plantão na central de enfermagem. Contraindo o rosto com aversão, segurou o paciente pelo cotovelo e o guiou, passo a passo, devagar, até o cubículo no final do corredor. Uma vez lá dentro, o Professor agarrou o político pelo pomo de Adão. "Sou sua esperança, sua salvação", sussurrou.

"O quê-ê-ê?", grasnou seu prisioneiro.

"Metade do seu ouro ou eu entrego você."

O ex-ministro, com cinco linhas vincadas na testa como uma pauta musical, pediu tempo. "Uma hora", disse o Professor. "O comandante entra em serviço às sete. Deixei uma nota em sua mesa, informando-o sobre sua identidade. Coloque o ouro para mim em uma ambulância e eu o trocarei pela nota. Espero duzentas barras.

Antes do amanhecer, o Professor estava sendo levado por um cúmplice para fora da floresta, em uma velocidade temerária. "Meu primeiro roubo bem-sucedido." Ele sorriu.

"Você não tinha o direito!", disse Paul precipitadamente.

"Não tinha o direito a quê? A uma compensação? A tomar de volta o que roubaram de nós? A tomar antes que alguém o usasse contra nós?"

"Você não tinha o direito de livrar o assassino."

"Poupe-me da relatividade moral, meu amigo; não leva a nada. Antes da guerra ouvi uma palestra altamente inspiradora do grande professor Einstein, e o que foi que aquele gigante nos deu? A nuvem de cogumelo. Portanto, engula e poupe-me do sermão, porque você não tem o monopólio de certo e errado, e qualquer valor que tenhamos compartilhado algum dia desapareceu em uma fossa de cal ou foi pregado na porta de uma igreja em algum lugar da sub-Carpácia."

"Como você se atreve...", esbravejou Paul, saltando sobre os pés, ultrajado.

"Me atrevo a quê?", retorquiu o Professor. "Me atrevo a mencioná-lo, a lembrar, a levantar de manhã vivo e respirando e fingindo ansiar por um novo dia? Você deve estar certo, Pavlov. Não tenho o direito de estar vivo, nem você. O que vimos e fizemos nos desqualifica a inalar

O_2. Mas até chegarmos a essa conclusão, podemos igualmente tomar o que pudermos e viver nosso momento, tentando não transmitir o que vimos para as outras gerações, limitando suas expectativas de vida."

"Agora você está sendo ridículo", retorquiu Paul. "É claro que temos o direito de viver e o dever de informar à próxima geração. Tenho um filho..."

"Parabéns. E o que dirá a ele?"

Paul baixou os olhos.

"Exatamente", disse o Professor. "Não dirá nada, nem a ele, nem a sua esposa, e nem, no seu leito de morte, a seu confessor. Levará essas coisas com você para o vazio, porque elas não podem ser compartilhadas com ninguém que não as tenha suportado a seu lado, como Ângelo e eu. Nós, os poucos escolhidos, somos os únicos que podemos falar disso e não falamos nem entre nós por medo de poluir o futuro."

"E você?", desafiou Paul. "Você também tem uma criança."

O homenzinho por detrás da escrivaninha tirou um relógio do bolso de seu colete. A parte de trás se abriu de um salto, mostrando um lindo sorriso onde faltava um dente.

"Vou assumi-la", ele resmungou. "Ela tem 6 anos; nunca a vi."

"Como você vai tirá-la?"

"Do jeito de sempre."

"E a mãe?"

"Aceitou uma quantia em dinheiro."

"Você vai separá-la da criança?"

"Ela concordou com a transação."

"Ela vai voltar a ver a criança?"

"Duvido, assim é menos angustiante."

"Primeiro o estupro, depois o roubo da criança. Você não tem sentimentos?", exclamou Paul.

"Apenas os que preciso para me fazerem atravessar a noite, do crepúsculo ao amanhecer."

"Então você não dorme bem."

"Você dorme?"

Outro silêncio se abateu, dessa vez de solidariedade. Quando o Professor retomou a conversa, foi num tom que os presidentes das empresas usam ao expor um relatório anual para investidores institucionais, destacando as margens de lucro e encobrindo juízos errôneos. O sucesso, ele contou, tinha sido alcançado a duras penas. O mercado pós-guerra era organizado dentro de limites estritos. Os antigos prisioneiros dos campos controlavam as garotas e o tabaco; os desertores do exército de ambos os lados lidavam com materiais de construção, motores e vistos; os oficiais do antigo regime, caídos em desgraça, detinham a franquia das bebidas e as negociatas com moedas estrangeiras. Dava para ganhar fortunas. O jornal *Star and Stripes* relatou que em seis meses os soldados americanos haviam mandado para casa onze milhões de dólares a mais do que o que ganhavam no exército – e isso não incluía os equipamentos científicos, as antiguidades valiosas e os trabalhos de arte que tinham saqueado. "A propriedade era mais importante do que a lei", disse o proprietário do clube.

Os homens matavam à vontade e a troco de nada. Era mais fácil conseguir uma arma do que um bom vinho e igualmente fácil destroncar um pescoço. Ao escurecer, uma carroça de lixo recolhia os corpos da sarjeta. "Escapei por um triz algumas vezes", confessou o Professor. "Amigos do demagogo disfarçado vieram me pegar. Pulverizaram meu carro de balas, puseram uma bomba na porta do meu clube, tornaram as coisas estranhas. Um dos meus *barmen* teve a carótida cortada enquanto estava na fila dos selos na central dos correios. Sangrou em silêncio até a morte no chão de mármore, enquanto a fila se abria para a direita e para a esquerda, como o mar Vermelho para os israelitas. Era um homem marcado, precisando urgentemente de proteção. Foi aí que apareceu Janko."

"Janko!", exclamou Paul. "Pensei que estivesse morto!"

"Não que eu saiba. Ele foi um dos que guiaram para mim quando atravessei a floresta."

"Ouvi que ele tinha sido morto por uma fazendeira que gritava ter sido estuprada."

"Não, esse foi Tibor, um dos garotos húngaros. E ele não foi morto, só salpicado com chumbinho. Muito afáveis esses garotos húngaros. Não como nosso colega Janko."

"Onde ele está? Posso vê-lo?", perguntou Paul, lembrando-se da declaração de amor do jovem.

"Está por aí. Em construção. Onde eu parei?", perguntou o Professor, irritado com a interrupção.

"Você estava no chão ensopado de sangue do correio."

"Eu não. Isso aconteceu com o meu *barman*. De qualquer modo, foi aí que Janko lançou sua campanha de proteção."

O jovem tcheco, nervoso pela necessidade de lutar, formou uma guarda pretoriana para o Professor. Recrutou sem preconceito – sobreviventes do campo, criminosos comuns e assassinos treinados pelo exército – e pagou sua lealdade com lingotes de ouro. Formou duas unidades de seis homens cada uma e os treinou com precisão operacional. O primeiro ataque, ocorrido antes de terminar a semana, foi amplamente comentado por sua barbaridade. A receita foi devidamente repetida. Nas seis semanas seguintes, dezessete amigos do demagogo disfarçado foram encontrados em sarjetas com a garganta cortada, língua e genitais extirpados. Um pacote benfeito com as gônadas foi entregue em questão de horas, por bicicleta, nas casas das esposas, pais e parentes próximos. "Obteve o efeito desejado", rangeu o Professor. "Seis antigos ministros se entregaram ao exército de ocupação, para não serem arrancados de seu esconderijo pelos entusiasmados castradores de Janko. O conde Waldstein, emissário de um fugitivo ministro da Justiça, veio ao meu covil com um acordo de paz imediato e incondicional. Tenho o pedaço de papel na minha gaveta, e desde então tenho colaborado com os bastardos sem maiores problemas."

Paul se atrapalhou em uma algaravia enfurecida. "Como posso deixá-los viver?", retorquiu o Professor. "Simples: cansei de vingança. Um assassinato é muito parecido com outro e organizá-los é uma dor de cabeça logística. Embora só tenhamos dois casos de engano de identidade em quinze eliminações bem-sucedidas, o risco de erro aumentou como aconteceria em qualquer roleta-russa. De qualquer modo, a guerra foi ganha. Consegui tudo o que queria, que era ser deixado em paz. Assim, me dei por satisfeito e parti para a coexistência."

"Não existe mais 'a vingança é minha'?", perguntou Paul.

"Chega", disse o Professor. "Chegou a um ponto em que eu me sentia entorpecido quando um ataque era concluído. Isso não está certo. É preciso sentir alguma coisa quando um homem é morto, você não acha?"

"Foram eles que nos ensinaram a não sentir nada", reagiu Paul.

"Não a mim", disse o Professor. "Eu peguei pelo lado pessoal. É assim que sou. Quando deixei de sentir, sabia que tinha que parar. A partir daquele dia, se alguém me incomodasse, eu mandava que o machucassem, mas sem matar. Eu não podia enfrentar o entorpecimento, entende?"

"Você não vai mais matar?"

"Não."

"Sob nenhuma circunstância?"

"Nunca."

"E se você vir um dos nossos guardas, o careca que atiçou os cães em Varady, ou o gordo que atirou em Berkovich?"

"Eu perguntaria se ele estava procurando trabalho. Tenho sempre espaço para um segurança extra. Ouça, amigo, passado é passado. O século já está na metade, e o mundo está se recuperando. Logo todos estarão construindo e vendendo, comprando e investindo. Quero estar bem nessa retomada, ser um investidor, um facilitador, um cidadão responsável que manda sua filha para uma escola de freiras e assiste à sua peça de Natal com um sorriso no rosto tão largo quanto o Bósforo. Estou quase largando o contrabando, as artimanhas de proteção se acabaram e a prostituição não passa de uma dor de cabeça atrás da outra, se é que entende o que eu digo. A garota que encheu o seu copo, Úrsula, até onde eu sei é virgem. Eu a emprego como acessório decorativo. Os joões-ninguém, que no final do ano estarão governando o país, ficam impressionados que seus drinques sejam servidos por uma jovem condessa nua, a quem eles podem gratificar, mas não tocar."

"Mas você a ofereceu para mim", protestou Paul.

"Para amigos eu abro uma exceção."

Paul não sabia o que podia ser verdade e o que era provocação. Um show estava sendo apresentado em sua homenagem. O apresentador era um homem que ele já conhecia. Quem era e o que fazia? Ele chamou Paul de "amigo", o que era e sempre tinha sido uma mentira.

"Então, o que você quer de mim, meu caro amigo?", perguntou Paul.

"Por que eu sequestrei você?"

"Exatamente."

"Para comprovar que você estava vivo e bem, querido Pavlov. Para ver se nosso diálogo merecia prosseguir. Para recomendá-lo em seu projeto de construção. Para perguntar se você precisa da minha ajuda para alguma coisa."

"Como você pode ver", disse Paul, entrelaçando as mãos com força para que elas parassem de tremer com fúria pela arrogância do outro homem, "estou vivo. Tenho uma família. Exerço a minha profissão. Não olho para o passado. Não tenho vontade de me reunir com os antigos colegas e cantar em volta da fogueira do campo. Quando o passado é ignóbil, tem que ser apagado. Como você, olho para a frente.

Quanto ao meu projeto como construtor, preferiria que, com todo respeito, você não prosseguisse com seu interesse."

"Como quiser." O Professor sorriu, apagando seu charuto. "Estou feliz que você tenha se encontrado e não farei uma visita à sua casa. Tenho certeza de que você entenderá a razão da minha resistência."

"Eu desmaiei lá", protestou Paul. "Fui levado para dentro e salvo de uma morte certa. Foi por isso que fiquei – não há outra razão –, por aquela pessoa que foi boa para mim."

"Não precisa se justificar", disse o Professor altivamente. "Um homem faz o que ele precisa."

"Você não entende", insistiu Paul, impelido por uma necessidade de convencer a sombra que tinha deixado para trás. "Eu tenho uma obrigação para com a pessoa que me salvou. Eu lhe devo. Por que outro motivo eu me estenderia naquele lugar? E quem pode dizer quanto tempo eu ficarei?"

"Não, você me ouça, Pavlov", disse o Professor, afogueado e combativo. "Não explique, porque nós dois não falamos a mesma língua. Você foi criado com conforto e teve uma carreira – duas carreiras – estendida à sua frente sobre um leito de alfaces. Eu cresci em uma cabana de lata e tive que lutar por tudo – trabalho, mulheres, dinheiro. Fomos jogados juntos por acaso e separados por um ato de egoísmo, sua crueldade. Não espere que eu entenda sua elegante racionalização do fato de ter voltado as costas para seus amigos, para ir viver em um ossuário. Você conta do seu jeito, eu vejo do meu. Deixe como está."

Eles se levantaram ao mesmo tempo, trocando um falso aperto de mãos. "Posso lhe oferecer alguma coisa enquanto está na cidade?", perguntou o dono do clube. "Um show? Uma boa refeição? Uma garota? Acomodações melhores?"

Paul balançou a cabeça.

"Você não me engana", disse o Professor.

"Nunca enganei."

"Se quiser qualquer coisa, me avise."

"Só uma coisa...", disse Paul, segurando a mão do Professor. Não era apenas uma coisa, mas milhares de fragmentos de memória que se irromperam perante seus olhos, o espelho de seu compacto passado fragmentado em uma irreversível ruptura de caminhos.

"O que é?", perguntou o Professor.

"O que você faria se ele aparecesse?"

"Quem?"

"Hans."

O Professor franziu o cenho sobre os óculos de meia-lua, como se Paul fosse um porteiro obtuso que estivesse impedindo que entrasse em suas próprias dependências.

"O que você faria se Hans viesse aqui?", insistiu Paul.

"Por que eu deveria tratá-lo de um jeito diferente de qualquer outro cliente?"

"Por ser Hans, o responsável pelo inferno, nosso inferno, meu e seu."

O Professor retirou a mão da de Paul e alcançou o relógio de corrente no bolso do colete, massageando a corda com o polegar e o indicador. Não parecia propenso a dizer nenhuma palavra, o ouvido na peça para ter certeza de que estava funcionando. Paul não arredou pé, forçando o proprietário a levantar o rosto.

"Qual era mesmo a pergunta?", ele disse.

"O que você faria se Hans entrasse aqui no seu clube?"

O relógio foi devolvido ao bolso. Um novo charuto foi aceso. Uma baforada de fumaça misturou-se ao ar estagnado.

"Pergunte-me de novo", disse o Professor.

"Hans entra. O que você faz, chama Janko?"

"Não, Janko não."

"Quem, então?"

"Eu mesmo o mataria", murmurou o Professor, esquecendo-se de tudo que tinha jurado antes.

CAPÍTULO NOVE

Conforme o táxi entrou no vale e começou a subir, Paul foi tomado por uma profunda calma, uma serenidade tão soporífica que foi preciso força de vontade para pedir ao motorista que levantasse o vidro, uma vez que a brisa da montanha o fazia tremer em sua camisa de mangas curtas. Sua casa estava próxima, as tarefas cumpridas, e ele sabia, até o último instrumento estatutário e a espessura dos canos do subsolo, o que era preciso para conseguir sua nova cidade. As rusgas com o seu passado tinham sido instrutivas e inofensivas. O jantar em casa de Ângelo, delicioso. Jovanka provou ser uma *chef* criativa e boa narradora, com uma risada gutural e um jeito saudável de não se levar a sério. Ângelo ficara satisfeito com o fato de Paul ter apreciado sua efervescente esposa e prometera lhe vender a próxima máquina de café que viesse de graça, assim que terminasse uma longa lista de pedidos no exterior.

Em seu último dia na cidade, Paul se enchera de presentes: um conjunto de trem de corda para Johann, brincos de prata para Alice, uma gravata listrada para Franz-Josef, uma biografia literária para Lisl, uma caneca de latão com monograma para Papa Hofmann e, sem se esquecer de ninguém, um avental à prova de sujeira, revestido de náilon, com um corcel negro na frente, para Mathilde Zumsteig, que Alice não suportava, mas que valia ter o bom humor preservado nos próximos meses.

Todos os seus presentes, sem exceção, se revelariam impróprios ou desatenciosos. Johann teria que ter um ano a mais para poder mexer no trem de corda e quebrou a alavanca antes que tivesse tido tempo de se divertir com o brinquedo. Alice, ele deveria ter notado antes, não tinha orelhas furadas. Franz-Josef, tendo só uma mão, não conseguia dar nó na gravata e Lisl só lia ficção. Papa Hofmann tinha mais canecas em seu bar do que um ferreiro tinha ferraduras e sua companheira se revelou alérgica a materiais sintéticos, brotando erupções rosadas à vista de um envoltório de plástico. Apesar desses enganos, os presentes de Paul foram bem recebidos por todos com gritos e comemorações de prazer inocente, e Paul foi altamente elogiado por sua delicada atenção em relação a todos os membros da família, inclusive aos pequenos gêmeos de Lisl, para quem comprou meias adequadamente de lã, por acaso no tamanho e nas cores certas, transparentemente baratas (ele esqueceu de tirar as etiquetas com os preços). A calorosa recepção a seus presentes foi para Paul a confirmação de ter sido aceito pela família e pela aldeia. E quando Alice, naquela noite do regresso, o recebeu com um desejo renovado, ele experimentou um ardor de bem-estar que, em uma noite de sono contínuo, aliviou seus tormentos, permitindo-lhe a ilusão de ter encontrado uma paz perfeita.

Ele esperara ter um dia ou dois de lazer com a esposa e o filho antes de voltar ao trabalho, mas a necessidade humana batia à sua porta. Havia crianças vivendo em tendas sem um adequado serviço sanitário. Seus pais, desempregados, estavam se voltando para o crime. Mal parando para ingerir o café da manhã, Paul correu para sua mesa e montou uma equipe de projeto com essas massas destituídas – um antigo empreiteiro como gerente do lugar, dois projetistas habilitados, uma dupla de contadores com óculos de aros de chifre, três datilógrafas, um motorista para entregas, um segurança –, uma lista baseada no execrável escritório de seu tio. Uma reserva do fundo estadual dos três camundongos grisalhos pagava dez salários. Convocando a equipe, ele lhes disse que tivessem todos os papéis disponíveis para avaliação e o terreno limpo no primeiro dia do ano, ou não haveria casa e futuro para ninguém.

Naquela noite, na cama, prometeu levar Alice em sua próxima viagem oficial à capital, que ela não conhecia. Alice recusou categoricamente, lembrando que tudo o que faziam, sozinhos ou em conjunto, tinha que ser acima de qualquer suspeita, se é que eles quisessem dar certo e que sua felicidade perdurasse. "Nunca devemos perder um momento de sono", ela avisou, aconchegando uma anca satisfeita contra sua coxa, "preocupados se deveríamos dar satisfação a alguma alma amargurada que observa nossos movimentos, esperando para nos acusar de enriquecimento ilícito." Paul beijou o topo de sua cabeça sonolenta, satisfeito com sua boa sorte em ter encontrado uma mulher tão sensata e perspicaz.

O Natal chegou sem que ele percebesse, preocupado que estava com planos de construção variados e os problemas rotineiros de um escritório atarefado. Seu capataz ficou doente; um projetista desapareceu; uma das secretárias teve gêmeos e outra não conseguia soletrar nem para salvar sua vida. Ele foi duas vezes mais para a cidade, entrando e saindo rapidamente, como um esquilo carregando bolotas de carvalho para sua toca. Parou no Ângelo para um café, mas não se encontrou mais com o Professor, murando seu passado, e não conseguindo contatar Janko, mesmo gostando do jovem tcheco.

Os presentes de Natal que comprou em sua segunda viagem foram notadamente bem escolhidos: um colar de prata esterlina para Alice, blocos de montar de madeira para o menino, uma bengala com a ponta de prata para o cunhado, e o último lançamento de Hemingway para Lisl – todos recebidos com gritos de alegria na véspera festiva, antes que toda a família subisse a colina para a missa da meia-noite. Para Mathilde Zumsteig – recentemente casada com seu sogro em uma cerimônia desaprovada, com Alice e Franz-Josef resmungando para comparecer – escolheu um elegante lenço de lã e para

Papa havia comprado um cachimbo inglês de urze branca, até que, lembrando-se de que a nova senhora Hofmann abolira seu hábito de fumar e o restringira a uma cerveja leve por noite, trocou por um elegante chapéu de feltro, acertando com exatidão no tom e no tamanho.

Conforme as velas de sebo crepitavam nos galhos estendidos da árvore da sala de visitas, Paul se lembrou daquele brilho de infância quando, sem árvore por causa da crença de sua mãe, ele se sentava entre seus pais em um sofá afundado, desembrulhando surpresas que não eram de modo algum surpresas, mas os objetos acessíveis que ele mais queria – coisas que dificilmente se diferenciavam dos presentes ganhos por Johann de seus pais, cujos embrulhos ele rasgaria com gritinhos de excitação na manhã de Natal.

Subiu a escada para ir para a cama, a coxa em roçar amoroso com a de Alice, seus joelhos e cotovelos encontrando harmonia no movimento. E quando ele se levantou na escuridão para aliviar a bexiga dos excessos da véspera, foi cambaleando pelo corredor do quarto, não na voragem costumeira do autotormento, mas com um bocejo de alegria e uma antecipação prazerosa da vida conjugal nos feriados.

Arrastando os pés de volta do banheiro em sua camisola, ouviu soluços no corredor. "Lisl?", cochichou. "O que houve?"

A garota estava agachada aos pés de um cavaleiro com armadura, fungando na manga. Paul sentou-se a seu lado, com um braço em torno de seus ombros trêmulos. Em uma camisola transparente, ela estremeceu ao seu toque. "Eu nunca deveria ter me casado com ele", ela chorou.

"Você não deve dizer isso..."

"Por que não? Ele não é nem metade de um homem. Nunca fala comigo. Bebe como o pai e não se interessa por nada. Que tipo de vida é esta para mim e os meus filhos?"

"Você precisa se lembrar, Lisl, que Franz sofre de uma dor constante..."

"Eu sei, e eu dou uns descontos. Mas a cada dia ele vai se tornando mais miserável, e não menos. Não estou lhe fazendo bem. Olhe para mim", ela lamentou, "estou branca como um nabo, magra como um salsão, sacrificando minha vitalidade sem nada em troca."

Ela se aconchegou mais a Paul, cochichando em seu ouvido exposto ao perigo. "É você que eu quero", disse com repentina urgência, seus dedos remexendo a abertura da camisola dele. "Sempre soube disso. Adoro você desde que nos conhecemos."

"Não seja boba, Lisl", ralhou Paul, oscilando entre a virtude conjugal e a vaidade masculina. "Isso não vai resolver os problemas de ninguém. Somos parentes, morando na mesma casa. Você é filha do meu amigo, a melhor amiga da minha mulher. Estamos proibidos um ao outro. Não podemos ficar juntos jamais neste mundo. Essa é uma fantasia maluca, muito vinho borbulhante no jantar."

"Não toquei em uma gota", protestou a garota. "Estava deprimida demais para beber."

"Lisl, tire esses pensamentos da cabeça. É impossível."

"Não é", ela sibilou, pegando sua mão e a colocando por dentro de sua camisola, em seu seio, o mamilo intumescido. "Paul, meu Paul, somos peixes fora d'água neste lugar, golfinhos em uma piscina de aldeões estúpidos. Quando converso com você, vejo sua mente pipocando entre escolhas, seus olhos reluzindo de ideias. Aqui você está enjaulado, um cavalo de raça com arreio de burro. Você não deveria desperdiçar a vida com camponeses. Sua mente é brilhante. Use-a onde ela possa ser de maior serventia."

"Posso fazer o bem aqui", disse Paul, curvando-se para a frente para esconder sua excitação involuntária.

"Você pode fazer muito mais em outro lugar", insistiu Lisl. "Podemos fugir juntos e começar de novo, você e eu, em uma cidade grande. Juntos, amanhã à noite. Eles nunca nos encontrarão."

"Mas seria errado...", disse Paul, com a mão em torno do seio dela.

"Errado? Sob que critério? O que ainda pode ser errado em um país que eliminou raças inteiras para provar sua superioridade? Quais são os códigos morais pelos quais a aldeia pode nos julgar, a aldeia que olhava enquanto eles acossavam vocês, pobres prisioneiros, como ratos em um saco para afogar? Ah, sim, eles olhavam todos os dias, olhavam e sabiam, e agora não dizem nada. Alice mencionou isso alguma vez?"

"Não quero falar sobre isso", replicou Paul, consciente de que, ao quebrar o silêncio, Lisl tinha identificado a mentira que o mantinha ali, enfraquecendo o chão sob seus pés. Ele estava sendo arrastado, sem resistir, à visão que ela tinha do mundo, uma proposta sedutora em que a vítima não poderia errar. Tinha que encontrar um contra-argumento e achá-lo logo, porque a garota era inteligente e sua argumentação formidável.

"Um e-erro não vinga outro", ele gaguejou.

"A não ser que seja uma vingança adequada", ela respondeu. "Olho por olho. Você tem o direito de retribuir."

"Esta família nunca me fez mal..."

"Hofmann oferecia bebida de graça para seus guardas. Alice os servia."

"E seu próprio pai?", retorquiu Paul.

"Foi forçado a tratar suas gripes e machucados", ela replicou, mas seu rosto se enrubescera, e ele explorou sua hesitação para retirar a mão, apertando-a entre seus próprios joelhos agitados.

"Aqui não é o lugar nem a hora para discutir certo e errado", ele começou.

"O que *você* quer dizer com 'errado'?", ela perguntou.

"É errado machucar um inocente, errado abandonar crianças, afligir quem nos ama." Ele podia sentir o chão voltando a se firmar; agora ele estava sobre terreno mais firme. "Você e eu, Lisl, sabemos o que é errado. Adultério é errado. Tomar o marido da melhor amiga é errado."

"Errado?", ela retorquiu. "Noite e dia há coisas erradas acontecendo por todo o vale. Pergunte ao meu pai; ele lida com as consequências. Garotinhos são sodomizados nas colinas a céu aberto; homens metem com os carneiros por serem incapazes para as relações humanas; e mulheres cavalgam seus cavalos à exaustão. Nesta aldeia existem pessoas ruins, doentes. Você e eu, Paul, somos estrangeiros de outro planeta. Pertencemos a uma constelação maior, fora deste mundo, onde as pessoas se sentam em cafés e discutem o certo e o errado de maneira abstrata, sem que estejam corrompidas por experiências pessoais. Fazemos parte dos leitores e dos pensadores, pertencemos às páginas literárias dos grandes jornais. Amo você, Paul. Você é minha alma gêmea, minha esperança, minha salvação. Leve-me embora e eu construirei para nós uma vida digna de você. Em dez anos você será um arquiteto mundialmente famoso, e eu publicarei meu primeiro romance."

O chão estava novamente saindo de baixo. Ela procurou a mão dele.

"E quanto a seus gêmeos, sua mãe, seu pai?", ele protestou.

"As crianças estarão bem cuidadas, meu pai entenderá. Ele tem outros filhos. Eu só tenho essa chance. Quero fazê-lo feliz, Paul, torná-lo grande. Feliz – você pode entender isso? Não é o que você merece?"

"Mas eu *sou* feliz com Alice."

"De verdade? Tenho visto você morder os lábios quando ela abre a boca para falar. Para mim, sua condescendência é óbvia. Ela não nota nada. Você gosta dela, como eu, mas isso não é amor – é tolerância, afeição, gratidão, coexistência. Alice não serve para você, não é quem irá satisfazê-lo, nem no trabalho, nem no amor. Posso ser sua consagração, Paul. Farei você feliz em todos os minutos da sua vida. Devotarei todo o meu ser para cultivar a sua plenitude. Deixe-me mostrar a você, Paul. Deixe-me mostrar como..."

Por cima dos joelhos de Paul, ela acariciou sua excitação renovada. Ele não podia negar a atração de corpo e mente. Lisl tinha o tipo físico de que ele gostava – ossatura pequena, olhos escuros e era esperta, como seu único e verdadeiro amor, agitada por uma energia sem limites. Era intelectualmente ávida, interessada em todos os campos das ideias. Ela o desafiaria, refinaria seus planos e o impeliria a alturas cada vez maiores. Apesar de ingênua, Lisl tinha noção de sua força: ela poderia ser sua consagração. Ele estava tomado pelo desejo de apertá-la nos braços, sob seu corpo, sua submissão um sinal do quanto era exuberante e livre em sua grandeza. Eles teriam filhos geniais, um lugar ao sol, o mundo depositando láureas a seus pés.

Impensável, ele sabia. Além de uma possibilidade racional. Era casado com Alice, e não poderia deixá-la – não sem perder quaisquer que fossem as folhas de figueira de autorrespeito que ele alinhavara entre si, desde seu último grande pecado de abandono e traição. Pertencia a Alice enquanto ela o quisesse; não podia pagar sua caridade com crueldade. Não estava em sua consciência fazer esse tipo de coisa, e a ideia de perder Johann fez com que lágrimas escorressem pelo seu rosto, enquanto segurava a impetuosa Lisl à distância de meio braço de sua excitação física.

Com calma e com o esmero de um cirurgião se preparando para uma amputação, escolheu em seu vocabulário de expressões medidas e recorreu a ele com palavras tranquilizadoras para aquietar a ilusão febril da garota. Renovou seu amor por Alice e sua dívida para com ela. Elogiou o estoicismo forte e sem queixas de Franz-Josef, sua evidente profundidade de caráter. Ele ainda poderia superar sua dor para se tornar o homem de seus sonhos.

"Não me subestime", bufou Lisl. "Você sabe que ele é um caçula mimado, um fraco."

Paul voltou a tentar, dizendo que todo casamento tem seus baixos, quando os parceiros se afastam, e seus picos, quando voltam a se reunir felizes. Ela deveria esperar mais.

"Poupe-me do sermão de igreja", replicou Lisl, "ou é psicoterapia? Claro, meu pai disse que você estudou Freud. Esqueça-se do que leu – ouça como eu vejo. Franz fica metade do tempo taciturno, truculento quando bebe. Não percebe quando estou alegre ou triste. Não tem olhos para ninguém a não ser para ele mesmo. É melancólico, introspectivo, avarento, egoísta."

"Não me impute esse tom de sermão, jovem senhora!", exclamou Paul, afastando-se dela e buscando um ressoar pretensioso para afirmar sua autoridade e o fato de ser mais velho, encobrindo confusões múltiplas.

"Ouça-me, Lisl", ele disse, "ouça-me dessa vez sem me interromper. Não temos o direito de menosprezar ninguém. O fato de lermos livros não nos torna pessoas melhores do que Franz e Alice, que têm bons instintos em seus doces corações e, além disso, são corajosos. Nós lhes entregamos nossa lealdade no altar, e isso é tudo que importa. Amo Alice com todo o meu coração, e Franz é capaz de provar que merece realmente o seu amor."

"Não", gritou Lisl, um grito de perda que vinha do fundo de sua garganta, ameaçando acordar toda a casa. Ele tapou sua boca com a mão. Ela a mordeu abaixo do polegar e, quando ele se retraiu, se esticou para pressionar seus lábios contra a boca de Paul, puxando-o para que ficasse de pé, e o encostando contra a parede fria por um longo período pecaminoso, antes que ele conseguisse se soltar. Eles se olharam arfando, parceiros em algo inacabado.

"Eis no que ficamos", disse Lisl, encarando-o com olhos brilhantes. "Podemos voltar agora para nossos leitos conjugais e nenhum de nós jamais voltará a mencionar isso. Estou preparada para parar por aqui. Mas quero algo em troca."

"O quê?"

"Prometa-me uma coisa. Prometa-me pela vida do seu filho, sobre o túmulo de sua mãe, o que quer que você considere sagrado, que nunca deixará Alice, que ficará aqui. Jure que você não pensa em fugir. Diga-me, com a mão no coração, e eu aceitarei sua rejeição."

Paul nada disse.

"Vou contar até dez." Ela sorriu, tomando a mão dele e beijando um dedo de cada vez, de lá pra cá e daqui pra lá. "Nada a dizer?", ela escarneceu.

As pernas de Paul tremeram. Seus lábios procuraram o poder da palavra. Sobre a cabeça de Johann, ela dissera, sobre o túmulo de Johanna. Não poderia mentir, fazer um juramento falso invocando as duas pessoas que lhe eram mais preciosas. Ela conhecia sua fraqueza. Poderia fazer dele o que quisesse.

"Volte para a cama", ele disse febril, "por favor, Lisl. Logo as crianças estarão de pé."

"Estarei aqui quando você me quiser", ela disse, tocando em sua coxa. "Mas não me deixe esperando, Paul. Temos direito a uma vida melhor do que esta."

Aturdido até a raiz de seus dentes estragados, Paul se arrastou até a cama de dossel onde Alice dormia, alheia à sua ausência. Deitou na beirada mais distante, pensando no que fazer a seguir. Precisava ter uma conversa indireta com o pai de Lisl, alertando o velho médico sobre sua perturbação e reduzindo seu próprio envolvimento ao promover uma interferência externa. O doutor tinha reparado na atitude negativa de Lisl em relação a Franz-Josef e no perturbado desalento deste último. Franzi tinha se posto a bater o braço protético pelo bar, dobrando os custos dos danos.

Paul se pôs a imaginar se Alice era vítima da mesma disposição genética. Será que seu rosto se encovaria se seu marido a abandonasse, como tinha feito com todos os outros em sua vida? Será que ela entraria em colapso e definharia? Pouco provável, pensou Paul. Alice era uma pessoa formidável. Tinha cuidado de sua mãe doente e lidado com seu complicado pai com força interior e dedicação incessante.

Havia tanta coisa a apreciar em sua mulher que Paul se censurou por ter deixado Lisl distraí-lo com fantasias de fuga e fama. Ele se amaldiçoou por ter deixado que a garota percebesse dúvida em seus olhos. Lisl era Alice em escrita menor, um diminutivo no nome, na forma e na natureza. Duas Lisl inteiras não fariam uma Alice, nem Lisl lhe traria a graça abençoada da felicidade conjugal, aquele suspirar profundo de satisfação que era uma clemência conferida apenas por Alice, ela e ninguém mais.

Naquela manhã de Natal, Paul se agarrou à sua mulher como se fosse uma balsa em mares turbulentos, enterrando a cabeça em sua carne desprevenida, apertando-a de encontro à sua estrutura esquelética, até que o filho entrou no quarto arrastando seu ursinho, e eles viram seus olhos ovais arregalados pela abundância de presentes. Aquele espetáculo em comum foi tão intenso que Paul teve que vestir um camisolão e sair, incapaz de suportar a possibilidade de revelar a felicidade.

DEPOIS DA IGREJA E DO ALMOÇO, enquanto Johann tirava um cochilo e Papa roncava, Paul fez uma caminhada silenciosa, de braços dados com Alice em meio a leves flocos de neve; duas figuras em uma paisagem glacial. Conforme voltavam, na altura da entrada de carros da Corça Sorridente, deram com o doutor Walters, que trazia os gêmeos para casa e perguntou se poderia pegar Paul emprestado por "alguns minutos – só alguns minutos, prometo – em uma conversa de homem para homem". Alice lhes garantiu um ponche quente na volta, e eles desceram a colina, unidos em festivo bem-estar, cada um com um propósito oculto em mente.

"Olho para você, meu caro amigo", disse o doutor, "e me lembro de José, na grande trilogia de Mann."

"Você disse isso uma vez."

"Eu sei, minha esposa diz que ando me repetindo nesses dias. Mas a história assumiu outra dimensão em minha cabeça e quero compartilhá-la com você. Como José, você veio para cá como um escravo. Você interpretou um sonho, elaborou um plano, salvou o estado. E depois você deixa que saibam que você não será enterrado nesta terra, que você não pertence a este lugar. Você tem um pé no estribo, suspenso para partir."

"O que o leva a dizer isso?", perguntou Paul, perplexo com a percepção.

"Lisl mencionou isso. Ela é muito esperta, a minha garotinha."

"Preciso falar com o senhor sobre Lisl."

"Agora não", disse o médico. "Tenho um pedido, preciso de um favor."

"E o senhor receia que eu possa não ficar aqui tempo suficiente para realizá-lo?"

"Não sei. Você ficará?"

"Espero que sim", disse Paul. "Tenho compromissos."

"Fico satisfeito em ouvir isso."

"Qual é o favor?" O ar expelido de sua boca refletia suspeita.

"Lembra-se de como fiquei honrado em ser padrinho do seu casamento?"

"O senhor me deu a honra, doutor."

"Preciso pedir um favor recíproco."

Paul não disse nada. Com certeza o doutor não estava planejando se divorciar de sua esposa e se casar novamente.

Transpuseram uma cerca e cruzaram uma campina. "Estou morrendo, meu amigo", ele contou a Paul. "Um câncer, uma raposa no galinheiro, irrompeu pelo leal intestino e atacou o fígado. Olhe o meu rosto. Está tão amarelado quanto o de Johannes Brahms naquele retrato sobre o meu piano. A mesma moléstia, a mesma idade, 63. Não adianta tratar, nada a ser feito. A morfina controla a dor. Quando falhar, minha mulher me administrará uma dose letal que deixei preparada na geladeira. É questão de semanas, três meses no máximo."

"Sinto muitíssimo", murmurou Paul. Walters era uma presença fixa em seu firmamento, uma bússola moral. Sem ele, não saberia para onde ir.

"Poupe-me de sua piedade, meu amigo", disse o doutor. "Tive uma vida rica, cheia de idiossincrasias, abençoada com filhos e outros prazeres. Nessas últimas semanas de compreensão do problema, minha esposa e eu estamos tão próximos quanto duas pessoas possam estar, sem arrependimentos ou recriminações, agradecidos por tudo que compartilhamos. Estamos mantendo a doença em segredo, como se vivêssemos um caso ilícito. Posso confiar na sua discrição?"

"Claro."

"Ótimo. Então, aqui vai meu pedido a você. O fim será próximo, bem repentino, e, quando ele acontecer, pode ser que minha esposa não consiga enfrentar as pressões sociais para uma disposição apropriada. Preciso de você para realizar meus desejos nesse aspecto."

"O funeral?"

"Muito curto, sem louvações. Nem uma palavra depois da bobagem de cinzas às cinzas daquele decrépito padre beato – não entendo por que a diocese nunca respondeu às minhas cartas – e também nada da parte dos mais velhos da aldeia. São meus pacientes, não meus amigos. Não faço parte deles. Como você, Paul, estou de passagem por este lugar, sou um habitante da cidade exilado em Goshen. Lembra-se de José em seu leito de morte? 'Não me enterre no Egito', ele disse; dois séculos depois, Moisés desenterrou seus ossos. Quero que você faça o mesmo comigo, mas não espere tanto. Leve meus ossos no mesmo dia para a cidade que me deu um chute. Enterre-me próximo a um café, com uma boa livraria por perto. É tudo que peço, querido Paul."

O doutor tropeçou em uma pedra coberta de neve. Paul segurou-o pelo braço e se agarrou a ele enquanto continuaram andando. Agora ele entendia por que o velho homem tinha se mostrado tão entusiasmado para acompanhá-lo à cidade. Deve ter querido um amigo a seu lado ao ir confirmar seu autodiagnóstico no hospital universitário, alguém que segurasse sua mão trêmula quando ele recebesse o veredicto e se preparasse para enfrentar o fim. Paul falhara com aquele homem decente naquele pedido; ele não o abandonaria novamente. "Conte-me tudo a ser feito", disse com humildade. "Eu me desincumbirei da melhor forma."

O médico tirou um envelope selado do bolso do casaco. "Aqui está o que quero de você", disse ele num tom que usava para administrar uma tintura para tosse. "Depois da cerimônia na Santo Inácio, leve o caixão para a capital e me enterre no cemitério central, no terreno dos Walters, entre meus antepassados, ao lado da via principal. Os únicos que podem acompanhar o esquife, além de você, são minha esposa, meus filhos e seus cônjuges – Alice também, se você quiser. Não gosto de tributos, mas, se algo precisar ser dito ao lado da sepultura, você é a pessoa que eu quero que fale. Você concederá dignidade à ocasião e conforto para minha família."

"Por que eu?"

"Acho que você sabe a razão."

"Preciso ouvir do senhor."

"Como eu, Paul, você esteve familiarizado com a morte como uma ocorrência diária. Você não ficará perturbado."

"Por que não pede a um colega médico?"

"No momento de que estamos falando", respondeu Walters, sorrindo, "estarei além da necessidade de um médico."

"Obrigado", disse Paul quarenta passos depois.

"Pelo quê?"

"Pelo privilégio. Não pude prestar a meus pais os últimos respeitos."

"Pensei nisso", disse o doutor com suavidade.

Na curva seguinte, antes que Paul pudesse mudar a conversa para o estado agitado de Lisl, o doutor voltou o assunto para celebridades literárias, uma ocorrência diária entre eles. Será que alguém da safra atual mereceria herdar o manto de Mann, Zweig e Hauptmann? Ainda estavam debatendo os méritos quando seus pés chegaram à entrada da pousada e o doutor colocou a mão no braço de Paul, detendo-o.

"Existe um joguinho que eu às vezes jogo com a família", ele contou. "Eu o inventei nos tempos sombrios, quando não podíamos falar abertamente à mesa por medo de denúncia, e o ensinei aos pequenos para que mantivessem a inteligência alerta, protegendo-os dos chavões da propaganda. Chama-se 'o jogo dos opostos'."

"Como é que funciona?"

"É muito fácil – posso ensinar para você? Eu digo *acima*, você diz *abaixo*. É fácil: *comprido-curto*. *Ácido-alcalino*, *veneno-antídoto*, são apenas antônimos. Entendeu?"

"Acho que sim."

"Eu digo *filhos*, você diz *filhas*. Embora você pudesse argumentar que eles são complementares e não antagônicos, hein? Um pouco como cães e gatos. Pegou a ideia?"

Paul aquiesceu, batendo os pés no solo gelado.

"Está bem, vamos ao próximo nível. Eu digo *arte*, você diz *diversão* – ah, isso é mais interessante. Não arte e ignorância, não arte e ciência. O oposto a arte é o leviano, o trivial. Arte é a diferença entre o essencial e o supérfluo. Assim, o oposto a arte é a diversão efêmera. O objetivo do jogo é desafiar e explicar essas relações. Pegou a ideia?"

"Estou quase lá", disse Paul.

"Experimente uma."

"Preto e cinza", disse Paul.

"Ah, essa é boa, essa é muito boa." O doutor ficou radiante. "Branco não pode ser o oposto de preto porque ambos representam ausência de cor, ambos são o nada. Contudo, preto e cinza é a escolha entre um extremo e um compromisso. Excelente para um iniciante. Tente mais uma vez."

"Alto e curvado."

"Interessante. Por que você escolheu *curvado*? Deixe-me trabalhar nisso. Ser baixo não é o oposto de ser alto. Eles são estados não relacionados de ser, um inimaginável ao outro. Uma pessoa alta não pode pensar em como é ser baixo. Mas estar curvado – isso é o alto trazido para baixo, portanto seu oposto. Vejo que você entendeu. Vamos subir outro nível."

Levantando a gola do casaco, Paul procurou uma polaridade filosófica.

"Bondade relativa e maldade absoluta."

"Ah, eu sabia que você ia ser bom nisso!", exclamou o doutor, dando alguns pulinhos de alegria. "Percebo como a sua cabeça funciona. Não existe algo como uma bondade perfeita – isso é uma tautologia. Ou uma coisa é boa ou não é, ponto final. Assim como não existe um mal relativo, apenas um mal total e irremediável, certo? Assim, a bondade relativa se torna o oposto de maldade absoluta. Esplêndido! Você leu Spinoza, meu amigo? Vi seus livros serem queimados na cidade, em frente ao Café Imperial."

Paul abriu a porta da pousada e foi empurrado ao calor e ao barulho.

"Jogue este jogo na última viagem com o meu caixão", disse o doutor, agarrando-o pelo braço. "Ele fará com que eles se lembrem de mim, trará um sorriso afetuoso a seus lábios, ou apenas um suspiro de tolerância."

"Alguma adivinhação em particular que o senhor queira que eu pergunte?", disse Paul.

"Qual é o oposto de amor?", perguntou o médico.

"O senhor quer que eu tente responder isso aqui e agora?"

"Experimente."

"Ódio, é o que a maioria das pessoas diria."

"Estariam erradas. O ódio é uma partícula do amor, provocada pelo mesmo impulso."

"Então o que é? Luxúria? Indiferença? Deslealdade?"

"Todas essas sugestões são boas", disse o doutor, "mas não são as certas."

"O que é então?"

"Continue tentando..."

"Abandono."

O doutor dirigiu a Paul um olhar perscrutador, fazendo com que ele começasse a suar no colarinho. Aquele homem via o seu interior, do mesmo modo que sua filha inteligente. Eles sabiam que Paul não era nem tão decidido, nem tão capaz como aparentava. A seus olhos, ele estava mutilado pela culpa, era facilmente manipulado pelos que tinham uma vontade mais forte. O que ele ia fazer?

"Tente mais uma vez", insistiu o doutor. "Qual é o oposto de amor?"

"Desisto", Paul deu de ombros, encostando-se à porta.

"O oposto de amor", disse o doutor, "é morte."

CAPÍTULO DEZ

Paul estava levando Johann para sua primeira aula de equitação no cavalo da carroça, no cercado, quando a perua do correio apareceu com documentos pelos quais ele esperava. Rasgou um envelope quadrado marrom, coberto de selos oficiais, e deu uma olhada no início de cada parágrafo, como uma criança que raspa a cobertura de chocolate de um bolo saído do forno. O prazer foi intenso. Tudo fora aprovado; todos os desenhos tinham preenchido as especificações oficiais, e ele havia obtido uma licença dos três camundongos grisalhos para ir em frente. O investimento seria finalizado logo depois das iminentes eleições. A decisão tinha aprovação unânime. Qualquer que fosse o resultado da votação, quem quer que compusesse o novo governo, e quem quer que fosse o prefeito da aldeia, Paul tinha permissão para construir uma nova cidade, uma incumbência que a maioria dos arquitetos mataria para obter.

As ramificações eram tão amplas que ele ficou sem fôlego e teve que intimar o menino a parar de correr à frente enquanto ele juntava as peças da visão em sua cabeça latejante. O terreno dos Schmidt seria requisitado e pavimentado como uma central de estação de ônibus, operando um serviço local a cada dez minutos, e um serviço duas vezes por dia de transporte de ida e volta para a estação de trem. A prefeitura seria repintada, uma extensão seria construída para que o posto policial acomodasse mais policiais e duas celas de detenção. Haveria recolhimento de lixo duas vezes por semana, iluminação pública a cada trinta passos. Uma verdadeira cidade.

Essas eram as preliminares. A segunda fase envolvia um hospital rural atrás da clínica do doutor Walters, uma casa de repouso onde agora estava o curtume desativado, mas isso podia esperar até que ele acabasse o projeto que validava todos os outros – uma escola inteiramente nova, com professores escolhidos a dedo, que introduziriam Johann às verdades plenas sobre o mundo que ele herdaria, livre de modificações políticas e interferência dos pais, cientificamente provado e historicamente comprovado pelos mais altos critérios.

Essa, independentemente da necessidade, era a missão motivadora de Paul. Dois dos três camundongos grisalhos haviam argumentado que ambas as aldeias tinham escolas adequadas para oito classes de crianças das fazendas, a maioria das quais largava a escola para trabalhar aos 14 anos. Uma escola especialmente construída com esse fim poderia esperar até que as finanças do Estado permitissem. Paul respondeu com um trecho de elaborada oratória, argumentando que em nenhum outro lugar era mais vital combater os mitos com a modernidade do que no coração dos montanheses empedernidos, fonte das superstições mais obscuras do país. Sua nova escola seria um farol de esclarecimentos. Os velhos contos de fada teriam que acabar. O currículo seria reescrito de cima a baixo. Os prédios, podres de mentiras perniciosas, podiam ser utilizados como centrais de assistência social até que ele pudesse supervisionar sua demolição. Sua nova academia, livre de associações tendenciosas, teria luz natural e liberdade intelectual, seria um centro de inspiração, cujo impacto extravasaria para muito além daquela região isolada, fluindo pela corrente sanguínea nacional.

Um dos camundongos irrompeu em um aplauso involuntário e os outros dois encobriram o contentamento que sentiam com um remexer nos papéis. De volta para casa, Paul comentou com Alice que, para ele, a escola era *sine qua non*. Ele não aceitaria expor Johann à influência maligna de nostálgicos incorrigíveis. "E pervertidos", ela acrescentou. "Exatamente", disse Paul, escrevendo um anúncio procurando professores graduados, com duas línguas estrangeiras e bom conhecimento de arte.

Isoladamente, junto à janela escura, ele admitiu um segundo *sine qua non*. A não ser que tivesse certeza de que seu filho receberia uma boa educação, ele não poderia ficar. A escola seria sua força purificadora, sua limpeza do passado, sua resposta a Lisl, demonstrando os benefícios que ele poderia trazer a cantos sombrios. Seu sucesso permitiria que ele olhasse pela janela escura uma última vez, certificando-se de que seu trabalho era bom e estava feito.

Paul sabia onde ia construir a escola antes de ficar ciente de estar tomando uma decisão. Haviam sido propostos vários terrenos de baixa qualidade, mas sua mente estava em dois lugares. Eliminando o local no alto da colina, por ficar em meio a uma floresta, correndo o risco de as crianças se perderem ou serem atacadas por lobos, decidiu-se pelas terras ao redor da pedreira, por sua proximidade com a água do rio e pela ardósia da rocha. Era exatamente do tamanho adequado para uma escola de seiscentos a oitocentos alunos. O depósito semiterminado seria convertido em um centro esportivo interno e piscina; e o quadrado no qual os escravos haviam mergulhado de cabeça, vindos do céu, daria um *playground* infantil bem protegido, zumbindo com pequenos vaga-lumes em seus jogos de amarelinha e pega-pega, um protetorado de inocência.

Na pedra fundamental da escola, em um canto onde cachorros parariam para mijar e adolescentes, para um encontro, Paul entalharia os nomes de todos os homens que haviam morrido ali, o buril na pedra, perante os olhos de Johann, cada nome ecoando com o tamborilar das gerações futuras. Não contou a ninguém seus planos para o memorial, mas sentado tarde da noite em sua escrivaninha, sob o piar das corujas e com os olhos pesados de sono, teve o último ímpeto de energia para terminar a papelada e enviar o projeto a tempo para os três camundongos.

E agora, com a autorização deles em mãos, pulava de alegria de um pé para o outro até que Johann, fazendo-o rir, perguntou se ele precisava "ir a um lugar". Paul desceu seu estridente filho do cavalo e o devolveu falante e animado para os braços abertos de sua mãe na cozinha. Sentando Johann junto à mesa para um lanche, Paul puxou Alice de lado para lhe dar as boas-novas e lá, em uma despensa ao lado da cantina, fez amor com ela de pé, contra uma parede de tijolos aparentes, reminiscência de sua comungada paixão, uma renovação dos votos.

Com as faces coradas, desceu até a prefeitura para cumprimentar sua equipe que trabalhara à exaustão e depois foi até os degraus da entrada fazer uma preleção eleitoreira, atraindo uma multidão substancial, que o ouviu prometer uma série de melhorias nos serviços públicos – jardins de infância, cuidado para os idosos, transporte e saneamento – tanto para os nativos quanto para os recém-chegados. Os aplausos foram entusiásticos e, à medida que Paul andava para cima e para baixo da rua principal, distribuindo gracejos e apertando mãos, lhe ocorreu que já não precisava da faca de cozinha em sua manga; o medo se esvaziara.

O dia da eleição veio e se foi. Conforme os votos iam sendo computados na câmara do conselho, uma pilha superou todas as outras, e os candidatos dos partidos nacionalistas, curvando-se ao inevitável, retiraram-se furtivamente antes que o resultado fosse anunciado. Ouviu-se uma ovação quando Paul foi declarado prefeito, e Alice o beijou enfaticamente nos lábios. Assim que ele terminou seu discurso da vitória, recebeu o primeiro telegrama: "MÁQUINA PRONTA PARA DEUS PONTO RETIRE-A LOGO QUE PUDER ANTES QUE EU VENDA PARA SUÍÇOS OU SUECOS". O prefeito pediu que o mensageiro postal esperasse pela resposta: "DEUS DESCENDO CIDADE QUINTA-FEIRA PONTO PREPARE PASSAR FIM DE SEMANA COM DEUS NO PARAÍSO TERRESTRE".

Apesar das objeções de Alice, ele a colocou em um táxi e partiu para a capital para assinar contratos e estipular etapas de investimento com as autoridades financeiras. Enquanto ela olhava as vitrines – tímida demais para entrar em uma loja da cidade grande sem um convite antecipado –, Paul colocou garrafas de *schnapps* embrulhadas para presente e montes de queijo em frente aos três camundongos, esperando que eles não se sentissem ofendidos (não se sentiram!) e deu um volumoso rolo de linguiça para o bibliotecário da universidade, que estava entrevistando jovens professores primários em seu nome. Passou meia hora no cemitério central, verificando o túmulo da família Walters e ensaiando seus deveres fúnebres, como convinha ao filho de um antigo escrivão municipal.

No auge da agitação do começo da noite, encontrou-se do lado de fora da estação de trem com Alice, que vencera sua timidez e estava dobrada ao meio sob o peso das sacolas de compra. Rindo, caminharam até o quiosque da esquina, onde Paul apresentou sua esposa a Ângelo e Jovanka, seus convidados para o fim de semana. Jovanka e Alice dispensaram apresentações. Duas garotas do campo com os pés na terra avaliaram as qualidades uma da outra e gostaram do que viram. Ângelo colocou a máquina de café em um jipe que pegara "emprestado" de um major duas estrelas, em troca de uma semana de café grátis. "Vamos!", gritou Ângelo, chegando à estrada sem um mapa. Naquela noite, em um estacionamento à beira da estrada, os dois casais se embalaram para dormir no jipe com grandes goles de vinho tinto e uma conversa inconsequente. Pela manhã, Ângelo cantou árias de ópera à direção, enquanto ultrapassava carroças e cavalos em vielas do planalto que gradualmente se estreitavam.

Ao chegarem, a Corça Sorridente estava lotada. Alice tinha prevenido Lisl que aguardasse um evento excepcional, e a notícia tinha se espalhado pela aldeia como gripe. Paul e Alice ergueram a máquina de café da traseira do jipe e a levaram em procissão até a pousada. Jovanka não levou mais de vinte minutos para instalar a máquina no balcão do bar, ligar a energia e a água e servir as minúsculas xícaras para as primeiras libações. Um amontoado de toucas pretas rodeou a máquina, com exclamações de reprovação. Paul serviu a cada uma das senhoras uma degustação e estava tão preocupado em mantê-las atentas que deve ter se passado uma hora antes que percebesse que Ângelo já não estava lá.

"Onde está o rei do café?", perguntou.

"Acho que lá fora", disse Jovanka, por sobre o ombro, interrompendo uma história obscena que estava contando a Lisl. "Saiu atrás de um pouco de ar fresco."

"Vou procurá-lo", gritou Paul.

Não teve que ir longe. O italiano estava parado no átrio, as costas voltadas para a pousada, olhando a tabuleta da Corça Sorridente.

"Não posso atravessar aquela porta", disse Ângelo.

"Está tudo bem agora", disse Paul. "É nossa."

"Não consigo entrar", repetiu Ângelo, em um tom pesado, indiscutível.

"Entendo..."

"Também não posso ficar aqui."

"Agora tudo está bem", repetiu Paul.

"O que está bem? O campo no alto, a pedreira lá embaixo? O que vai estar bem algum dia nesse ossuário? Por que você não me disse onde morava?"

"Sinto muito."

"O que você está fazendo aqui, Leonardo?"

"Eu lhe disse: Alice me recolheu quando eu desmaiei. Eu estava morrendo."

"Você se lembra dos que morreram", disse Ângelo apontando o chão, "que morreram aqui, e ali, e logo acolá? O que você está fazendo aqui?" Havia lágrimas em seus olhos e sua voz tremia.

Paul abriu os braços, mas o italiano recuou, as palmas das mãos em frente ao peito, recusando ser tocado.

"Não entrarei ali", ele repetiu, apontando a pousada.

"Eu compreendo", disse Paul.

"Diga à minha esposa que estou esperando no jipe. Vamos embora imediatamente."

CAPÍTULO ONZE

Obter café de uma fonte alternativa não era tarefa fácil naqueles tempos desconexos e Paul teve que desligar a máquina quando já não havia grãos para moer. Sua vergonha e sua angústia perante a reação de Ângelo tiveram que ser deixadas de lado enquanto ele escrevia uma enxurrada de cartas e programava chamadas interurbanas para fornecedores registrados. Disse a Alice, sem que fosse uma mentira absoluta, que seus convidados tinham partido porque Ângelo sofria de problemas respiratórios em grandes altitudes. Disse a Ângelo, na hora da partida, que nem toda escolha feita por um homem podia ser justificada para os outros. "Algumas são in-des-cul-pá-veis", foi a resposta enfática, conforme seu recalcitrante visitante saía do pátio e pegava a estrada sinuosa, guinchando em duas rodas para nunca mais ser visto ali, ele jurou.

Antes que o mês se acabasse, Paul achou um intermediário com um tipo de café brasileiro a preço razoável e a máquina voltou a funcionar com um rugido. O bar ficava cheio do café da manhã até o apagar das luzes, e a equipe de cozinha de Alice trabalhava em turnos dobrados, cozinhando refeições de três pratos como um prelúdio ao celebrado café, a bebida mais comentada na memória da existência. Até mesmo o taciturno Franz-Josef ficou suficientemente mexido para resmungar que eles deveriam servir chocolate com menta de ótima qualidade junto com o café, exatamente como ele vira ser feito na sala de um oficial em algum lugar, no seu tempo de exército. Paul acolheu a sugestão e ficou satisfeito ao ver que Lisl estava parecendo um pouquinho menos cansada. Ela iria precisar do apoio carinhoso de seu marido no dia, muito próximo, em que seu pai morresse.

Com a pousada nos trilhos, Paul lidou com a culpa adiada, dizendo a si mesmo que ele sempre estivera certo a respeito de Ângelo. O camarada era pretensioso, irracional, farisaico e inconsistente. Insultara a hospitalidade de Paul, quando ele mesmo não tinha um comportamento melhor – ficando na terra da opressão e parasitando seu povo. Paul teria gostado de dizer a Ângelo que ele era um hipócrita miserável, mas devia ao companheiro a gratidão por sua maravilhosa máquina de café e uma soma bem grande em moeda estrangeira, que tentaria acertá-la na próxima vez que passasse pela capital.

Com a crise do café resolvida, ainda restava um último obstáculo. Papa Hofmann irrompeu na pousada em uma manhã trovejando "Litzi!". Alice tinha ido levar Johann ao consultório para um *check-up* e Franz-Josef estava nos fundos, resolvendo uma entrega de cervejas, o que fez com que restasse a Lisl enfrentar o ataque de raiva de Papa e abrandá-lo, considerando sua delicadeza física e a virtude social de ser filha do médico. "Diga àqueles escroques", urrou Papa, "que seu café imundo está roubando meus melhores fregueses no Corcel. Se isso continuar, vamos reduzir o preço da cerveja em 30%."

"Isso seria uma guerra!", exclamou Alice, quando Lisl lhe passou o ultimato.

"Guerra civil", confirmou Paul. "Jogaria as duas aldeias uma contra a outra, exatamente quando o ministro está para chegar e assinar o ato de unificação. Não poderia ser uma época pior. Essas pessoas não têm senso de proporção? É melhor eu ir até lá e acalmá-los."

Pedalou naquele final de tarde, levando na cesta de seu guidão um prato de pés de porco, que Alice lhe assegurara que derreteria o coração de Papa, e uma echarpe de seda caleidoscópica, reservada para o aniversário de Lisl, mas que poderia fazer com que a mente da antiga Zumsteig se dispusesse a negociar. Paul não tinha queixa contra aquela competente viúva, que perdera tanto o marido quanto o filho na fronteira oriental e estava se dedicando, com notável empenho, a salvar Papa Hofmann do suicídio alcoólico. Alice se recusava a reconhecê-la como membro da família. Não deixaria que Johann a chamasse de "vovó" e resistia a qualquer cooperação entre as duas pousadas que não trouxesse uma vantagem a mais para a Corça Sorridente. Fora sua hostilidade ressentida que insuflara as chamas daquela disputa desnecessária.

Paul gostava de suas idas a Pringsheim, um lugar que não trazia más lembranças. Os prisioneiros nunca haviam posto os pés naquele lado do vale e seus moradores não faziam parte de suas fantasias de vingança. Ele tinha uma ideia de desenvolver em sua encosta um desses *spas* de elite que atraíam hipocondríacos ricos em roupões de toalha, mais preocupados em serem vistos entre sua própria classe do que com a eficácia de qualquer remédio oferecido – o tipo de clientela que acreditava em montanhas mágicas desde que dispusessem de aquecimento central. O ar de Pringsheim tinha a qualidade apropriada a um *resort* de saúde e suas águas não eram muito salobras. Contudo, esses planos pertenciam a um futuro distante. A curto prazo, ele faria uma divulgação pela imprensa, propondo o lugar como uma parada para os excursionistas de verão, um local onde observadores de águias poderiam apoiar seus binóculos e micologistas encontrariam muitas variedades de cogumelos Pilz, incluindo o Trombeta de Outono, o Parasol e o que ostenta o esplêndido nome de Flockenstiegler Hexenröhrling.

Concentrado em seus planos, Paul ladeou uma barreira construída no perímetro do Corcel Negro e, balançando ao longo de uma ponte temporária sobre um duto de drenagem no pátio, parou sua bicicleta exatamente do lado de fora do cômodo onde Wierzbicki havia lhe dado o nome com que viveria uma segunda vida e a proposta de vivê-la bem. Recebido com fria formalidade pelo casal de proprietários, levou menos de dez minutos para acabar com a guerra do café, dez minutos e uma grande taça de vinho tinto que ele persuadiu a velha Zumsteig a deixar que Hofmann entornasse junto com seus pés de porco e batatas.

Ao eco de respiros satisfeitos, Paul garantiu que nunca permitiria uma competição injusta entre as pousadas. Estava vasculhando o mundo à procura de uma máquina de café ainda melhor para o Corcel Negro e, enquanto não encontrasse, ofereceria café de graça na Corça Sorridente para os fregueses do Corcel Negro que mostrassem recibos de refeições recentes. Aquilo era justo?

"Na verdade, muito justo", precipitou-se Papa. "Ideia esplêndida."

"Quanto vai custar?", perguntou sua esposa.

"Nada. Ganharemos dinheiro com isso", disse Paul. "A oferta não inclui chocolates com menta, que eles vão achar dolorosamente irresistíveis."

"Maravilhoso", murmurou Papa. "Minha Alice faz pés de porco maravilhosos."

"E o que eu sou, uma peixeira inglesa?", gritou a velha Zumsteig.

"Você, minha Tilde, faz o refogado de veado mais tenro. Em nossas duas casas, temos cozinheiras dignas de um rei. Comida soberba, ótima bebida e café forte – o que mais um homem poderia querer?"

"Poremos ajuda extra na cozinha", entusiasmou-se Paul. "Existem jovens mães e viúvas de guerra procurando trabalho. Eu poderia intermediar uma subvenção do governo para começar uma escola de culinária aqui, na sua cozinha – com certeza ela é de bom tamanho."

"Minha Mathilde, uma professora!", exclamou Hofmann, exultante com o primeiro álcool a correr por suas veias em meses. "Ela é bastante mandona, isso com certeza." Ele se levantou e pediu licença para o que Paul suspeitou ser uma incursão à prateleira de *schnapps.*

Enquanto ele estava fora da sala, Mathilde suspirou algo sobre uma recorrência de problemas na bexiga.

Parecia ser um bom momento para se aproximar do "Cuco", como Alice a chamava. Paul perguntou em que lugar ela nascera. Mathilde, encantada com o seu interesse, descreveu como era crescer no litoral norte, sonhando em se juntar ao corpo de balé em *O lago do cisne*.

"Você viu o famoso balé do Estado?", perguntou Paul.

"Nunca", disse Mathilde, sacudindo um coque firme de cabelos grisalhos.

"Vou arrumar entradas para o seu aniversário", prometeu Paul. Uma névoa de gratidão velou os seus olhos e ela apertou a mão dele com um gesto que significava aliança, de um cuco para outro. Paul ficou satisfeito por tê-la conquistado com tanta facilidade. Tudo estava acontecendo como ele previra.

Além do lóbulo peninsular da orelha esquerda de Mathilde, seu olho foi atraído para um comensal prematuro, o primeiro do movimento da noite, sua cabeça, de cabelos cinza-escuros bem aparados, subindo e descendo em direção à sopa, até que a vasilha, inclinada em sua direção, foi ruidosamente esvaziada do que restava e ele estava pronto para a carne. A cabeça do homem estava tão próxima da vasilha que Paul não conseguia discernir seus traços, mas algo na maneira como ele comia lhe pareceu curioso ou familiar, como se tivesse visto os mesmos gestos representados em outro contexto, talvez em uma tela de cinema. Tentou não encarar, mas seus olhos continuavam voltando ao mesmo ponto. Quando o primeiro prato chegou, o homem levantou seu copo de água e o colocou no extremo da mesa, abrindo espaço para uma livre destruição. Trazendo com o garfo um naco de carne para o canto do prato, fatiou e cortou com a faca, no sentido do comprimento e da largura, cobrindo toda a extensão do *steak* antes que o garfo levasse um pedaço para os expostos dentes marrons, depois outro e mais outro. As mãos e boca eram como uma sequência industrial entregando materiais no ponto de montagem e despachando-os em um mecanismo que nunca parava. Paul ficou pensando no que aconteceria se um garçom retirasse o prato antes que o processo estivesse completo: será que a mão continuaria a descer e subir, a boca se abrindo para mastigar?

Hipnotizado pelo movimento inexorável, ouviu Mathilde em reminiscências do outro lado da mesa, mas seus olhos não podiam se afastar do homem e de seus gestos, sua familiaridade se aprofundando e pesando. A barba, era isso. Mesmo pelas normas do campo, o freguês era desleixado. Não se incomodara em trocar de roupa ou em se lavar antes de se sentar para comer. Sua jaqueta estava rasgada no ombro, suas botas, sob a mesa, estavam gretadas e a camisa tinha um tom indeterminado de sujeira. Aquele era um homem que deixara de se importar consigo próprio. A maneira como portava o tronco era um meio de intimidar o contato humano. Caia fora, ele parecia dizer; eu me viro. A única concessão feita para sua aparência era a barba, que, inteiramente em um tom mais escuro do que o restolho na cabeça, fora aparada em torno da boca e sob o queixo, não era desgrenhada ou irregular, cobria completamente as faces abaixo das maçãs do rosto. Para ficar daquele jeito, uma barba tinha que ser aparada frente ao espelho. Este era o único aspecto do homem que era cuidado e se sobressaía de modo tão incongruente do restante que parecia ser uma espécie de máscara, uma camuflagem.

Um rolo de filme estalou na cabeça de Paul. Em uma tela paralela, viu um homem em uma cabana de lata examinando sua refeição do meio-dia perante os olhos de um escravo faminto, consumindo até o último pedaço, sorrindo conforme acabava com todos os traços de molho até deixar o prato brilhando de limpo, como uma carcaça do deserto depois da passagem dos abutres. A imagem era indelével, inevitável.

"Isso não tem que ser o que eu penso que seja", pensou Paul, com o coração aos pulos, enquanto o "Cabeça de Toco" limpava seu prato com pão e arrotava no final. Podia ser uma pessoa completamente diferente; outro obsessivo gustativo, um irmão, um primo, um bastardo ocasional. O padrão de comportamento do homem indicava, segundo um texto freudiano que lera uma vez, os efeitos posteriores de uma alimentação à força na infância. Uma mãe ficava ao lado do cadeirão desse homem-criança do filme, adulando, distraindo e finalmente forçando comida em sua boca até que o último vestígio tivesse desaparecido. E ali, em uma tela adjacente, aparecia a doce mãe do próprio Paul, enfiando uma colher de mistura de ovo pela grade firme de seus dentes brancos, enganando-o para que abrisse bastante a boca, com artifícios tão velhos quanto a própria maternidade – "Uma para a mamãe, uma para o papai". Horrorizado, arrancou seu olhar do Cabeça de Toco, temendo dar um nome àquela suspeita enfurecida.

"Você conhece aquele homem lá no fundo?", ele perguntou a Mathilde Zumsteig, refreando a bílis e o pânico na base da garganta.

"Ele?", perguntou Mathilde, com um cultivado menosprezo de proprietária por comensais solitários. "Vem duas vezes por semana. Não me lembro do nome dele. Meu marido deve saber. É do seu lado do vale, é o que dizem. Nunca agradece e cheira muito mal. Por falar nisso, onde se meteu aquele meu marido?"

Encontraram Hofmann na cozinha, mais afogueado do que antes, despejando conhaque sobre um doce de frutas. "Precisamos comemorar nosso plano de união", ele explicou.

"Você não", ralhou a esposa, "você sabe o que o doutor Walters disse."

"Tá, tá", disse Hofmann brandamente. "Vou mordiscar um biscoito enquanto você saboreia meu doce preferido com nosso sócio no crime." Ele nunca se referia a Paul pelo nome, ou qualquer outro tom que não fosse sardônico. Paul, na mesma medida, não conseguia se dirigir ao pai de sua mulher a não ser por um "Opa" na terceira pessoa quando Johann estava presente. Os dois homens se mexiam na ponta dos pés em relação um ao outro, como ladrões rivais em um banco, evitando reconhecimento e cumplicidade. Ambos tinham o tempo de guerra como causa para resistência.

"Como está sua bexiga?", indagou Mathilde.

"Bem, bem", resmungou Hofmann.

"Atenha-se à sua dieta e pode ser que ela continue assim."

De volta à sala de jantar, o comensal solitário havia partido. Alegando um encontro tardio, Paul deixou sua sobremesa pela metade e pedalou para casa por entre nuvens baixas, entrando pela porta de trás e indo direto para a cama sem um boa-noite para Alice, perdendo a consciência como se tivesse sido golpeado por uma barra de metal.

Quando voltou a cruzar o vale, a faca de cozinha estava de volta em sua manga. Usava seu terno de casamento ao receber o ministro do Interior para a cerimônia de unificação. Enquanto o ministro falava, ele percorreu a multidão à procura de um rosto barbudo e não viu nada, só um borrão. Não tinha muita certeza. Precisava ter certeza.

A CONFIRMAÇÃO VEIO, como tantas vezes acontece, quando menos se esperava. Paul tinha ido buscar Johann depois de um domingo com os avós quando, saindo do pátio do Corcel Negro debaixo de uma chuva copiosa, bateu a cesta de sua bicicleta em um homem baixo de casaco, que chegava para sua refeição noturna com a cabeça baixa

"Êpa", exclamou Paul, preparando-se para se desculpar.

"Êpa", imitou Johann de seu banco traseiro.

"Olhe por onde anda, sua praga do inferno", retorquiram agressivos dois grandes lábios de dentro de uma barba cerrada, e Paul soube, sem dúvida, que sua Nêmesis havia voltado. Com a cabeça abaixada sobre o guidão, contornou o homem e bamboleou pela encosta, enquanto Johann ria, achando que seu pai estava fazendo uma brincadeira. O equilíbrio voltou na base do desfiladeiro, e ele começou o ritmo lento do pedal na subida para casa, ao som do rufar de um barulho plúmbeo em sua cabeça. Hans, é o que soava. Hans, hans, hans, hans, hans.

A partir daquela noite o sono acabou. A pele de seu rosto ficou mais encovada e a carne de seu torso se tornou flácida. Alice perguntou se ele estava bem, e o médico, passando para ver seus netos, mandou, em um tom que não tolerava contradição, que ele passasse pela manhã para um *check-up*.

"Estou bem", disse Paul irritado.

"Eu é que tenho que avaliar isso", disse o doutor Walters. "Amanhã, às nove."

Despido até a cintura e examinado com um estetoscópio, reduzido a respostas infantis pelas perguntas do médico sobre tosses, dores e movimentos do intestino, ele se preparava para recusar um exame mais extenso, caso o doutor lhe pedisse que descesse a calça – tendo sido bem treinado pela prudente Johanna a esconder de olhos invasivos seu pênis circuncidado.

"Pode se vestir agora", disse Walters, voltando-se para a pia para lavar as mãos.

Paul perguntou-lhe o que tinha achado.

"Você está esgotado", disse o médico, rabiscando em sua ficha. "Posso preparar um tônico para você, mas não posso fazer muito quanto ao problema subjacente, a não ser que você me conte o que se passa."

Paul deu de ombros.

"Insisto que me deixe ajudá-lo", disse o médico com alguma veemência. "Não quero me meter em assuntos particulares, mas preciso saber que você estará preparado e bem naquele dia não muito distante, quando será requisitado a realizar um último ato de bondade em relação a mim. Faço parte da irmandade hipocrática, Paul. Nada que você disser me chocará ou me surpreenderá, e nem uma palavra sairá desta sala. Você precisa me contar os sintomas para que eu possa fazer um diagnóstico. É uma dor interna? Uma crise de autoestima? Um problema no seu casamento, suas, hum, relações conjugais?"

"Nenhuma dessas coisas", respondeu Paul com firmeza.

"Então, é o quê?"

"Negócios inacabados", resmungou Paul.

"O passado recente?"

Paul anuiu.

"Uma aparição? Uma culpa persistente?"

Paul assentiu mais duas vezes.

"Isso não é um jogo, você sabe", disse o doutor. "Não vou enumerar vinte perguntas e lhe entregar o prêmio por estupidez. Vamos em frente, agora. Seja homem e ponha pra fora. O que é que o perturba?"

Paul murmurou palavras aliterativas: campo... comandante... voltou.

"Alguém que você viu?"

Paul assentiu.

"Humm", disse o médico, batendo o lápis. "Mais cedo ou mais tarde era fatal que isso acontecesse. Melhor que seja agora, enquanto você ainda me tem por perto para ajudar. Diga-me: é um homem, ou mais?"

Paul assentiu só uma vez.

"Eu o conheço?"

Paul deu de ombros.

"Se for só um homem, você não tem nada a temer. A aldeia toda adora você e vai cuidar da sua segurança. Só um lunático tentaria atacá-lo à luz do dia, e imagino que o homem não seja desequilibrado, certo? Ótimo."

Paul passou um lenço na testa.

"Nesse caso, o que temos que tratar é de uma fobia. Vou encaminhá-lo a um colega meu, um especialista na capital, um homem com uma visão humana fantástica e poder de cura, sem falar no bom humor e na ampla experiência."

"Um psicanalista?", perguntou Paul.

"Um gênio, à sua maneira."

"Não entendo como é que falar sobre meu desenvolvimento sexual infantil pode ajudar a lidar com um criminoso de guerra à minha porta."

Doutor Walters deu um sorriso furtivo, subversivo. "Você vai ver que o doutor Kovacs não é um desses terapeutas doutrinários que faz tudo pelo manual. Ele não acredita, por exemplo, que toda disfunção temperamental derive de necessidades genitais frustradas. Rompeu com seu professor Sándor Ferenzi por causa desse princípio e se ligou ao professor Jung, em Zurique, que, como você sabe, sustentava que o que nos impele a buscar o poder e abusar dele é o complexo de inferioridade. Posteriormente, ele também rompeu com Jung, acusando-o de ignorar as causas ambientais nas doenças psíquicas, a extensão pela qual o ambiente físico pode provocar depressão – a ausência de luz, plantas, beleza e assim por diante. Por causa disso, foi atacado igualmente por freudianos e junguianos. Quando os colegas pararam de lhe mandar pacientes, e ele não tinha nada para comer, foi trabalhar como enfermeiro em um asilo mental nos arredores de Viena, um lugar no final da linha mais longa de ônibus, onde mantinham casos que poderiam causar embaraço. Descobriu-se entre sobreviventes do massacre turco em Esmirna, que oficialmente nunca aconteceu. As pessoas sob seus cuidados tinham sido fisicamente violentadas, destituídas de seu patrimônio e privadas do direito à memória..."

"Ele parece interessante", disse Paul, depois de uma longa pausa.

"O trabalho que ele fez com esses pacientes e o estudo que escreveu sobre sua reabilitação são mundialmente famosos. Agora ele está velho, semiaposentado, mas vou ver se consigo, como um favor pessoal, que ele marque uma hora para você."

"E se eu não conseguir falar?"

"O doutor Kovacs é um homem paciente."

"Mas e se eu não conseguir?"

"Então o doutor Kovacs analisará os seus silêncios."

KOVACS, um provocador gnomo de pincenê – que limpava em um lenço de seda estampado de bolinhas –, não disse nada durante dez minutos cronometrados no relógio sobre a lareira. Foi Paul, afundado em uma poltrona de espaldar alto, quem quebrou o impasse, observando a feiura do apartamento do especialista, um corredor de cômodos como caixas de fósforo, em um bloco pré-fabricado nos limites do centro da cidade.

"Irônico, não é?", riu Kovacs. "Houve uma vez em que meu avental foi arrancado por colegas invejosos, por ter ousado sugerir que as construções inferiores tornam as pessoas doentes; e aqui estou eu praticando medicina em uma excrescência com paredes de asbestos, o que contraria todos os princípios de uma habitação saudável. Você foi muito esperto em ter reparado nisso."

"Entre outras coisas, sou arquiteto", disse Paul.

"Que interessante! É sobre esse problema que você veio conversar comigo?"

Paul deu uma risada espontânea, a primeira desde que a colisão na chuva o mergulhara no inferno. Percorreu os móveis do cômodo com expressão de desprezo: uma mesa massuda do último período Biedermeier, cercada por modernas cadeiras Bauhaus, sobre um tapete dos Bálcãs que parecia estar precisando de uma boa batida. "A mesa era dos meus pais", disse Kovacs, acompanhando os olhos de Paul.

"Os meus tinham um monstro parecido na sala", disse Paul.

"Antiguidade ou reprodução?"

"Quem podia arcar com antiguidades?", bufou Paul, levado a descrever a mesa de pernas pesadas, o sofá superestofado, o calor sufocante.

"Quantos cômodos tinha o apartamento dos seus pais?", perguntou Kovacs, e as comportas da memória se escancararam.

Foram necessárias três sessões em dias consecutivos – o médico cancelando outros pacientes e Paul telegrafando para Alice, dizendo que estava preso em assuntos oficiais – para que um relato completo irrompesse aos borbotões, da manhã em que fora atropelado em sua bicicleta na semana anterior à guerra, à colisão com Hans no pátio do Corcel Negro. Kovacs interrompia-o de vez em quando para detalhes tangenciais – a cor das sobrancelhas de Ewa (negro profundo), a distância exata, em metros, do campo até a pedreira (864), a folha de pagamento de sua pretendida escola (250 mil no primeiro ano, 300 mil no segundo) –, sorrindo como um professor quando seu aluno principal dá uma resposta certa aos inspetores visitantes. Ele parecia menos preocupado com as emoções do que com os fatos, sobrecarregando seu paciente com questões suplementares para estabelecer consistência. "Apenas me conte como era", ele ordenava. "Posso elaborar a sensação por mim mesmo."

"Como você pode saber?", perguntou Paul, enraivecido com a pretensão.

"Sou familiarizado com a desumanidade", murmurou Kovacs. "Além da minha experiência no asilo, eles me deram uma semana inteira de hospitalidade em Dachau, antes que meu passaporte húngaro chegasse."

"Entendo", disse Paul.

"Não mais do que eu." O terapeuta sorriu.

Na metade da terceira sessão, ele observou um progresso significativo e disse a Paul que ele havia superado a crise imediata. Devia ir para casa e se preparar para voltar em quinze dias. A placa de latão na entrada dizia que os pacientes tinham consultas duas vezes por semana, às terças e quartas, entre uma e meia e cinco da tarde.

"Mas o problema não desapareceu", protestou Paul.

"Que problema?"

"O diabo à minha porta."

"Se for um problema físico, não tem nada a ver comigo."

"É o medo dele."

"O camarada que você chama de Hans?"

"É isso."

"Bom, o que você acha que deveria fazer?", perguntou o húngaro, seu forte sotaque curvando para cima em uma inflexão interrogativa.

"Não sei", disse Paul. "Tenho que fazer alguma coisa."

"Tem?"

"Não posso continuar assim. Saber que ele está por perto, respirando o mesmo ar, espreitando em uma esquina, é como ter um tumor no crânio, pressionando o cérebro. Isso paralisa as funções uma a uma, até que você se torna um objeto inútil."

"Isso é muito bom", disse o terapeuta. "Com metáforas como esta você poderia ter ingressado na minha profissão – o que, me esqueci, você quase fez."

"Não servindo para nada."

"Pelo contrário: todo aprendizado é útil. Seus estudos de psicologia farão com que você tenha uma compreensão objetiva de sua situação. Diferentemente de muitos sobreviventes, você não está paralisado como um coelho à luz de holofotes. Enquanto tiver essa consciência, não se sentirá impotente."

"Então, o que espera que eu faça, doutor?"

"Isso é você quem decide."

"Da maneira que eu vejo, existem três possibilidades."

"A saber?"

"Uma, eu mato Hans. Duas, fujo. Ou três, não faço nada e acabo me matando."

"Pode haver outras saídas", disse Kovacs suavemente, "mas vamos olhar as suas como remédios orgânicos, porque se pode dizer que elas foram extraídas da natureza."

"O que quer dizer com isso?"

"Que chances um animal tem quando encontra um predador?"

"Não sei. Nunca pensei nisso."

"Bom, vivendo no campo como você vive, deveria dar um passeio com meu amigo Walters e observar o ciclo da vida. Um coelho, por exemplo, ao ver uma raposa, tem três escolhas: lutar, fugir ou se esconder. Concorda?"

"Acho que sim."

O terapeuta rangeu sua poltrona ao se levantar para se servir de um copo de água que ele de fato não precisava, saboreando a metáfora da mata. Quando aluno do terceiro ano de medicina, impressionado com um professor carismático que depois se revelou uma fraude, mudara sua inscrição para a faculdade de zoologia, até que seu pai, um alfaiate socialmente ambicioso, ameaçou cortar sua mesada caso ele não terminasse medicina. Mais tarde, acossado em sua prática, encontrou conforto nos bosques de Viena, entre o estupro de uma vítima e a tortura indescritível de um outro homem, cada passeio um refúgio e um ponto de referência para a recuperação. Agora, quase ao final de sua prática terapêutica, Kovacs se divertia com analogias extraídas do cantar dos pássaros e dos rituais de acasalamento dos pequenos mamíferos.

"Nós", ele conjecturou com um gesto inclusivo para Paul, "ignoramos a natureza quando corremos perigo. Para o animal ameaçado há três possibilidades: lutar, fugir ou se esconder. As duas primeiras dão à criatura ameaçada alguma influência no resultado. A terceira é a inércia, todas as ações suspensas até que a fome leve o animal a se expor, para comer ou ser comido.

"As escolhas humanas não são diferentes: você acabou de descrevê-las. Uma, lutar – arriscamos tudo no ataque. Duas, fugir – recuamos, terreno complacente, arquitetando uma volta. Três, se esconder – entramos em um estado de animação suspensa, esperando que o perigo passe. As duas primeiras são ações positivas. A terceira é chamada de depressão. Não a recomendo. Se são essas as suas opções, deixe-me sugerir que escolha *a* ou *b*. Volte daqui a quinze dias e me conte o que decidiu."

Paul afundou-se em sua cadeira. O ar trovejava e sua pele fervilhava como se estivesse cheia de insetos. Precisava pegar o trem. Tentou se levantar, mas as pernas estavam bambas. "Não entendo", choramingou, tentando ganhar tempo.

"Você está confuso quanto à escolha entre *a* e *b*?"

"Eu entendo a escolha. É o senhor que eu não consigo decifrar."

"Como assim?"

"O senhor é um psiquiatra. Sua função é ouvir, e não me dizer o que fazer. Isso não é profissional."

"Talvez para Freud. Para Jung, anátema. Para Kovacs, bastante normal."

"Não tenho certeza de estar confortável com o seu método."

"Claro", disse o velho terapeuta, "agora você compreendeu que Imre Kovacs não segue o método de ninguém, em algumas vezes nem mesmo seu próprio método. Wolfgang Walters sabia disso quando o encaminhou para mim. A vida é muito curta para deixar que os pacientes desperdicem tempo e dinheiro descobrindo uma cura falando a esmo, o que era a estratégia de Freud. Sou médico, eu prescrevo. Você decide se quer tomar o remédio ou sair em busca de uma segunda opinião mais ortodoxa. Você identificou os remédios; agora você tem que tomar uma decisão."

Paul sacudiu a cabeça, livrando-a das teias de aranha. Não estava claro para ele se Kovacs era charlatão ou sábio, mas sua apatia fora suspensa e ele estava preparado para lhe dar uma chance. Restava apenas uma dúvida residual.

"Doutor Kovacs?"

"É o nome que está na porta."

"O senhor está me dizendo, doutor, que, se eu decidir matar esse homem, o senhor me dará permissão terapêutica para ir em frente?"

"Não vamos raciocinar por hipóteses, Paul, ou você perderá o seu trem. Quero que você escolha entre lutar e fugir, só isso. Partiremos daí na próxima vez."

"Mas, se eu o matasse, o senhor seria um cúmplice do assassinato?"

Kovacs, com a paciência de uma velha águia em um penhasco muito alto, o acompanhou por um vestíbulo vazio até a porta do apartamento. "Paul, você é meu paciente", ele explicou. "Minha preocupação é com o seu restabelecimento. Atingimos um ponto no tratamento onde você me trará uma decisão e vamos discuti-la. Seja o que for que você decida, pode ter certeza de que estou a seu lado e estarei durante todo o tempo que você precisar."

"Mas..."

"A hipótese é irmã da hipocrisia. Nenhuma delas se responsabiliza por uma ideia. Kovacs sim, como você perceberá. Agora preste atenção ao andar por essas calçadas quebradas."

Recarregado, Paul correu até a estação e chegou em cima da hora para pegar seu trem, só para descobrir que os horários tinham mudado e lhe restava uma hora de espera. Investido de segurança, foi até o quiosque do café e gritou: "Ângelo!"

O italiano surgiu no guichê.

"Venha aqui", chamou Paul. "Precisamos conversar."

"Não tenho nada a dizer", disse Ângelo, enxugando as mãos molhadas na frente de seu jaleco, depois se esquivando rapidamente para longe dos ouvidos dos clientes.

"Trouxe dinheiro para você."

"Não quero."

"E tenho uma coisa para lhe contar."

"Seja rápido. Tenho fregueses me esperando."

"Ele voltou!"

"Quem voltou?"

"Hans, quem mais?"

"Meu Deus..." Um trem apitou roucamente ao partir.

"Então é por isso... que você ficou", disse Ângelo. "Você esperou por ele todo esse tempo, esperou que ele voltasse como um cachorro a seu vômito, esperou para fazer justiça."

Paul ficou quieto, deixando que seu amigo tramasse uma fantasia de vingança, elaborando todas as coisas vis e torturantes que gostaria que fossem infligidas ao monstro antes que lhe fosse permitido morrer.

"Paciência", disse Paul, "paciência, meu amigo", e Ângelo começou a chorar, grandes lágrimas tempestuosas que se estatelavam no chão sem tocar seu rosto.

"Sinto muito", ele soluçou. "Amaldiçoei seu nome, Leonardo, e disse a Jovanka que você era um traidor desprezível por continuar lá e que nunca mais deveríamos vê-lo. Eu tinha de saber que você é uma pessoa introvertida, Leonardo. Você não mostra as cartas. Espera como um bandido e, quando chega o momento certo, ataca. Como pude duvidar de você? Algum dia você me perdoará, Leonardo? Jovanka quis tantas vezes escrever para sua amável esposa... mas eu proibi. Por favor, me diga o que faço para conseguir o seu perdão..."

"Duas coisas", disse Paul calmamente.

"O que você pedir, *mio caro*."

"Quero que me prometa que, se eu chamar, você virá na mesma hora para me ajudar a lidar com Hans."

"Dia ou noite, largo tudo e vou."

"E preciso de outra máquina de café. Para o meu segundo hotel."

NO TREM a caminho de casa, Paul riscou uma linha nas costas de um envelope pardo usado. Na coluna da esquerda, listou sete maneiras de executar um assassinato silencioso em uma noite escura. Fácil de fazer. O problema era se livrar do corpo. Enterrá-lo era inseguro; as raposas desenterravam cadáveres frescos. O desmembramento era indefensável. O fogo chamaria atenção. Frustrado, voltou-se para a direita – a opção de fuga.

Tendo matado Hans, ou talvez sem matá-lo em hipótese alguma, ele fugiria para algum lugar que não pudesse ser descoberto, algum lugar à direita do envelope. Poderia atravessar duas fronteiras até a cidade de seu nascimento, onde talvez o recebessem como um velho ícone da resistência. Poderia procurar aquele primo distante na longínqua costa canadense, ou se juntar ao capitão Wierzbicki nas vastas planícies americanas. Poderia navegar até o estado sobrevivente à beira do Mediterrâneo onde, em um passeio no Sabbath, talvez se deparasse com um homem ou uma mulher que tivesse uma semelhança avassaladora com Ewa ou Johanna, e calhasse ser um parente, um estigma arrancado do fogo. Ele, assim como eles, poderia – qual era a frase da pregação? – se juntar a seus antepassados na paz eterna.

Resumindo, havia vários lugares aonde poderia ir e dinheiro suficiente em seu cofre para pagar por uma passagem e por uma nova identidade. O problema era que nenhum dos destinos lhe parecia convidativo. O país de sua mãe estava subjugado por uma ideologia opressiva; a vida na América do Norte era, pelo que tinha lido, muito liberal e confrontadora para sua natureza introspectiva; e, quanto ao ensolarado estado sobrevivente, parecia estar perpetuamente em guerra com seus vizinhos. Paul não podia enfrentar outra guerra à sua porta.

De qualquer forma, caso não cometesse assassinato, havia mais motivos para prendê-lo ali do que para fugir. Havia Johann. O que aconteceria com ele sem Paul para orientá-lo à masculinidade? Alice era uma mãe magnífica, intuitiva e amorosa, ainda que atenta aos defeitos do menino, mas poderia voltar a se casar com alguém inadequado, depois que ele fosse embora. Johann poderia ser corrompido, brutalizado, transformado em um outro Hans. Paul tinha que ficar, o que quer que acontecesse não poderia abandonar o filho.

Traçando uma linha ao longo da coluna da direita, voltou-se para a da esquerda. Não havia uma maneira segura de matar Hans e escapar às suas consequências; assim sendo, por que se incomodar? Ele sobrevivera ao campo recusando-se a matar; será que agora ele deveria abandonar seu princípio apenas para ter o conforto de saber que Hans já não existia? É claro que poderia pedir a Ângelo para fazer o serviço, mas seria evasivo. Era sua missão matar Hans, ou não matar, e, à luz fria da razão, a morte de Hans parecia cada vez menos necessária.

Isso lhe deixava uma última opção: ficar escondido, sem fazer nada, esperando que Hans definhasse ou morresse. Kovacs dissera que se esconder era um ato passivo, que atraía a depressão. *Deep-pression* (pressão profunda) era como o terapeuta pronunciara, uma caída no vazio. Paul não podia enfrentar mais trevas do que já vira. Então, o quê? Nada que ele discutira com Kovacs parecia funcionar. Tudo era desanimador, sem significado, insolúvel – será que era mesmo? Algo tinha mudado. O fato de reconhecer que não poderia fazer nada quanto a Hans fez com que Paul não se sentisse impotente nem vencido, mas liberado, aliviado da responsabilidade do ato. A liberdade se arrepiou pelo seu corpo. Amassou o envelope e colocou-o dentro do bolso e se voltou com prazer para o pacote de romances que tinha comprado em uma banca da estação para dar de presente a Wolfgang Walters como agradecimento.

Chegou tarde em casa, muito depois do fechamento da pousada. Andando na ponta dos pés até a cozinha, mastigou uma maçã da despensa e subiu a escada, batendo a mão livre às cegas pelo corrimão, os olhos semicerrados antecipando uma boa noite de sono. Dois degraus antes de chegar ao topo, levou um choque ao tocar em cabelo humano e nas costas de uma mão fria. Atônito, perscrutou sob a luz de alerta e viu o corpo magro de Lisl em uma camisola duas vezes maior, debruçada sobre um novo livro de Hermann Hesse.

"O que você está lendo?", perguntou automaticamente.

"*O jogo das contas de vidro.*"

"Vale a pena?"

"Ainda não sei."

Ele a evitara desde o Natal, com medo de desestabilizar o ambiente doméstico. Quando suas mãos se tocavam no bar, ou como acontecera agora no corrimão, uma descarga elétrica corria pelos seus dedos e seu coração era tomado de excitação. Não podia negar o desejo pela garota de olhos dançantes, mas estava fazendo o possível para subjugá-lo, na esperança de que morreria por desleixo. Escolhera a terceira opção. Estava se escondendo de Lisl, e parecia estar funcionando.

"Alice está dormindo?", perguntou, antes que Lisl pudesse dar início a qualquer coisa.

"Ela me pediu que esperasse por você."

"Foi bondade dela."

"Você comeu? Alice disse que eu tinha que ter certeza de que você comeria alguma coisa."

"Comi, obrigado."

Aquela garota não estava facilitando as coisas para ele. Sonolento pelo cansaço da viagem, estava suscetível ao toque dela, afogueado pelo cheiro de sua pele. Se ela o beijasse agora, talvez não tivesse forças para resistir.

"Não foi por causa de Alice que fiquei acordada", disse Lisl suavemente, olhando-o direto nos olhos.

"Eu estava imaginando..."

"Foi pelo meu pai", ela disse. "Ele me pediu para encontrá-lo sem falta. Quer que você vá vê-lo hoje à noite. Não importa que seja tarde, ele disse."

"Compreendo", disse Paul, preocupado com o médico, que devia ter piorado.

"Devo ir junto?", perguntou Lisl, enfiando sua mão delicada na dele.

"Melhor não", disse Paul. "Vai ser um assunto confidencial entre mim e ele."

"Compreendo", disse ela, ecoando a frase dele.

"Vou pedir que ele mesmo lhe conte, se quiser."

"Ótimo, eu também."

E assim, sem nem mesmo um beijo de boa-noite, Lisl subiu a escada deixando Paul cambalear de volta para baixo, calçar os sapatos e se arrastar pela ladeira molhada até a casa do médico, temendo o pior durante o caminho. A porta foi aberta antes que ele batesse e Walters o recebeu segurando uma taça de champanhe descorada. "Por que você não me contou?", perguntou assim que ficaram isolados por detrás da porta à prova de som de seu consultório.

"Contar o quê?"

"Que Hannes Kerner voltou."

"Pensei que as pessoas soubessem."

"Como poderiam? Ele não pode pôr o pé neste lado do vale. Não depois do escândalo com os dois escoteiros que ele supostamente sodomizou e da maneira que imperava sobre a aldeia quando seus camaradas estavam no poder. Ele era uma ameaça, um misantropo, desprezado por todos. As pessoas atravessavam a rua quando o viam e se persignavam quando ele saía de vista.Todos ficaram satisfeitos quando ele foi trabalhar naquele campo e não tinha mais tempo para nos infernizar na aldeia com suas conformidades políticas."

"Sua perda, nosso ganho", disse Paul, amargo.

"É um fato."

"Quanto você o conhecia?"

"O suficiente para ter sido preso sob suas ordens. Minha mulher também."

"Sob que alegação?"

"Insurreição. Promover o derrotismo. Recusa em cantar a música que jorrava sangue. Que diferença faz?"

"Sinto muito", disse Paul com seu tom mais gentil. "Eu não sabia."

"Não havia nada a saber. Nós nos safamos em surdina. Um paciente meu com gota, um chefe da polícia, nos libertou antes que a polícia secreta chegasse e começasse os espancamentos. Disse que a papelada estava incorreta e nos liberou com uma advertência."

"Como é que você soube que Hans estava de volta?"

"Recebi um telefonema de Kovacs há poucas horas. Ele quer que eu fique de olho em você, para ter certeza de que não fará nada precipitado até que vá vê-lo novamente. Paul, você tem certeza de que é Kerner?"

"Como eu poderia estar enganado?", exclamou Paul. "Eu o vi com meus próprios olhos matando homens, na mesma distância que você está de mim agora."

"Neste caso", disse Walters, "é melhor que cuidemos dele."

"O que você quer dizer?"

O médico levantou a tampa de uma grande geladeira onde guardava remédios perecíveis e uma garrafa permanente de champanhe. Retirou uma longa seringa de vidro, cheia até a borda.

"Esta é a que venho guardando para mim mesmo", ele disse, balançando o utensílio no ar. "Pegue-a. Posso fazer outra solução para mim."

"O que eu faço com isso?", perguntou Paul.

"Encontre Kerner, leve-o para um lugar quieto e espete isso em seu braço, sua perna, qualquer lugar. Tampe sua boca com a mão. Ele vai bater as botas em um minuto."

"E depois?"

"Você vai embora. Quando os policiais encontrarem o corpo, o trarão até mim, e eu atestarei que a causa da morte foi um ataque da coronária. Um enterro rápido, sem família, fim da história."

Paul não conseguia assimilar o que estava ouvindo. Pela segunda vez em um dia, um médico, jurado para não cometer o mal, o estava incitando a matar. Primeiro Kovacs, agora Walters – só que Walters tinha ido mais longe fornecendo os meios e se oferecendo para encobrir o caso. Paul podia assassinar Hans e se safar. Ninguém precisava saber.

Temendo ter entendido mal, pediu que Walters repetisse. "Livre-se dele", disse o médico. "Mate-o."

"Como você, dentre todas as pessoas, pode me dizer isso?"

"Às vezes um médico tem que eliminar uma vida quando ela põe em risco a de outros. Eu aborto um feto que põe a mãe em risco. Ajudo quem esteja em fase terminal a morrer, quando tudo que resta é agonia tanto para ele quanto para os que estão à sua volta. De tempos em tempos somos convocados a estabelecer julgamentos, pelo bem do indivíduo e da comunidade. É nossa função."

"Hans não está agonizante", objetou Paul.

"Ele é uma pestilência, um portador de pragas, um perigo para a sociedade. Foi privado do direito de viver pelos assassinatos que cometeu. A Bíblia diz que aquele que mata deve, com certeza, ser levado à morte. Kerner matou muitas vezes. Temos o direito de matá-lo antes que ele volte a agir. Eu mesmo o faria, se tivesse forças e oportunidade."

"Isso é ultrajante", disse Paul. "Você tem uma queixa contra Kerner por ter prendido você e aterrorizado sua mulher. Pode ter vontade de vê-lo morto, mas não pode agir como um promotor, um juiz, um algoz. Deve estar bêbado para sugerir esse tipo de coisa."

"Olhe para mim", disse Walters, estendendo a mão completamente firme. "É esta a mão de um bêbado? Mal me resta função hepática para cheirar uma garrafa de champanhe sem desmaiar. Gosto de olhar as bolhas no copo, lembrança de dias melhores. Tenho que lhe contar por que estou convencido de que esse homem deve morrer?"

"Acho que seria bom."

"Em pouco tempo, Paul, terei que prestar contas a meu Criador sobre meus feitos terrenos, as vidas que salvei e aquelas com quem falhei. Muitas vezes, um esforço extra de minha parte, um pulo mais rápido de uma cama quente em uma noite nevosa talvez tenha feito diferença. Trago coisas na minha consciência e terei que confessá-las quando me pedirem, aquelas das quais consiga me lembrar sem minha mulher ao lado como um lembrete. Estou divagando, Paul? Tenha paciência, por favor.

"Assim, quando for a hora do meu julgamento perante o trono da glória, poderia acontecer de um jeito ou de outro, se você acredita em toda a organização metafórica de um tribunal, o que eu não tenho certeza de acreditar, pelo menos não no sentido literal ensinado pela Igreja. De qualquer modo, se em tal cenário de Dante, a diferença para mim entre uma eternidade no inferno ou um assento no céu estiver dependendo desse único ato de ajudá-lo a matar Hannes Kerner, eu iria para o inferno com música nos lábios, sabendo que era o certo a ser feito. O Paraíso pode esperar por mim. Esse homem tirou vidas, torturou inocentes, brutalizou crianças. Não merece sobreviver a mim e continuará a assombrá-lo, meu amigo, enquanto viver. Livre-se dele Paul, pelo seu bem e pelo meu, pelo bem de nossas famílias, pelo amor de Deus. Faça-o sem demora, e nós dois nos sentiremos melhor com isso."

Em algum lugar da mata um lobo soltou um grito solitário. A luz brilhou sobre a escrivaninha do médico, reluzindo na seringa em sua mão.

"Guarde-a", disse Paul, em tom neutro.

"Pegue-a", o doutor insistiu.

"Não vou matar Kerner."

"Mas você precisa."

"Não, não preciso", disse Paul. "Quando disse ao doutor Kovacs que precisava fazer alguma coisa, ele me perguntou: 'Precisa?', ele estava certo. Não tenho que fazer isso. Esse homem já não pode me machucar. Seu poder se foi, seus amigos estão dispersos. Desde que não represente ameaça, deixarei que seu amigo, o anjo que faz as anotações, se encarregue da ficha pessoal de Hans no devido tempo."

"E se..."

"Se ele me criar problemas? Chamarei o sargento da polícia para levá-lo por agir alcoolizado, invasão, roubo, qualquer tipo de acusação de curta duração, até que ele aprenda a ir sumindo. Não tenho medo dele; agora não mais. É um junco quebrado. Portanto, coloque de lado essa seringa, querido doutor, e me sirva outra taça de Krug. Vim aqui para perguntar o que você achou daquele livro de Hesse que está na moda, que vi nas mãos de Lisl."

Os amigos brindaram com as taças, entreolhando-se com respeito cauteloso. Uma linha fora ultrapassada e eles haviam acabado do mesmo lado. Ambos haviam contemplado o assassinato; ambos tinham se abstido com escrúpulos. Haviam ingressado no mesmo clube, estavam bebendo à mesma mesa em um café de um bulevar existencial, uma Paris da mente.

"Viu Lisl hoje à noite?", perguntou o médico.

Paul assentiu.

"É uma boa garota, a minha Lisl, impetuosa e voluntariosa, mas essencialmente *boa*. Tome conta dela, Paul. Proteja-a quando eu me for."

"Farei o possível."

"Está entendendo o que estou dizendo?"

Paul evitou o olhar do doutor, temendo o que iria encontrar ali.

"Seja seu amigo, é o que eu peço. Nada além."

"Compreendo", disse Paul, remexendo-se em seu assento. "Conte--me sobre Hermann Hesse."

"*O jogo das contas de vidro*? Austero demais para o meu gosto. Tudo o que eu quero é uma boa história. Estou lendo *A morte de Virgílio*, de Hermann Broch. Muito mais agradável."

CAPÍTULO DOZE

A MORTE DO MÉDICO foi anunciada por um uivo no corredor. Paul, tomando seu café da manhã, saiu para encontrar Lisl agachada junto ao degrau de baixo, o fone balançando como um pêndulo ao lado da mesa. "Vou imediatamente", ele disse ao telefone e, chamando Alice para socorrer Lisl, que arranhava o rosto com unhas vermelhas, agarrou seu casaco e correu. Subiu a colina às pressas, depois se limitou a andar, lembrando-se do pânico que sentira na manhã do aborto de Alice e de seu papel solene nas cerimônias por vir. Fora encarregado de providenciar os últimos desejos do médico e sabia que aquilo precisava ser feito com decoro.

A porta foi aberta pela viúva, que o conduziu até o dormitório, onde Walters jazia em seu pijama listrado, os olhos fechados, o rosto acinzentado, o lençol cobrindo-o até o queixo e enfiado dos lados, o bigode bem tratado em ordem, ele sem vida sobre o lençol de baixo.

"Ele não queria ser visto em desalinho", disse a viúva.

"Você se livrou da seringa?", perguntou Paul.

"Esmigalhada com uma marreta, os fragmentos enterrados em um vaso de planta, conforme instruções."

"Sinto muitíssimo..."

"Ele estava preparado", disse a viúva.

Paul pousou os lábios secos na testa de seu amigo e puxou o lençol, cobrindo sua cabeça. "Deixe tudo por minha conta."

"Eu sei", disse a viúva. "Ele me disse que você se encarregaria da... organização. Telefonei para Lisl; tenho que avisar os outros."

"Deixe o resto comigo", disse Paul.

No andar de baixo, ele usou o telefone do consultório para chamar o médico substituto de plantão. Tobias Strauss, rígido, em óculos sem aros, veio, examinou o corpo, tirou sua temperatura, calculou a hora da morte e assinou o certificado que Walters, previdentemente, preparara de antemão. O médico era suficientemente jovem para considerar cada morte um fracasso pessoal. Paul lembrou-se do minerador de carvão que Ewa não conseguira salvar na mesa de cirurgia. Pela sua cabeça passou o pensamento de que seu afeto por Walters poderia ter sido condicionado pelo amor à médica que ele perdera; pôs de lado o pensamento.

O funeral, ocorrido de manhã cedo para que houvesse tempo para a longa viagem até a cidade, foi curto a ponto de parecer superficial. "Ele nunca gostou dos meus sermões, não é?", grasnou o padre Hitzinger quando Paul lhe pediu que abrisse mão das exéquias. Durante a cerimônia, o velho homem empreendeu uma vingança, apressando os ritos e se retirando rapidamente com sua batina manchada de ovo, antes que o último amém se esvaísse. Todos da aldeia, velhos e jovens, caminharam harmonicamente com o cortejo, da Igreja de Santo Inácio até o fundo da ravina, onde Paul disse ao motorista que ganhasse velocidade.

Paul se sentou à frente do carro fúnebre com Alice e o motorista. Atrás ia Lisl, apertada entre sua mãe com véu preto e o solitário braço protetor de Franz-Josef. Paul, com os olhos secos, ouvia a arenga do padre: *Nosso amado irmão Hans Wolfgang Walters, que devolveu sua alma...*

Então, era mais um Hans, caso o velho da batina tivesse dito o nome certo. Um bom Hans, se é que tal coisa exista. Hans, seu amigo.

O que é um nome afinal de contas?, ele pensou. Nada mais do que um capricho dos pais, um rabisco do escrivão. Um nome é uma coisa neutra, não define o caráter. Hans não quer dizer nada. Talvez ele estivesse superando sua fixação em Hans.

Conforme o carro acelerou por vias invernosas chegando a estradas largas, Paul lamentou as coisas que ele e o médico tinham deixado de fazer. Nunca tinham colhido ervas e cogumelos no mato, embora tivessem falado sobre isso muitas vezes; nunca tinham discutido Deus; nunca, nem uma única vez, tinham discutido a visão de seu amigo sobre os horrores recentes. Walters, na conversa final que tiveram, reconhecera Paul como um dos miseráveis que tinham marchado pela sua porta. Mas, sensatamente, evitara um reconhecimento direto, fosse para proteger a dignidade de Paul, ou pelo próprio embaraço por não ter feito mais – qualquer coisa que fosse – para ajudar os oprimidos. Como Walters poderia se dizer amigo de um homem cuja vida ele se abstivera de salvar?

Paul se colocou no lugar do médico. O que ele teria feito frente a uma vítima de sua própria inação, de seu instinto de preservação? Será que ele teria confessado sua covardia e procurado perdão ou fingiria não tê-lo reconhecido? Qual, ele se perguntou, jogando com a mente do médico, é o oposto do reconhecimento? Amnésia, abstração, alheamento, desentendimento, negação – não, nenhum desses. O oposto do reconhecimento deve ser a discrição – o primeiro traço que ele admirou em Alice e um traço tão inato na pobre alma do homem que estava no caixão atrás dele que Paul procurou um lenço no bolso para estancar seu súbito choro de perda.

Estacionaram, mudos, nos portões do cemitério, onde um grupo de pessoas da cidade estava reunido, numa elegância de tons escuros. Conhecidos da medicina, Paul inferiu, colegas antigos que haviam abandonado Walters em vida e estavam ali para vê-lo enterrado. Reparou em um chapéu marrom se agitando à margem, sem dúvida alguma pertencente a Imre Kovacs. Talvez fosse necessário um pronunciamento.

Fora do recanto da família, Paul se dirigiu aos presentes sem recorrer às notas em sua carteira. "Nosso querido amigo pediu que nada fosse dito aqui", ele começou, "a não ser que os enlutados julgassem essencial. Ele detestava gracejos e chavões, como vocês sabem, e ficava impaciente com louvores. Mas o que ele detestava acima de tudo era se aborrecer, e ele não gostaria que o deixássemos aqui, neste lugar, sem alimento para o espírito em sua jornada para a eternidade."

A viúva deu um pequeno sorriso. Alice pressionou a mão enluvada de Paul para incitá-lo a andar logo com aquilo. Fazia um frio de congelar e a luz estava diminuindo.

"Em sua mesa de cabeceira", Paul continuou, "encontrei um livro, *A morte de Virgílio*, de Hermann Broch. Trata-se de uma publicação bem recente, e eu mesmo ainda não o li, mas parece ser um relato ficcional das últimas horas do filósofo, escolhido pelo doutor Walters para ser sua última leitura. Folheei as quinhentas e cinquenta páginas, procurando por qualquer ponta que ele tivesse virado, qualquer passagem significativa. À página sessenta, ele sublinhou uma frase a lápis: 'Não exatamente aqui, e no entanto já aqui'.

"Essas palavras são de Wolfgang Walters para a vida – ligeiramente distraído, no entanto totalmente engajado, seja em uma emergência médica, seja apenas como boa companhia."

Paul olhou em torno para ver se sua voz chegava até o outro extremo, onde estava Kovacs. Queria particularmente que o velho psiquiatra ouvisse aquilo. "A outra frase que ele marcou estava na última linha do livro: ...'era a palavra além da fala'. Esta foi sua busca a vida inteira, a ideia que jaz logo após a compreensão humana, a decisiva última palavra."

Com exceção de Lisl e sua mãe, ele perdera a audiência, os rostos congelados enfiados em agasalhos. Percebeu que precisava ser rápido.

"Ele me pediu que jogasse um jogo com vocês", Paul bradou. "Disse que a maioria de vocês conhece as regras. Trata-se de um jogo de opostos que ele jogava na hora do jantar, para estimular a mente das pessoas."

"Enfadonho", queixou-se um genro mecânico.

"Cale a boca", sibilou Lisl, chutando o tornozelo mais próximo.

"Qual", perguntou Paul, "é o oposto do amor?"

"O ódio", esganiçou Lisl.

"A ausência", rosnou um dos filhos.

"A indiferença", disse o estéril Tobias Strauss, que tinha vindo com um jaleco branco, caso algum dos enlutados desmaiasse e precisasse de sua atenção.

"Nenhum desses", disse Paul. "O oposto do amor é..."

"O casamento", sugeriu a viúva, rindo por detrás do véu.

"A guerra", murmurou Franz-Josef.

"O oposto do amor", proclamou Paul, "é a morte. Esta era a resposta de Walters, ou pelo menos foi o que me disse no Natal."

O zelador do cemitério se aproximou, sacudindo as chaves.

"Mas ele deixou uma dúvida em minha mente ao dizer isso", disse Paul. "Eu sabia que ao nomear a morte como o antípoda do amor, Walters deixara o jogo inacabado. Tem que haver outro antônimo. Se o oposto do amor for a morte, qual, queridos amigos, seria o oposto da morte?"

"A vida?", perguntou uma filha casada.

"Óbvio demais."

"O nascimento?", disse uma de suas irmãs.

"Não seria ruim..."

"A ressurreição", proferiu uma voz piedosa.

"A manhã seguinte...", disse Lisl, com o cenho muito franzido.

"Isso é bom, muito bom", disse Paul numa imitação passável de Walters. "Seu pai teria gostado disso, Lisl, mas ele teria dito que você ainda não chegou lá. Se a morte for insondável, se a morte for 'a palavra além da fala', como ele dá o indício, então o oposto da morte, a derrota da morte deve ser..."

"O conhecimento?", disse Alice.

"A ciência", falou Strauss.

"A compreensão", declarou Lisl.

"É isso!", exclamou Paul. "É aceitar que não podemos entender."

UM BUFÊ LEVE tinha sido servido no restaurante de um pequeno hotel onde Paul tinha reservado quartos para a noite, e antes que os últimos enlutados tivessem se livrado de seus casacos, três genros já estavam ficando animados com o vinho. "Venha, junte-se a nós, Paul", chamou Franz-Josef. "Um brinde ao que se foi."

Paul ficou relutante. O vazio assolava dentro dele e ficou agradecido quando Alice disse que era hora de eles subirem para descansar. Assim que ele fechou a porta do quarto, ela o empurrou contra a colcha e para um ato de amor, sua afirmação de vida, um oposto carnal à ideia da morte. Alice era sábia em tantos aspectos sutis que Paul ficou imaginando como pudera ter sequer permitido que Lisl duvidasse do acerto de seu casamento. Alice reagia à emoção com uma atitude saudável, não com equívocos patéticos. Ela não tinha necessidade de verbalizar, internalizar ou racionalizar – ao contrário de Paul, que encarava a vida de um lado, depois de outro, e não conseguia deixar que os momentos vitais passassem sem referências e comparações. "Foi", ele perguntou enquanto estavam deitados, com os membros entrelaçados, "parecido de algum modo com o funeral de sua mãe?"

Alice se afastou dele com um suspiro. "Você falou lindamente", foi tudo que ela conseguiu dizer antes que sua respiração relaxasse em um ritmo soporífico.

De manhã, eles perderam a hora e se vestiram apressados. Alice ia se encontrar com Jovanka para fazer compras e Paul tinha uma hora com o doutor Kovacs, embora tivesse dito a Alice que ia ver um inspetor de obras.

"Então, o que você decidiu?", perguntou o psiquiatra com mais expectativa do que pareceria apropriado em um relacionamento profissional.

"Nenhuma das opções." Paul sorriu. "Nem lutar, nem fugir, nem me esconder."

"Então, o quê?"

"Nada. Não preciso fazer nada."

"De jeito nenhum?"

"Só se ele me confrontar."

"O que, dadas as suas circunstâncias relativas, parece improvável."

"Correto."

A luz do sol jorrou dentro da sala como um árbitro imparcial. "O que o levou a esta tranquila resolução?", perguntou Kovacs, quebrando o silêncio.

"Uma coisa que o senhor disse."

"O que foi?"

"'Você precisa?', o senhor me perguntou."

"Ah, a eterna interrogação."

Eles riram em uníssono, mais companheiros agora do que terapeuta e paciente.

"Então, daqui para onde vamos?", perguntou Paul.

"Podemos explorar, de uma maneira mais profunda e mais ampla, as origens de sua neurose."

"Isso não passa de uma neurose?"

"Quando levamos em conta os traumas dos últimos anos, não passa disso."

"Isso é muito decepcionante. Soa como se eu estivesse fazendo um drama a partir de nada."

"Pelo contrário, não existe nada mais interessante do que a neurose."

"O senhor chegou a um diagnóstico?"

Kovacs tirou seu lenço de bolinhas e o enrolou em torno de um indicador manchado de nicotina. "Vejo um homem que deseja ser querido. Eu me pergunto, por que alguém tão talentoso e atraente teria tal necessidade. Suspeito que ele foi condicionado a não gostar de si próprio, a se castigar pelos erros, reais ou imaginários. A insônia que ele se inflige é tão grande quanto qualquer sofrimento objetivo que teve que suportar. Isso o torna, a seus próprios olhos, pior do que seus perseguidores. Isso é do maior interesse. Ele não se ama; assim, tem que provar que é um homem ruim. A única maneira pela qual ele pode refutar isso é através de alguém que o ame. Daí sua necessidade desesperada por ser amado. Isso poderia ser uma base para discussão?"

Paul encarou o terapeuta, chocado com a clareza de sua percepção.

"O que há para discutir?", ele ficou amuado. "O senhor me disse o que eu já sei."

"Às vezes ajuda dizê-lo em voz alta."

"Por que o senhor acha que eu sou antipático?"

"Eu não disse isso – você disse."

"Mas eu não acho isso."

"Ótimo, então podemos discuti-lo com objetividade."

"Isso significa mais histórias de animais?"

"Se você preferir", disse Kovacs. "Há muito o que aprender com um pária jogado para fora da alcateia por causa de diferença genética ou potencial desagregador."

"Um desajustado? Uma mistura?"

"Exatamente, justo como eu e você. Nós pairamos às margens da sociedade, observando de fora o que não pode ser visto de dentro, aperfeiçoando nossas chances de sobrevivência à custa de uma exclusão permanente, preço que pagamos com vontade. Afastados, ostentamos nossa diferença como uma marca especial de superioridade, e então ficamos surpresos de que ninguém nos ame – assim, detestamos o bando, mas não conseguimos nos livrar de.seu *habitat*."

"Qual é a cura?"

"Ajuste. Aprender a conhecer e a gostar de nós mesmos um pouquinho."

Paul não tinha resposta para isso. Ficava se mexendo na cadeira de um lado para o outro, olhando suas unhas como se elas fossem culpadas de sua exclusão, cutucando a cutícula do polegar até sangrar. "Um ajuste não vai ser fácil", ele disse.

"Ou rápido." Kovacs sorriu.

"Mas vale a pena tentar?"

"Freud curou o Homem-Lobo?", riu Kovacs. "Claro que não. Mas, no decorrer de sua relação, ambos aprenderam uma imensidade de coisas sobre eles mesmos, ainda que Freud não pudesse admitir isso para o Homem-Lobo de um jeito tão sincero quanto eu o faço com você."

"O que o senhor aprendeu comigo, doutor Kovacs?"

"Que a supressão não precisa ser dolorosa."

"Posso manter memórias enterradas?"

"Tantas quantas quiser."

"Devemos dar uns seis meses?", perguntou Paul, tentando tomar o controle.

"Quinze dias", disse o terapeuta impassível, "uma quarta-feira sim e outra não, às três."

Paul anotou em seu diário. "Antes que você vá", disse Kovacs, "há duas coisas em que eu gostaria que você pensasse para nossa próxima sessão."

"Prossiga."

"Por favor, considere isso: onde quer que você viva, seja na aldeia ou no outro lado do mundo, você sempre estará perto do campo e da pedreira. O trauma pode ficar sob controle, mas não pode ser completamente apagado."

"Eu sei. É por isso que procurei sua ajuda."

"Em segundo lugar, preciso que você se pergunte se, em suas noites junto à janela você algumas vezes pensa em machucar alguma outra pessoa da aldeia – quero dizer, fora Hans."

"Não", disse Paul, respondendo um pouco rápido demais.

"De verdade?"

"Quem eu machucaria? O lojista, a lavadeira, meu sogro? Minha raiva é geral, não particular, é uma raiva coletiva."

"E quanto a Alice?"

"O que o senhor quer dizer?"

"Algumas vezes você pensa em machucar Alice?"

"Alice? Machucar Alice? Ela me ama, como eu poderia machucá-la?"

Kovacs levantou-se fazendo ranger a sua poltrona e manquejou até a janela. A artrite tornara-lhe impossível ficar sentado durante todo o período de uma hora, e a aposentadoria não poderia ser protelada por muito mais tempo, mas, enquanto continuasse a atender, tentava exercitar a flexibilidade da perna a intervalos, em benefício de seu paciente, permitindo a acomodação de um discernimento mais difícil.

"Às vezes", murmurou Kovacs, com as costas voltadas para Paul, em um tom quase inaudível, "às vezes aqueles que queremos machucar são precisamente os que amamos."

"Querer não é o mesmo que machucar."

"Então você quer de fato machucá-la?", perguntou Kovacs, girando nos dolorosos joelhos.

"Eu não disse isso..."

Kovacs coxeou até a estante e puxou um volume fino: "Contudo, todo homem mata aquilo que ama/que todos atentem para isso...", ele recitou.

"Quem escreveu isso?"

"Oscar Wilde, o pária irlandês em *A balada do cárcere de Reading*. É sobre um homem que está esperando ser enforcado pelo assassinato de sua esposa."

"Aonde o senhor quer chegar?", perguntou Paul.

"Reflita sobre isso."

"Tenho pensado."

"Alguma vez, no ato do amor, você pensou em matar a sua esposa?"

"Como é que o senhor pode perguntar tal coisa?"

"Porque as pessoas pensam. Não é apenas pelo momento da inconsciência que fazer amor é conhecido como 'a pequena morte'. No ato sexual nós dominamos e nos subjugamos, como acontece no combate entre bestas. Algumas criaturas matam seus amantes depois do sexo. Você já ouviu falar no louva-a-deus? A fêmea come a cabeça de seu companheiro. Nós humanos geralmente sublimamos – temos um ímpeto fugaz e recuamos. Colocamos as mãos na garganta, pressionamos a cabeça contra o travesseiro e depois soltamos. Você já sentiu isso, Paul? Você deseja punir a sua mulher durante o amor?"

"Acho que não. Conscientemente, não. Não que eu possa honestamente me lembrar."

"Pense com cuidado."

"O senhor está sugerindo que eu sou um perigo para Alice?" Sua voz tinha se alçado para um guincho.

"Não necessariamente." Kovacs suspirou, exalando um ar cansado. "Ou mesmo conscientemente. Todo mundo fica bravo, às vezes, com alguém que ama. Se não conseguimos encontrar um jeito de extravasar isso, a emoção se recolhe e reforça sentimentos de inadequação e raiva de si mesmo, percebe?"

Paul assentiu de má vontade.

"Você nunca demonstra raiva em relação a Alice, não importa o quanto ela o provoque. Você prefere sair do quarto a gritar de volta. Você não expressa o que sente. Quando ela chama seu filhinho de Hans, o que você sente, Paul? Você não tem vontade de estrangulá-la, de sufocar aquele som antes que ele saia daquela garganta?"

Paul não disse nada, os dedos pousados nos lábios.

O psiquiatra declamou:

"Todo homem mata aquilo que ama,
Que todos atentem para isso,
Alguns o fazem com um olhar amargo,
Outros com uma lisonja,
O covarde o faz com um beijo,
O corajoso usa uma espada!"

Paul ficou de pé num pulo. "Não entendo", gritou. "Na última vez o senhor me encorajou a matar Hans. Agora quer que eu mate Alice? O senhor está louco, Kovacs? Que tipo de terapia é esta? Deixe-me sair daqui." Ele foi até a porta, mas o médico impediu-lhe a passagem.

"Quando eu lhe disse que estava certo matar Hans, você partiu para matá-lo?", perguntou Kovacs. Paul, a centímetros dos olhos aquosos do velho homem, balançou a cabeça.

"Se eu lhe disser para matar quem quer que seja, você fará o que eu disser? Duvido. Você tem vontade própria e uma mente cuidadosa. Agirá de acordo com o seu caráter e fará o que a situação exige. O que eu estou lhe pedindo que considere é seus sentimentos a favor e contra a sua esposa, o seu filho, o seu terapeuta, você mesmo. É isso o que eu posso fazer por você, Paul. Posso soltar sua trava de segurança e deixar que você brinque com uma metafórica arma carregada, sem que ninguém fique ferido. Seu tempo acabou. Eu o verei daqui a duas semanas."

Trêmulo de confusão, Paul correu para a estação de trem onde, ao encontrar Alice com Jovanka no quiosque do café, envolveu os braços em torno de sua tranquila e desavisada esposa e a cobriu de beijos infantis.

"Um para mim também?", adulou Jovanka.

Paul levou a mão áspera da moça até os lábios, consciente dos olhos de Ângelo em sua nuca. "Ângelo", disse a ela galantemente, "é um homem de muita sorte."

Em um vagão agora vazio, na longa viagem de trem para casa, Paul segurou a mão de Alice e conversou sobre Johann. Uma criança tão esperta, ele riu, tanta curiosidade. Ele pode vir a ser um cientista, um grande artista, um estadista. "Pode até mesmo ser um irmão mais velho", insinuou Alice.

"Tem certeza?" exclamou Paul.

"Absoluta."

"Quanto tempo?"

"Quase quatro meses."

Ele puxou a esposa para seu peito, em um abraço apertado.

"Alguém sabe?"

"Só o doutor Walters", arquejou Alice. "Ele me examinou dois dias antes de morrer. Disse que caso não o visse antes, eu deveria lhe dar os parabéns em seu nome."

CAPÍTULO TREZE

Três semanas antes do solstício de verão, chegou um cartão-postal de Ângelo dizendo que tinha uma segunda máquina de café pronta para entrega. Mathilde Zumsteig, enlevada, pediu que Paul adiasse a entrega para que ela pudesse pintar o Corcel Negro, cobrindo as últimas rachaduras dos estragos militares, incorporando a antiquada suíte nupcial ao restaurante principal e causando uma impressão mais favorável nos novos fregueses.

"Boa ideia", disse Paul.

"Estou apenas copiando o que você fez", disse sua sogra.

"Você aprende rápido."

Ela corou intensamente, confirmando a conquista de Paul. Outro peão em seu tabuleiro.

As notícias se espalharam anunciando que, mostrando um recibo recente, os clientes do Corcel Negro poderiam comer a preços reduzidos na Corça Sorridente, durante a semana em que o primeiro estivesse fechado. Mathilde se ofereceu para administrar a cozinha, enfrentando o aumento de movimento e liberando Alice para dedicar sua atenção a Johann, que se tornara petulante à medida que a gravidez progredia. Alice, exausta, não fez objeção. Mathilde, exalando boa vontade, prometeu levar algumas receitas tradicionais de Pringsheim que nunca haviam atravessado o desfiladeiro.

Na quarta noite da semana em que o Corcel Negro estava fechado, uma quinta-feira, Paul voltou para casa tarde, vindo de uma turbulenta reunião do conselho sobre conservação de trilhas, e entrou no bar da Corça Sorridente poucos minutos antes da hora de fechar. Estava tirando da Gaggia uma dupla de cafés mais suaves para tomar com Alice na sala de estar no andar de cima, quando uma sensação de arrepio no lado esquerdo do pescoço fez com que se virasse derrubando a jarra e espalhando leite pelo balcão. Mesmo enquanto registrava o que o fizera se voltar, já sabia que deveria ter esperado por aquilo.

No reservado que geralmente acomodava o pai da vendedora de cenouras, Schreier, e seu melhor amigo, o ferreiro, o monturo que Paul conhecia como Hans esfregava com um bocado de pão branco o molho do pombo assado de Mathilde, a cabeça tão junto ao prato que o garfo não se mexia mais do que dez centímetros, para cima e para baixo. Paul apertou os olhos, abrindo-os enquanto limpava o resto do leite, para confirmar que não estava alucinando por cansaço, que a criatura encurvada com a camisa rasgada e imunda, sentada no aconchego de seu próprio bar, não era outro senão sua Nêmesis, o comandante de vida e morte. Quando o homem se recostou com um suspiro saciado, Paul soube que não havia engano. Nunca deveria ter permitido que aquilo acontecesse. Era preciso dar um fim.

Recriminou-se por não ter preparado um plano de contingência. Deveria saber que a criatura atravessaria o desfiladeiro salivando atrás de uma oferta a preço reduzido do grude da viúva Zumsteig. Tinha que ter se preparado para ele. Ao jogar o trapo ensopado de leite em uma cesta de roupas sujas sob o bar, seu estômago reagiu, e ele mal conseguiu chegar ao banheiro do corredor, a tempo de vomitar em uma pia esmaltada, que estava pretendendo substituir por uma moderna, de aço. Um vaso de violetas murchas na prateleira acima piscou para ele no espelho das vaidades.

Paul lavou o rosto e, ao enxugá-lo, esvaziou a mente de outros pensamentos. Hans estava na casa, sob o teto onde Johann dormia e Alice esperava seu bebê. Hans invadira sua casa, destruíra a calma que todo homem tem o direito de esperar ao cruzar sua soleira. Tinha que ser retirado: em primeiro lugar extirpado, depois exorcizado. Sua presença contaminava tudo o que tocava. Seu prato e seu copo tinham que ser destruídos, os talheres jogados fora, o banco e o tampo da mesa lixados e reenvernizados, o chão esfregado. Isso ficaria para depois. Antes, ele tinha que expulsar o intruso. Com o rosto emaciado, Paul foi até a cozinha à procura de Mathilde. "Aquele seu vagabundo está aqui", contou a ela. "Você poderia fazer com que ele terminasse e lhe dizer que estamos fechando? Seja tão grosseira quanto quiser. Não quero vê-lo aqui outra vez."

"Isso é fácil", respondeu sua mais recente admiradora. "Você está bem, Paul?"

"Tudo bem. Só um pouco cansado."

Ele se sentou e deitou a cabeça em uma mesa de pinho da cozinha, até que o ribombar de seu coração parou e Mathilde voltou informando que se livrara do incômodo. "Disse a ele que estava muito maltrapilho para um lugar agradável como este e que, além disso, estava fedendo." Ela sorriu.

"Alguma vez ele criou caso no Corcel Negro?", perguntou Paul.

"Ele está sempre na dele", disse Mathilde. "Nunca diz uma palavra. Esconde uma infinidade de segredos por detrás daquela barba se você quer saber. Um camarada inútil."

"Ele já se foi?"

"Está usando o banheiro. Dê-lhe alguns minutos. Depois fechamos."

"A noite foi boa, Mathilde?"

"Fenomenal. Nem uma mesa vazia, não conseguimos ficar parados. Só ficou realmente mais calmo na última meia hora. Você comeu?"

Ela encheu uma tigela de sopa com bolinhos e, sem perguntar, colocou-a em frente a ele. Paul foi tomando automaticamente, acalmando-se com o caldo, sussurrando um mantra: Hans está saindo, ele não vai voltar. Mas, mesmo enquanto dizia essas palavras, sabia que eram falsas. Hans estava de volta em sua vida. Ele só podia fazer uma coisa quanto a isso.

"Por que você não vai para casa?", sugeriu a Mathilde. "Posso fechar sozinho."

"Tem certeza?"

"Na verdade, é bom que eu tenha alguma atividade física, para tirar minha cabeça das discussões sobre estradas e caminhos vicinais que tomaram a tarde toda."

"Você trabalha demais", disse Mathilde.

Paul deu de ombros.

"Qualquer dia você vai explodir a sua cabeça", ela avisou, beijando-o nas faces antes de fechar seu casaco e se dirigir para seu Volkswagen recondicionado, uma recompensa antecipada pela futura prosperidade.

PAUL FECHOU A PORTA da frente com as duas trancas após a saída de sua sogra, amontoou os copos sujos na pia, jogou os utensílios usados por Hans em uma lata de lixo do lado de fora da porta da cozinha e puxou o ferrolho pesado. Limpou o balcão do bar até estar brilhando, desligou a máquina de café, empilhou os jornais do dia ao lado da grelha de carvão e desligou vários conjuntos de interruptores da caixa de fusíveis, menos o do corredor que o iluminaria para subir a escada e chegar em casa, na segurança de Alice. Ao passar pelo banheiro a caminho da escada, enfiou a cabeça para ter certeza de que não havia ninguém dormindo lá dentro, como às vezes acontecia com os velhos que bebiam demais. As quatro portas do banheiro estavam escancaradas, mas uma das torneiras estava pingando. Quando Paul esticou o braço lá dentro para fechá-la, viu que alguém deixara um objeto na borda da pia, retirado enquanto o cliente lavava as mãos e esquecido na saída. Segurando-o à luz do corredor, reconheceu a pulseira trançada e o mostrador pesado com o vidro riscado.

Sabia, sem saber, de quem era aquele relógio, também sabia que ele fora deixado ali com uma intenção, como uma mensagem para ele de que Hans voltaria, para assombrá-lo, escarnecê-lo, provocá-lo com o reconhecimento de que estava lá, de que ele não iria embora. Paul não entendia por que Hans precisava manifestar sua presença ali, mas era isso que acontecia, já que deixara aquele maldito relógio para trás. O Tissot era o mesmo que estivera pousado sobre o prontuário do comandante no dia em que Paul descobriu seu nome. Emanava o mesmo cheiro de intimidade não lavada, de proximidade indesejada, uma aura a que ele não resistiria, nem ignoraria. Teria que fazer alguma coisa quanto a Hans.

Cheirou o vaso de violetas para mascarar o cheiro de Hans, depois as jogou na privada, como se as flores fossem culpadas. Voltou para o bar, tirou dois sacos de papel debaixo do balcão e, pegando o relógio com um deles, enquanto o jogava dentro do outro, tomou cuidado para que ele não tocasse nenhuma parte de sua roupa ou de sua pele. Por detrás do bar, no nível do chão, havia um cofre que Franz-Josef, apesar de repetidas advertências, se recusava a usar para o que fora destinado: guardar a féria da noite. O cofre funcionava como um depósito ocasional de objetos perdidos. Ele se abriu ao toque de Paul, que atirou o saco lá no fundo, fechou a porta, girou o segredo no painel frontal, testou a porta para ter certeza de que estava fechada, desligou a luz e subiu com passadas de chumbo. Pensava poder ouvir o tique-taque do relógio, zombando de cada um dos seus passos, e soube que não teria paz enquanto ele estivesse ali, não resgatado.

Uma imagem de seu querido Tissot saltou-lhe à mente. Por um instante pensou se os dois relógios não seriam o mesmo, se o objeto arrancado de seu pulso ao chegar ao campo não havia sido recuperado por Hans em uma pilha de pertences saqueados, equipado com uma pulseira rúnica e usado dia e noite para assinalar o dobre das mortes. Ficou meio tentado a descer novamente e examiná-lo à procura da inscrição amorosa de Johanna: *Para meu querido Paul, no dia em que se torna um homem* – mas decidiu que aquilo não importava. O relógio não podia ser dele. Era Hans encarnado. Teria que desaparecer, juntamente com seu dono.

Despindo-se parcialmente, Paul deitou-se ao lado da adormecida Alice com as roupas íntimas suadas, rígido como uma tábua, tentando esvaziar a mente. Menos de três horas depois, muito antes da primeira claridade, encarou a janela escura, os pés inquietos. Não havia ninguém no mundo com quem pudesse compartilhar a sua dor. Walters estava morto, Kovacs só atendia às terças e quartas, o Professor era um cafetão e tudo que Ângelo diria era: mate, mate, mate.

Indo na ponta dos pés até o banheiro, Paul tomou um banho, se vestiu e desceu só de meias. Tirou três cafés curtos em uma rápida sequência, acariciando a máquina enquanto ela estalava e esguichava, encorajando-a com doces murmúrios. Lisl, que tinha o sono leve, veio até o cômodo, perturbada pelo silvo, segundo ela. Usava uma camisola de flanela que ia até o chão e tinha um ar de preocupação solidária. Ofereceu-se para lhe preparar o café da manhã.

"Não estou com fome", disse Paul, "mas gentileza sua pensar em mim."

"Eu penso", sorriu Lisl, "frequentemente."

Ele podia se abrir com Lisl, desde que não se tocassem. Ela era inteligente, leal, discreta como o pai. Mas, mesmo enquanto ele acalentava o conforto de compartilhar aquele peso, sabia que um segredo complicaria a ligação precária que havia entre eles. Nos últimos momentos do médico, ele lhe prometera proteger a filha da impulsividade, tanto dela quanto sua.

"Você viu aquele vagabundo na mesa de Schreier na noite passada?", ele perguntou, testando.

"O que mancava? Vi, ele fedia."

"Você já o tinha visto antes?"

"Não. É um refugiado?"

"Não tenho certeza. Deixou um relógio no banheiro. Se ele voltar, está em um saco de papel no fundo do cofre. Só o devolva para ele e o mande embora."

"Mais alguma coisa?"

"Acho que não."

"Paul?", ela disse, amaciando a voz.

"Não, Lisl."

"Tem alguma coisa incomodando você. Eu percebo. Venha. Sente um minuto..."

"Não, tenho que ir. Estou atrasado."

Correu pela porta afora em mangas de camisa e subiu a colina até a prefeitura, batendo nas venezianas descidas para apressar o vigia. Liquidou a sua bandeja de entrada de um ímpeto, fez anotações às margens de um manual de trilhas, vociferou com uma secretária que chegara três minutos depois das nove e, quando ela irrompeu em lágrimas, pegou no telefone e pediu à telefonista interurbana que o pusesse em contato com o número que tinha para Imre Kovacs. O telefone tocou dezoito vezes até que Paul concordasse com a telefonista que parecia não haver ninguém.

Com a cabeça desintegrando, voltou para casa e foi para a cama pretextando estar gripado. Alice lhe ofereceu sopa e conhaque e ele dormiu. À noite, sentindo-se mais calmo, leu *Pinóquio* para Johann e

A morte de Virgílio para si mesmo, até que caiu no sono sem apagar a luz de cabeceira.

Foi o primeiro a descer no sábado, conferindo o cofre e vendo que o relógio ainda estava ali. Depois do café da manhã, levou Johann para cavalgar, depois para a aula de flauta e até seus avós. Mathilde perguntou se ele estava se sentindo melhor. Paul resmungou, com o relógio tiquetaqueando na cabeça, mesmo sabendo que àquela altura ele devia ter parado por falta de corda. Telefonou para Ângelo do corredor do Corcel Negro, com os decoradores tagarelando à sua volta.

"A máquina está pronta?"

"À hora que você quiser. Segunda-feira está bom?"

"Ótimo. Talvez eu precise de uma 'hans' para instalá-la."

Ele tinha querido dizer "mão". Ângelo entendeu o ato falho.

"A qualquer hora", respondeu. "De dia ou de noite, é só chamar. Posso chegar aí em seis horas."

Paul passou a noite de sábado com Alice, colocando fotografias com as bordas amassadas em cantoneiras e colando-as, página por página, no álbum de família que estavam montando antes que o bebê nascesse. Alice dizia que era difícil ver Paul em alguma fotografia. Somente a distância, um pontinho contra a encosta de uma montanha, metade da cabeça na última fila de uma reunião de Natal. Ou ele estava por detrás da câmera, arrumando os outros, ou tão retirado que poderia fazer parte de outro grupo. Alice percorreu o álbum do começo ao fim, contando. Paul aparecia em vinte e seis fotografias, mas em nenhuma delas ele estava definido e reconhecível. "Temos que dar um jeito nisso", ela disse.

No domingo ele foi com Alice e Johann até a igreja, como de costume, e depois se reuniu ao restante da família para o almoço, onde parecia estar com seu autocontrole tão costumeiro que Lisl foi a única que o notou deixando a sala três vezes durante a refeição, incapaz de ficar quieto. Depois que Alice subiu para um cochilo e os avós levaram

Johann para passar a tarde, Paul desceu a colina sob uma garoa triste, seguindo a trilha que percorrera com Walters em direção à pedreira. Parou ao lado do riacho, ensopado numa miséria penitencial. As luzes da pousada se acenderam às cinco e meia da tarde, entre resmungos de Mathilde de que, com tal tempo, os negócios iriam mais devagar. Às seis, Paul retirou a sacola de papel do cofre e se sentou no reservado de Schreier, olhando todos que entravam e saíam por detrás de uma ficha cartonada de mecanismos de planejamento. Hans entrou às sete e trinta e quatro, marcadas pelo relógio de plástico na parede entre as duas cabeças de veado acima do bar. Paul deu um pulo e o parou na porta. "Você veio em busca do relógio? Venha comigo."

Saiu para o pátio e, quando o homem chegou ao seu lado, tirou a faca da manga e, a dez passos da porta da frente, o espetou abaixo das costelas. "Vá em frente. Não olhe para trás. Vire à direita na rua", disse Paul entre dentes.

"Onde estamos indo?", perguntou a vítima, sem se abalar com o ataque que não furara nem suas roupas, nem sua carne. Seu tom de voz – que Paul se deu ao trabalho de analisar – era quase jocoso. Não havia a insinuação de medo.

"Vamos descer", disse Paul.

"Eu o conheço?"

"Não se faça de desentendido."

"Por que faria isso?"

"Você está cansado de saber quem eu sou."

"Não reconheço o nome. Paul Miller", disse o Cabeça de Toco com uma furtiva elisão em sua pronúncia. "Não me lembro de nenhum Miller."

"Você me deu um número: dez, sessenta e seis, cinco três sete, quarenta e quatro."

"Ah, então é você", exclamou o prisioneiro, tropeçando em um buraco, mas mantendo o equilíbrio. "Eu achei que podia ser você, mas hoje em dia nunca se sabe, com as pessoas mudando o nome e o rosto para se adequar às novas condições. Seu nome não é mais o mesmo – algo com owski, não era? – e seu rosto engordou. Eu tinha quase certeza de que era você quando praticamente me atropelou com sua bicicleta do lado de fora do Corcel Negro. Mas, quando você não pareceu me reconhecer por detrás de minha proteção cabeluda, pensei em não fazer nada até que você fizesse."

"Eu o reconheceria em qualquer parte, comandante, com ou sem barba."

"Então você é um bom observador. Estou de volta há meses em minha fazenda, nas lojas, e ninguém disse uma palavra. Nem inimigo, nem amigo – não que eu tivesse tido algum amigo aqui. Essas pessoas são passivas como carneiros no pasto, insensíveis a grandes acontecimentos. Não são homens de destino como você e eu, arquiteto. Eles não veem o mal, não ouvem o mal, nem tampouco o maldito bem, e isso é um fato."

"Cale a boca, Kerner, e continue andando."

"Não há necessidade da faca, arquiteto. Não posso lutar com um camarada grande e forte como você. E você sabe muito bem que não consigo correr com minha perna problemática."

"Apenas ande."

A chuva tinha penetrado em uma das botas de Paul, e sua cabeça, pesada com o resto de resfriado, ouvia cada palavra em um tom abafado. Seu controle estava tênue e seus reflexos, embotados. O homem na extremidade de sua faca estava conversando como se tivesse esperado muito tempo por uma companhia tão perfeita.

"Resolvi me dar a conhecer a você, arquiteto", disse Hans, "porque o disfarce era desnecessário. Quando voltei para casa, não esperava encontrar sobreviventes do campo nas redondezas e fiquei muito surpreso de que você, entre todas as pessoas, ainda estivesse aqui. Uma agradável surpresa, se é que posso dizer isso. Foi ainda mais agradável descobrir que agora você é prefeito. Achei que seria melhor ter certeza de que você me conhecia, antes de me aproximar de você em seu cargo oficial. Mas podemos fazer isso outro dia. Preciso de uma moradia melhor. Não tenho eletricidade nem gás em meu miserável chalé de pedra, percebe? Não está certo."

"Ande, não fale", bradou Paul em uma voz que não era a sua.

"No princípio me intrigou", disse Hans, impassível, "que você continuasse aqui. Não conseguia entender suas razões. Mas depois percebi que você não tinha nada que o chamasse de volta depois da grande destruição, e não pode ser tão ruim viver em um bar, não é? Acho que você se acostumou conosco, na verdade ficou ligado. Com certeza eu tentei tratá-lo bem, pelo menos em comparação com alguns outros. De uma forma ou de outra, salvei sua vida."

"O que você está dizendo? Você quase me matou."

"Não seja tão ingênuo. Quem você acha que o manteve longe da extração da rocha? Não havia trabalho suficiente para você na cabana, então eu tinha que aparecer com constantes modificações na planta para você desenhar. Posso lhe dizer que não foi fácil. Mas eu tinha resolvido que você deveria sobreviver."

"Cale a boca", disse Paul, espetando a faca na sarja molhada.

Tanto Mathilde quanto Lisl haviam notado no homem o cheiro de alguém que não se lava, mas Paul, por mais que aspirasse, não percebeu nenhum odor além do de lã molhada e botas barrentas. Tinha a fera à sua mercê. Era uma noite sem lua, condições ideais. Em poucos momentos tudo poderia terminar. Mas ele precisava de um estímulo sensório, algum cheiro rememorativo, um som ou uma visão, antes que pudesse atacar. Nada naquele fardo falastrão, ensopado, lhe despertava qualquer sentimento. Aquelas feições contorcidas estavam enterradas sob a barba, a voz tinha se modulado de um tom áspero para um queixume, e na chuva incessante ele não tinha um fedor perceptível. Como um demônio ou um anjo, Hans era desprovido de atributos terrenos.

Se não fosse por suas odiosas maneiras à mesa, talvez ele nunca tivesse chegado a atrair o olhar de Paul.

A estrada à frente reluzia, suja e deserta. O único som era o bater de suas solas na superfície asfaltada e o espirrar da chuva em cercas onduladas em ambos os lados da faixa de macadame, onde havia construções. "Não posso andar rápido", disse Hans diminuindo o passo. "Você se lembra, tenho uma perna atrofiada por causa da pólio. Um quadril avariado. Ossos fracos. Não é fácil administrar uma instalação militar quando se sente dor, mas fiz o meu dever, o melhor de mim."

"Você está desperdiçando seu tempo procurando simpatia", retorquiu Paul.

"Um pouco de compreensão, talvez..."

"Compreensão?", explodiu Paul. "Compreender o quê? Assassinato? Fome? Pulos forçados de um penhasco?"

"Tenho que parar", disse Hans. "Preciso mijar."

O prisioneiro remexeu os botões e urinou cuidadosamente ao lado da estrada, forçando Paul a recuar por medo de que espirrasse nele. "Agora está melhor. Onde estamos indo?"

"Vire à esquerda na próxima vereda", disse Paul.

"Um passeio pela alameda da memória, não é?"

"Cale a boca!", gritou Paul, socando o homem no pescoço, e novamente nos rins, o melhor que conseguia fazer estando atrás. Hans tropeçou, se reequilibrou e se endireitou tanto quanto sua curvatura permitia. "Bom ver que você aprendeu alguma coisa conosco", ele resmungou. "Você não desperdiçou seu tempo no campo."

"Você vai calar a boca!", rosnou Paul.

"Ou acontece o quê?", zombou o prisioneiro. "Você vai me matar? Vá em frente. Vê lá se eu me importo. Vivo, sou um peso para mim mesmo. Morto, passo a ser sua responsabilidade, senhor prefeito. Pensa que me sobrou alguma coisa pelo que viver? Sou uma relíquia inútil de um experimento fracassado, glorioso, mas invalidado. Uma sobra defeituosa, é isso o que sou. Vá em frente, senhor prefeito. Alivie minha dor. Livre-se do incômodo. O que o detém?"

"Pare exatamente aqui", disse Paul, ao chegar no fim do mundo.

Estavam no alto do despenhadeiro, acima da pedreira. Os joelhos de Paul tremeram quando ele se lembrou dos homens que haviam voado do precipício. Hans seguiu mancando, dois passos à frente, colocando um pé firme ameaçadoramente na borda saliente. Virou-se para encarar Paul, zombando dele através de uma cortina de gotas de chuva.

"E agora, pequeno arquiteto? O que quer de mim: uma confissão? Uma desculpa? Que eu ajoelhe e implore pela minha vida? Que lamba suas botas? Você sabe que nunca farei isso. Os tempos mudaram, mas não eu e você, desenhista."

"Apenas fique quieto", disse Paul, sua autoridade se esvaindo.

"Por que eu ficaria? Dê-me uma razão para ficar quieto. Esta é a primeira conversa boa que tenho em anos. Estou me divertindo. Não tenho ninguém mais no mundo com quem conversar. Você deve saber pelo prontuário que deixei para você ler. Já tive uma esposa; a puta fugiu. Tive um filho; puseram-no em um asilo. Depois trouxeram um caminhão de gás e o sufocaram – isso estava na ficha? Eutanásia, foi como chamaram. Parte da visão de nosso líder sobre a pureza, o aperfeiçoamento da espécie. Ninguém perguntou ao meu filho se ele queria morrer; ninguém perguntou a mim também. O destino estava no controle naqueles dias. Éramos palha no vento do destino, eu e meu filho. Você também. O vento soprou. Por um tempo, eu estava acima e você, abaixo. Depois ele parou, e estamos no sentido inverso. Assim é o destino. Então o que devo lamentar? Estar vivo? Tê-lo mantido vivo?"

Paul pegou um lenço em sua jaqueta para enxugar o rosto ensopado. Embora segurasse uma arma, estava impotente. Hans ditava as regras, exatamente como tinha feito no campo, despindo Paul de sua dignidade, masculinidade e do direito de tomar uma decisão. Tinha levado tudo, até mesmo a superioridade do sofrimento, ao fazer uma reivindicação absurda de uma perseguição semelhante, uma comunhão na miséria. Paul estava perdendo todos os *rounds* desse diálogo grotesco. Não podia deixar que aquilo continuasse e não tinha como fazê-lo parar.

Esperando que Hans fosse se cansar, ele o deixou embarcar em uma odisseia de autopiedade que começou com sua fuga do campo e um se esquivar sob vários disfarces, trabalhos servis arrumados por antigos companheiros do partido em diversos países, eles mesmos escondidos lá fora e vivendo de espólios de guerra. Ano após ano manteve a cabeça baixa obedecendo a ordens, até que algo estalou em sua mente e ele decidiu arriscar voltando para a aldeia onde tinha nascido, para sua própria fazenda, por detrás de uma máscara facial de barba cerrada que o protegeria de um reconhecimento casual.

Suas lembranças vinham ao acaso, sem cronologia ou um fio condutor, pulando de uma discussão na feira dois dias antes para a noite em que o líder chamou seu nome na reunião do partido e o condecorou, sendo ovacionado por milhões. Naquele momento, enquanto o distintivo de ouro era preso em sua lapela, e a mão do grande homem apertava a sua, sua linda esposa atravessava uma passagem na montanha com um escritor subversivo da raça proibida, deixando o filho deles só e desamparado no chalé e fazendo de Hans um corno notório. Nada disso era culpa de Hans; o destino conspirava contra ele. "Tentei ver o líder quando meus problemas se tornaram insuportáveis, mas ele estava rodeado de oportunistas, lambedores de cu, puxa-sacos e isolado dos que realmente acreditavam, como eu. Esperei quatro dias na sala de espera e tive que ir embora quando repreendi uma datilógrafa que estava caçoando de mim. De volta à aldeia, as pessoas estavam contra mim. Quando anexei uma faixa de terra adjacente – o dono morrera na prisão –, os cobradores de impostos caíram nas minhas costas antes que eu levantasse uma nova cerca. Quando denunciei uma conversa não patriótica à polícia, as mulheres da feira pararam de comprar minha produção. Quando organizei um grupo de escoteiros para os meninos das fazendas, aos domingos, o padre me acusou de coisas baixas. Era ele e não eu; nunca toquei neles. Mas quem vai acreditar na palavra de um pobre aleijado contra um homem de Deus? A Igreja fechou as fileiras, a polícia estava de comum acordo com o padre e quanto ao médico, aquele Walters..."

"Cale a boca", disse Paul, instigado pelo nome de seu amigo, "cale a boca antes..."

"Antes que o quê?"

"Antes que eu arrebente os seus dentes."

"Outra coisa que você deve ter aprendido conosco."

"Ouça Kerner", disse Paul num impulso elétrico religando-o ao sistema de alta tensão. "Não quero ouvir mais. Não preciso de desculpas. Sua história não me interessa. Não quero saber por que você está aqui. Sou um homem prático. Meu objetivo é reconstruir esta comunidade. Você me interessa menos do que a fileira de cabanas de sapé que demoli na outra semana para abrir espaço para um prédio de apartamentos. Quer uma nova morada? Sirva-se. Dois dormitórios, andar de cima, completamente nova. Só para mostrar que não tenho nada contra você. Não existe nada entre nós dois. Você pertence ao passado, e passado é passado. Você tem razão. Já esteve no topo, agora está em baixa – você perdeu; eu ganhei. Satisfeito? Pode ir agora."

Uma prega vibrou no limite da barba cerrada, uma ondulação de triunfo, vitória do homenzinho sobre o prefeito: o engenhoso camponês superara em esperteza o professor da cidade. Paul queria se voltar e ir embora, mas algo o segurou, um brilho nos olhos do outro camarada. Ele não poderia deixá-los brilhando.

"Tenho uma última pergunta", disse Paul.

"Diga", riu Hans, "não tenho pressa!"

"Preciso saber o motivo."

"O motivo de quê?"

"De você ter matado homens sem razão."

"Não foi sem razão. Eu cumpria ordens. Controle da população. Mantenha-os trabalhando; livre-se dos improdutivos. Há muitos mais lá de onde eles vieram. Foi isso que o ministro encarregado das munições me disse – nada por escrito, você entende, apenas uma intimação entre colegas, um aceno e um tapinha no ombro. O trabalho foi minha segunda oportunidade na vida, um presente do próprio líder depois de ter perguntado a meu respeito uma noite no jantar. Finalmente, depois de anos de lealdade, eu era recompensado com uma missão importante. Minhas ordens eram governar pelo terror. Assim, poderíamos nos virar com uma quantidade menor de guardas para os prisioneiros. Se eu demonstrasse piedade, meus comandados relatariam ao alto comando do exército e eu poderia ser retirado da minha posição. Eles estavam preparados para me solapar, aqueles indolentes a meu serviço, que se fingiam de doentes. Eu tinha que mostrar dureza, que era um homem sem fraquezas ou sentimentos. Quando mandei que o açoitassem, pequeno arquiteto, foi tanto para salvar a sua pele quanto a minha."

"Você estava me protegendo ao me espancar quase até a morte?"

"Eu não poderia deixar que percebessem que eu tinha favoritos. Se os guardas pensassem que você era o meu mascote, atiçariam os cães contra você assim que eu não estivesse à vista."

"E a queda livre?"

"Ideia do meu assistente. Muito esbanjadora. Mandei que parassem."

"Apenas perto do fim. Antes disso, você parecia gostar daquilo."

"Eu encenava uma aparência de entusiasmo; estava sendo observado. Você leu o meu prontuário."

"Quando você atirava nos homens, eles nunca eram mortos imediatamente. Você os acertava na perna, ou na coxa, e chamava os cachorros para estraçalhá-los."

"Eu tinha uma péssima pontaria", disse Hans. "Miopia. Tenho desde menino."

"Por que você me manteve vivo?", perguntou Paul depois de uma longa pausa.

"Aquelas eram as minhas ordens. Você era da categoria B, punição, não da categoria A, disposição. Um parente influente, pelo que me disseram, estava pagando para que você fosse disciplinado, mas não morto."

"Então era isso, você estava obedecendo a ordens?"

"Também havia outras razões."

"Quais eram?"

"Fico feliz em ver que o passado ainda lhe interessa, pequeno arquiteto. Você me foi útil no escritório. Era inteligente e tinha uma presença agradável, mesmo com uniforme de prisioneiro. Eu achava que talvez, algum dia, você entendesse o que eu estava tentando conquistar e, se fosse convocado, poderia testemunhar a meu favor. Fui um oficial de comando diligente e efetivo. Imagine só: se eu tivesse recebido a arma maravilhosa a tempo e a tivesse armazenado adequadamente, nós poderíamos ter mudado o curso da história sem que um míssil tivesse sido disparado. A arma era um meio de intimidação, um símbolo de barganha, uma chance para uma paz honrada, em vez da rendição caótica e abjeta. Eu era um patriota, não queria que meu país fosse esmagado. Queria que nós dois saíssemos daquele lugar no dia da paz com a cabeça erguida. Foi por isso que deixei o prontuário para você ler. Para que um homem soubesse quem eu era e que eu tinha feito o possível pela paz."

"Isso era tudo que você queria?", perguntou Paul.

"Esses eram os meus objetivos", disse Hans.

"Você quer simpatia por seu esforço para escapar às consequências da derrota?", falou Paul ofegante, desarmado pela insanidade do raciocínio do homem. "Você quer que eu *entenda*?"

Pela primeira vez a figura curvada à beira do penhasco hesitou em sua resposta. "Ninguém", ele murmurou finalmente, "está além da compreensão."

"A compreensão de Deus", disse Paul, "não a do homem. Com certeza não a minha."

"Onde estava Deus quando eles mataram meu filho com gás?", gritou o homem.

"Onde estava Deus quando você fez os homens pularem do penhasco?"

"Exatamente", exclamou Hans. "Justo o que eu disse. Aqueles foram tempos extraordinários. Deus tinha se retirado do mundo. Cabia a cada um de nós fazer o que achasse conveniente. Nós dois sobrevivemos porque sabíamos como nos adaptar, como manipular uma situação a nosso favor."

"Não aceito nenhuma comparação entre mim e você", disse Paul friamente.

"Como queira, arquiteto. É a minha maneira de ver."

A chuva tinha amainado e sob a pálida luz da noite ele viu o rosto de seu inimigo, não contorcido e aterrorizante, como ele conhecia da cabana e do pátio de marcha, mas encovado e mortificado, destituído de um propósito sólido. Sentiu um ímpeto de algo como se fosse piedade por aquele filho de Caim, condenado a arrastar pelo mundo seu corpo retorcido até o dia em que morresse, porque as leis de Deus tinham voltado ao comando e os homens já não matavam um estranho sem pensar duas vezes. Era quase uma justiça, uma solução harmônica.

"Quero que você vá embora daqui agora", disse Paul com calma certeza.

"Neste minuto?", perguntou Hans.

"Neste exato minuto."

"Não estou implorando", disse Hans.

"Não estou preocupado. Tudo o que eu exijo é que você fique longe das minhas vistas. Entendido?"

"Se é o que quer. A partir de amanhã, vou voltar a comer no Corcel Negro."

"Faça isso", disse Paul, voltando-se para ir embora.

"Só um minuto", chamou o comandante às suas costas.

"O que foi?"

"Você esqueceu uma coisa."

"O quê?"

"Meu relógio. Eu o quero de volta."

"Como sei que é seu?"

"Você me viu usando dia após dia na cabana. Usei-o durante toda a guerra, a ocupação, os anos em que fiquei escondido. Seu tique-taque é tudo que tenho para me fazer companhia."

"Por que você o deixou no meu banheiro?"

"Para ter certeza de que você sabia quem eu era, quem eu sou."

"Onde você conseguiu o relógio?", perguntou Paul. "Quero dizer, a primeira vez."

"Originalmente? De um amontoado de pertences dos prisioneiros – costumávamos fazer nossa escolha quando chegava um novo transporte. Meu antigo relógio sempre atrasava. Este era elegante e moderno. Coloquei uma pulseira grossa para encobrir sua aparência feminina. O vidro ficou arranhado por causa de um desmoronamento na pedreira. Mas ele ainda funciona muito bem. Por que você pergunta?"

Paul enfiou a mão na jaqueta e tirou o Tissot. "É este?", ele perguntou.

"Você sabe muito bem que é."

"E você o quer de volta?"

"É meu", disse Hans.

Com desprezo, Paul segurou a pulseira de couro trabalhada, girou--a com o mostrador para cima e cuspiu duas vezes na peça saqueada. "Aqui", ele disse, "pegue!"

O homem cambaleou para a frente e depois oscilou de volta. O chão ensopado cedeu sob seus pés mutilados. Houve uma pausa mais comprida do que o uivo de um chacal. Depois, um baque aos pés da pedreira e um eco que ribombou pelas colinas. Paul foi até a beirada do despenhadeiro e olhou para baixo. O corpo jazia com os membros oblíquos em uma paródia maluca do emblema curvo do partido. "Merda", ele praguejou, "o puto estava certo." Hans vivo não era problema de ninguém. Morto, tornara-se responsabilidade direta de Paul.

DESCENDO A TRILHA ventosa ao lado da parede de pedra, ele perdeu o equilíbrio duas vezes e teve que se agarrar em um afloramento de arbusto para não cair. Olhando para baixo não sentiu medo. Estava em um lugar diferente agora, um mundo sem Hans. Suas reações tinham voltado. Nada seria o mesmo. Estava vivendo minuto a minuto, passo a passo na precariedade.

Na parte inferior da rocha, foi até o corpo e tocou a artéria no pescoço quebrado. Confirmando não haver pulso, remexeu no bolso da jaqueta do homem, tirando uma carteira, um documento de identidade e uma fotografia quadrada, vincada, de um menino com o rosto gordo. Paul rasgou os papéis e jogou os pedaços no rio. Seis passos à esquerda, encontrou o relógio caído em um atalho de urzes, milagrosamente funcionando. Sem pensar, prendeu-o no pulso esquerdo do morto, a quem ele pertencia.

A chuva trouxera galhos de bétulas e de pinheiros em abundância. Ofegando, Paul puxou um galho atrás do outro até o corpo, cobrindo--o superficialmente, de maneira que não pudesse ser visto a distância. Pensou em atear fogo à pira com uma caixa de fósforos que encontrou no cadáver, mas a folhagem estava molhada demais para queimar. Tinha feito todo o possível naquele dia e parecia que as nuvens de chuva estavam voltando a se formar.

Limpando as folhas de sua jaqueta, tomou o atalho do rio até a estrada principal e andou despreocupadamente de volta para casa, entrando sem ser visto pela porta do lado e subindo furtivamente para tomar uma ducha e mudar de roupa. Amontoando as vestes ensopadas no saco do hotel para que o homem da lavanderia recolhesse pela manhã, desceu a escada até o corredor e, verificando que não estava sendo observado, pegou o telefone pedindo que a telefonista ligasse para o clube Grey Cat, na cidade grande.

"Quero falar com o dono", ele começou, esquecendo qual era o nome que o Professor estava usando naqueles dias.

"Pode me dizer quem deseja?", perguntou a recepcionista, cética e ácida.

"Diga que é... Pavlov."

Ouviu uma mão pousando o fone e uma centena de outras chamadas interferiu na linha.

"Ele está em reunião", foi a resposta.

"Quando ele estará disponível?"

"Não tenho certeza."

"Pode dizer a ele que é urgente, questão de vida ou morte?"

"Não esperava ter notícias suas", disse o Professor depois de um tempo.

"Você me disse para ligar se estivesse com problemas."

"O que pode um humilde empresário fazer por um grande incorporador como você?"

"Tenho um problema de liquidação."

"Sinto muito, não fazemos mais liquidações. Não faz parte dos nossos negócios."

"Tem a ver com a pessoa sobre quem discutimos."

"Entendo."

"E?"

"A resposta continua sendo não."

"Compreendo."

"Não, Pavlov, você não compreende, nunca compreendeu. Eu poderia ajudar se quisesse, mas não vou."

"E por que razão?"

"Porque quero que você saiba o que é estar desamparado da maneira que você nos deixou naquele dia, totalmente dependentes de um homem em quem pensávamos que podíamos confiar."

"Não foi isso o que aconteceu; você sabe que não foi."

"Resolva da sua maneira, Pavlov, você sempre faz isso."

"Então finalmente esta é a vingança, Professor. 'A vingança é minha' e todo o resto?"

"Como você sabe pouco, doutor Pavlov, com todos os seus diplomas arrogantes. Se eu quisesse lhe ensinar uma lição, poderia fazê-lo com um estalar de dedos, mas não, não quero mais essa espécie de coisa. Estou concorrendo para a eleição legislativa do estado. Sabia disso? Não posso ser incomodado eliminando traços do passado, meu ou seu. Vire-se, querido Pavlov, e boa sorte na sua empreitada."

"Os senhores ainda estão falando?", perguntou a telefonista da aldeia, depois de meio minuto de um chiado vazio.

"Acho que não", disse Paul, em tom monótono. "Não tenho certeza de termos falado algum dia."

Colocando o fone no gancho, ele saiu pela porta da cozinha por onde tinha entrado pela primeira vez, sustentado então pelos braços fortes de Alice. O círculo estava se fechando e ele não queria se ver em uma situação difícil. Voltara a chover, uma garoa fina como o choramingo de um bebê que está molhado, mas não com fome. Não era uma boa noite para fugir. Virando-se abruptamente, voltou para dentro e jogou sua última cartada pelo telefone.

"Você pode me arrumar uma betoneira?", perguntou.

"Para quando?", perguntou Ângelo.

"Imediatamente, ao nascer do dia."

"Onde?"

"Na pedreira. Houve um contratempo de queda livre."

"Posso entregar a máquina de café ao mesmo tempo", disse Ângelo.

"Mas dessa vez sem Jovanka."

"Só eu e um amigo", disse Ângelo. "Dirigiremos durante a noite. Levaremos seis horas. Chegaremos por volta das cinco da manhã. Confie em mim."

Lisl entrou no corredor assim que ele terminou de falar. Mostrando seu sedutor sorriso político, Paul lhe deu boa-noite e subiu para se juntar a Alice no sofá da sala de estar para o final das notícias do rádio. Alegando uma gripe, ele se desculpou por ter passado o dia distraído e a persuadiu a ir mais cedo para a cama com ele. Alice se levantou do sofá sorrindo e satisfeita. Paul lhe deu o braço e a conduziu para a suíte com demonstrações de um afeto solícito. Ela disse que só levaria um minuto, mas antes que saísse do banheiro ele já adormecera.

CAPÍTULO CATORZE

Às QUATRO DA MANHÃ, uma hora antes da chegada prevista da betoneira, Paul desceu sorrateiramente em meias de lã e vestiu as calças no bar da pousada revestido de madeira, o ar pesado com o movimento da noite anterior. Esgueirando-se pela silenciosa máquina de café, uma fileira de luzes brilhando na parede de aço, preparou para si um pouco de café puro no velho fogão incrustado e bebeu o amargor escaldante intercalado com um biscoito de amêndoas duro como pedra, o último da fornada que Alice assara para a Páscoa.

Virando a xícara de cabeça para baixo no escorredor, Paul colocou sua jaqueta seca nos ombros e foi na ponta dos pés até a porta da frente, os sapatos na mão, levantando a tranca sem fazer barulho e fechando a porta com uma decisão velada. "Hora de ir", ele murmurou, pousando espessas solas de borracha em uma estrada que seus pés conheciam de cor, e seguiu os passos ditados pela memória. Chegou à pedreira às quatro e vinte e oito, de acordo com o relógio luminoso que Alice lhe dera no primeiro Natal que passaram juntos. Era a hora que ele conhecia melhor, a hora antes do amanhecer. Tirando uma lanterna de bolso, verificou que tudo estava como deixara na noite anterior. O corpo jazia sob seu abrigo de ramos caídos e o solo em torno dele começava a secar com uma leve brisa.

Uma equipe de oito empreiteiros era esperada às seis. Se Ângelo fosse pontual, eles teriam uma hora para fazer funcionar a betoneira, atirar Hans dentro das fundações da escola e cobri-lo com cimento de assentamento rápido, antes que o primeiro trabalhador com capacete pusesse os pés no local. Paul diria ao capataz que ele tinha encomendado a betoneira como uma surpresa, para eliminar a árdua tarefa de misturar o cimento com as mãos. A barulhenta betoneira teria um valor de novidade. Um grupo se reuniria para vê-la girar e verter. Seria a conversa da aldeia, e outra inovação bem-vinda do prefeito.

Uma coruja piou. Paul olhou para o relógio. Dez minutos para as cinco. Estava chegando perto.

Um murmúrio veio aos seus ouvidos, um ronronar que se transformou em trovão. "Eles chegaram!", exclamou Paul, escancarando os pesados portões do lugar para a salvação. Dois caminhões entraram no pátio, uma *van* bem tratada com CAFÉ ÂNGELO dos lados e um monstro barrigudo recoberto de granulação endurecida. A Bela e a Fera, pensou Paul, enquanto Ângelo saltava da *van* e o envolvia num abraço, beijando suas faces com uma abrasiva barba por fazer.

"Quem é o sujeito no caminhão de cimento?", sussurrou Paul, se soltando.

"Você não o reconhece?"

"Pavel!", veio uma voz em bemol com um acento comum.

"Janko!", sufocou Paul, enquanto a tela se abria perante seus olhos. À esquerda, em uma monocromia granulada, estava o garoto tcheco emaciado do beliche debaixo, prudente e solitário, torturado por seu amor secreto pelo homem de cima. À direita havia o dono de uma construtora, de cintura grossa e rosto rústico, Janko, o liquidatário, que cortava as gônadas dos homens em nome do Professor e as enviava para esposas e pessoas amadas. Os dois Jankos, terno e brutal, não eram fáceis de ser juntados em um, mas Paul sabia de qual deles ele mais precisava naquele momento e se sentia agradecido pela taciturnidade rude do homem. Os antigos companheiros do barracão apertaram-se as mãos com grave formalidade, como se estivessem fechando um contrato.

Ângelo tinha começado a descarregar. "A melhor mistura de cimento", declarou Janko, enrolando um cigarro para ele mesmo, enquanto o dono do café descarregava dois sacos brancos de areia no chão enlameado. "Dois sacos de areia", ele disse, contando. "Pedregulho e água você tem aqui." Paul, dividido entre o medo e o alívio, estava grato pela praticidade de Janko. Ele era um dos que tinham sido deixados para trás no campo. Paul não tinha ideia do quanto podia confiar nele e se sentia aliviado por Janko ter os olhos fixos no cigarro, alheio a seu olhar culpado.

"Então, onde ele está?", perguntou Ângelo. Paul apontou a lanterna para o monte. Ângelo acendeu o isqueiro e o protegeu com as mãos para Janko. Ao brilho de uma pequena chama, Paul e Janko puxaram dois galhos e viraram o rosto triturado para cima, para um exame mais de perto. Janko deu uma olhada e depois chutou o corpo sem muita veemência.

"Ele pulou?", perguntou a Paul de forma clínica, "ou você o empurrou?"

"Que diferença faz?", destacou Ângelo. "Ele se foi. Acabou. Nós o pegamos."

"Eu gostaria de saber", disse Janko em um tom nivelado, sem emoção.

"Ele caiu", disse Paul.

"O que importa?", insistiu Ângelo. "Está ficando tarde."

"Os trabalhadores vão chegar dentro de uma hora", acrescentou Paul.

"Dá muito tempo", disse Janko lentamente, dando uma grande tragada em seu cigarro. "Minha máquina precisa de cinco minutos para esquentar, dez para nós a carregarmos, mais cinco para a mistura.

Suas fundações estarão com meio metro de espessura antes que qualquer um da sua equipe coloque o capacete. Mas antes eu preciso saber se você teve colhões para fazer a coisa certa."

"Eu o trouxe aqui", disse Paul, recusando-se a mentir.

"E depois?"

"Ele caiu."

Janko levantou os olhos e sustentou o olhar de Paul. "Vamos começar a triturar", ele disse.

Janko subiu no caminhão e deu a partida. O motor voltou satisfeito à vida e o cilindro da traseira começou a girar lentamente.

"Está vendo aqueles?", Janko chamou-o ao serviço, indicando quatro sacos de areia. "Derrube-os em pilhas separadas e junte um pouco de pedregulho. Ângelo, pegue aquele balde e o encha com água do córrego."

"Meus sapatos novos", lamentou o dono do café.

"Italianos?", gritou Janko acima do rugido da máquina.

"O que mais?", Ângelo suspirou, lustrando uma ponta de sapato estragada na outra perna da calça.

Descendo da cabine, Janko foi a passos largos até o cadáver, levantou-o como se fosse outro saco de areia e o levou para a beira da fossa da fundação da escola, que Paul estava construindo para iluminar as futuras gerações. "Quando eu contar três", disse Janko, acenando a Paul para ajudá-lo nos últimos ritos. "Um, dois, três..." e o corpo de Hans voou e caiu três metros abaixo, em seu lugar do descanso final.

O misturador rosnou de satisfação com sua dieta de areia, água e cimento. "Vou dirigir o caminhão até o lado da vala para podermos despejar a massa diretamente onde queremos", anunciou Janko. Paul e Ângelo se afastaram, conforme ele manobrava o feio mamute em torno deles.

"Tudo o que vocês precisam fazer agora", disse Janko, "é puxar esta alavanca e o cimento cairá em grandes montes dentro da fossa."

Os três conspiradores mediam uns aos outros à luz do caminhão, precisando de alguma espécie de cerimônia. "Posso despejar?", Ângelo riu, como se fosse o anfitrião em algum chá da tarde inglês.

"Não", disse Janko. "Paul executou o serviço. Deixe-o terminá-lo."

"O que eu faço?", perguntou Paul.

"Acione esta chave no painel e o misturador vai virar", disse Janko, pegando na mão de Paul e a colocando sobre uma alavanca. Os nós dos dedos de Paul embranqueceram, entrelaçados no gesto com os de Janko.

"Para cima ou para baixo?", perguntou Paul.

"Para cima", disse Janko, empurrando com firmeza para cima.

O misturador parou a meio caminho. "Merda", disse Janko.

"O que houve?", perguntou Paul com a voz trêmula.

"Provavelmente nada. Às vezes ela emperra. Típico do maquinário excedente do exército."

"Foi alguma coisa que eu fiz?"

"Não, acontece."

"O que fazemos agora?"

"Esperamos dez minutos e tentamos de novo."

Eram cinco e vinte e dois, tempo sob controle. Enquanto Janko e Ângelo compartilhavam outro cigarro em frente ao veículo, Paul andava em círculos, um nó se formando na base do estômago.

Às cinco e trinta e dois, ele disse: "Está na hora. Vamos tentar de novo".

"Espere mais um minuto", disse Janko, subindo na cabine do motorista.

"Deixe-me acionar a alavanca dessa vez", disse Ângelo. "Nós, italianos, somos os melhores motoristas."

Janko girou a ignição e o misturador zuniu. Paul, com os nervos em frangalhos, ficou na beirada da vala das fundações, apertando as unhas contra as palmas.

"Pronto?", perguntou Ângelo.

"Pronto", respondeu Janko.

"*Andiamo*!"

"O cilindro moveu-se de sua base como um urso perturbado na hibernação. Com um rosnar crescente, ele se levantou, dez, vinte, trinta graus acima da horizontal, pronto para despejar. Então, a meio caminho, parou.

"Merda", disse Janko.

"O que foi?"

"Sei lá. Vou desligar por dez minutos e tentar outra vez."

"Não temos tempo", disse Paul, lívido. "Minha equipe estará aqui em quinze minutos. Eles verão – aquilo – e estaremos todos liquidados."

"Você não pode ficar no portão e segurá-los lá fora um pouco?", perguntou Janko, forçando uma alavanca emperrada ao lado de sua máquina.

"Não vai dar certo", disse Paul, assumindo o controle. "Quero que vocês saiam imediatamente. Vão para casa. Não vou colocar a vida de vocês em risco. Sou o único responsável por este caos. Vou resolver do meu jeito."

"Tem certeza?", perguntou Janko, com a voz macia de admiração.

"Ele tem certeza", disse Ângelo, alternando de um sapato encharcado para outro.

"Saiam agora", disse Paul. "Vão embora."

"Venha conosco", disse Janko. "Posso arrumar uma nova identidade para você, mandá-lo num voo para o Canadá, para a América, algum lugar seguro."

"Obrigado", disse Paul. "Mas não. Vão agora, meus amigos, vão em paz. Sei o que tenho que fazer."

Eram cinco e cinquenta e dois no relógio de Alice quando eles passaram pelo portão. Paul o fechou logo depois, sem remorso. Devia estar louco para pensar em envolver outras pessoas. Aquilo era um negócio dele, como Janko dissera. Teria que ir até o fim, para a conclusão inexorável.

Um pardal trinou. Paul estava sozinho na pedreira, sozinho com Hans na faixa de terra onde por uma época haviam compartilhado uma cabana abafada. Sentou-se em uma pilha de tijolos e esperou que os acontecimentos seguissem seu curso. Em oito minutos o capataz, impecavelmente pontual, chegaria, abriria completamente os dois portões e entraria na obra. Cumprimentaria o prefeito com um surpreso bom-dia, olharia em torno para ver o que ele estava fazendo ali e dirigiria o olhar para o fundo da vala. Então, iria até o seu escritório na obra e telefonaria para a polícia. Era assim que a história de Paul terminaria. Prisão, interrogatório, mudança para um presídio da cidade, julgamento, sentença, apelação, veredicto, justiça, o fim. Olhou para o relógio que Alice lhe dera de Natal, cheia de amor. Sua vida estava medida em dois relógios. A partir de agora, ainda lhe restavam quatro minutos. Começou a fazer a contagem regressiva dos segundos: 240.239.238.

Uma mão implacável baixou sobre seu ombro. "É muito cedo", pensou Paul. Três minutos e meio adiantado. O capataz era sempre preciso. A mão apertou com força, colocando-o de pé. "O que está acontecendo?", perguntou uma voz potente.

UM CORO DE ALVORECER de cotovias e galos salpicou o ar úmido. Nuvens redemoinharam: haveria mais chuva. Papa Hofmann agarrou o ombro de Paul, como que para impedi-lo de escapar.

"O que você está fazendo aqui?", Paul perguntou.

"Lisl me chamou. Ela o viu sair da pousada às escondidas e ficou desconfiada."

"Garota intrometida."

"Você deveria estar agradecido."

"Como é que você sabia que eu estaria aqui?"

"Não existem segredos em uma aldeia."

"Você quer dizer que todos sabiam?"

"Sobre ele?", disse Papa, apontando para baixo. "Quase todos."

"E sobre mim?"

"Os que não sabem, imaginam. Nós não somos tão idiotas como parecemos."

"Desculpe-me", disse Paul.

"Não há tempo para isso", disse seu sogro. "É melhor arregaçarmos as mangas."

"Fazendo o quê?"

"Uma mistura de cimento à mão. Nunca fez isso? Olhe para mim. Não vai levar muito tempo. Trouxe duas pás."

"Mas os trabalhadores estarão aqui em dois minutos."

"Coloquei Franz-Josef no portão para interceptá-los. Ele vai entretê-los com alguma bobagem sobre gases nocivos, inspeção da saúde. 'Hoje o trabalho foi cancelado. Voltem amanhã. Café da manhã de graça na Corça Sorridente'."

"O capataz não vai acreditar nele, vai querer averiguar pessoalmente."

"Franzi conseguiu uma folha de papel com a sua assinatura. O capataz é estrangeiro, não lê muito bem. Agora pare de se preocupar e comece a mexer com a pá."

O suor tinha deixado a camisa de Paul ensopada. Ele a despiu e, com o torso nu, trabalhou com a pá em uma pilha cônica de pedregulhos, revolvendo e misturando, remexendo e emborcando, reabastecendo duas vezes a mistura com água que buscava em um balde no córrego. Seu sogro, enquanto trabalhava, entoava sem mexer os lábios um zumbido rítmico, dissonante.

Paul não conseguia entender como um homem tão rude podia produzir uma filha tão delicada quanto Alice. Hofmann sorriu em aprovação aos esforços evidentes de Paul.

Quando as duas pilhas atingiram uma consistência resistente ao dedo, os dois homens começaram a jogar porções de cimento, uma a uma, lado a lado, sobre o cadáver no fundo da vala. As porções caíam a esmo, mais em torno da cabeça do que nos pés.

"Desça pela escada e espalhe por cima com a pá", instruiu Hofmann. "Quando não restar nada descoberto, vou jogar mais algumas pás de cimento e você pode espalhá-lo por igual sobre uma área grande, para que pareça um tratamento de drenagem."

"Assim?", Paul perguntou lá de baixo.

"Perfeito", disse Hofmann. "Eu diria que está um trabalho profissional."

"Mais?"

"Isso basta."

"Ajude-me a sair."

O homem mais velho o puxou pela mão no topo da escada, segurando-o mais uma vez pelo ombro para firmá-lo em terreno seguro. Pelo que Paul se lembrava, eles nunca haviam se tocado. Sentindo-se subitamente frágil, Paul inclinou-se em busca de sua camisa e a colocou sobre os ombros nus.

"Melhor?", perguntou Papa.

"Você já fez isso antes", afirmou Paul acusadoramente.

"Cimentar?"

"Livrar-se de corpos", disse Paul.

"Algumas vezes as coisas precisam ser resolvidas sem alarde", disse o homem mais velho, limpando as mãos e o rosto no regato. As nuvens haviam passado e raios de sol riscavam o desfiladeiro.

"E este camarada?"

"Mais cedo ou mais tarde alguém se livraria dele."

"Justiça natural?"

"Ele mereceu."

"Mas por que me ajudar?", insistiu Paul.

"O que você quer dizer?"

"Você poderia ter me deixado levar o que merecia pela morte, matava dois coelhos com uma cajadada. Por que descer aqui para me ajudar? Você não gosta de mim, não concorda em me ver com Alice. Nunca olhou nos meus olhos ou me chamou pelo nome."

"O que é que isso tem a ver?", disse Hofmann. "Você é da família."

"E o que isso quer dizer?"

"Que você não está sozinho."

"Obrigado", disse Paul.

"Esqueça, senhor prefeito."

"Meu nome é Paul."

"Que seja", resmungou seu sogro.

Podia-se ouvir o débil barulho da discussão nos portões, desvanecendo-se em um arrastar de passos que se afastavam. Franz-Josef impediu os trabalhadores com uma enxurrada de documentos falsos e uma oferta de rango grátis. O dia se estendia à frente, quieto e dourado, disponível para que Paul fizesse o que tivesse vontade. A vida também parecia ilimitada.

"E quanto ao sujeito que enterramos?", Paul perguntou como forma de arrematar a conversa.

"Escória", disse Hofmann. "Era assim que minha mulher o chamava – 'Escória' – quando ele passava por nossas janelas, chicoteando vocês, pobres sujeitos, para cima e para baixo da trilha."

"Então você sabia?"

"Como eu disse, em uma aldeia todos sabem. Agora se enxugue nesta toalha e vamos para casa tomar o café da manhã."

“Como é que você pode pensar em café da manhã em um lugar como este?” exclamou Paul.

“Lisl prometeu panquecas com geleia de ameixa-roxa. Minhas favoritas.” Seu sogro deu um largo sorriso antes de empreender a penosa caminhada colina acima.

Parte três

Esconder

CAPÍTULO QUINZE

Em um agradável final de manhã frio e seco, quarenta e dois anos depois dos acontecimentos relatados, um ônibus com ar-condicionado parou em frente à Corça Sorridente e despejou um pequeno grupo de turistas idosos de final de primavera. Fora da temporada, o hotel dava desconto a hóspedes que já tinham passado da mocidade – grupos com rinçagens azuladas e *blazers*, para duas semanas em lagos e montanhas, reservados por causa da solidão, do tédio, de uma ânsia pelos tempos passados, ou da necessidade de se despedir das maravilhas terrenas antes do último e inflexível confinamento. No frio das colinas, os passageiros do ônibus formaram duas filas, uma de homens e uma de mulheres, para os banheiros no andar térreo, antes de prosseguirem sem curiosidade ou verdadeiro apetite para um almoço já estipulado de três pratos, servidos sem nenhum excesso – pratos previstos para o paladar internacional geriátrico, livres de sal, açúcar, colesterol e qualquer sabor pronunciado.

Um turista se afastou da fila desordenada e saiu para aspirar o ar rarefeito dizendo aos outros que precisava estimular o apetite. Homem robusto de meia altura e pele curtida pelo tempo, ostentava sua idade com altivez militar e andava pelo asfalto com ar de alguém que conhecia sua posição no mundo e não estava propenso a seguir o rebanho. Parando no centro do pátio, virou-se em três direções, levantando os olhos para admirar os picos montanhosos. No quarto ponto do compasso, seu olhar parou na construção de concreto de oito andares, onde lhe estavam reservadas duas refeições-padrão e alojamento para pernoite. Uma careta vincou suas feições marcadas. O hotel havia sido edificado em torno e acima do que antes deveria ter sido uma estalagem medieval, a parede de empena incorporada no canto direito da fachada. Isso era o tipo da coisa que o enfurecia, a depreciação da herança estrutural ao *kitsch* turístico. Assim sendo, vociferou contra cada noite naquele calvário desumanizado, onde os membros mais ativos do grupo recorriam a um bar em que garotos em calças de couro saltitavam e se batiam na bunda, e garotas em corpetes justos e saias rodadas despejavam litros de uma cerveja supostamente local, que havia sido fermentada a milhares de quilômetros de distância. O insatisfeito viajante reclamou na maior parte do tempo para si mesmo, já que metade de seus companheiros adormecera no segundo litro, e porque, um educador por natureza, não queria parecer descontente perante os esforços atléticos dos jovens, sem dúvida alguma mal pagos. Ele não era, sussurrou, um velho ranheta e rabugento.

Sacudindo a cabeça de cabelos rentes e grisalhos, o passageiro desgarrado voltou para dentro e deu com um balcão de recepção idêntico em altura, cor e textura a todos os outros com os quais tinha se defrontado em uma excursão que lamentou ter comprado no momento em que um agente de viagens do Rockfeller Center passou seu cartão *gold* do American Express e lhe desejou uma agradável viagem. Que diabos estava fazendo ali?

"O almoço do grupo é no restaurante naquela direção", disse uma voz por detrás do balcão com toda a aparência de um burocrata, na faixa dos 40, corpulento e serviçal.

"Posso lhe fazer uma pergunta?", disse o desconfortável visitante.

"Às ordens, senhor."

"Pode me dizer se aqui há um Paul Miller?"

"Como hóspede do hotel?"

"Não, ele costumava viver aqui."

O gordo recepcionista balançou a cabeça sem levantar os olhos. "Miller é um nome comum", murmurou. "Devemos receber vinte, trinta hóspedes com esse nome por ano. Sinto muito, não posso ajudá-lo."

"Não era um hóspede, eu disse. Ele já foi o dono deste lugar."

Os olhos do hoteleiro se alçaram no nível do balcão, truculentos e com as pálpebras pesadas. "Esta casa pertence à minha família há trezentos anos, senhor. Nosso nome não é Miller, senhor."

"Posso lhe perguntar qual é?"

O hoteleiro sacudiu o polegar acima de seu ombro esquerdo, apontando uma tabuleta de madeira pintada à mão sobre sua cabeça. KARL HEIRINCH HOFMANN, PROPRIETÁRIO, ela dizia, em um leito esmerado de papoulas, lilases e gencianas.

"Prazer em conhecê-lo, senhor Hofmann", disse o visitante.

"O senhor está aqui em missão oficial?", perguntou o hoteleiro, alerta para a autoridade em sua voz, e suspeitando da presença de um daqueles inspetores que poderia reduzir seu local de quatro estrelas para três.

"Não exatamente."

"Posso saber a razão da sua pergunta?"

"É assunto particular. Passei por aqui há muito tempo. Antes da sua época. Pensei que poderia acertar algumas coisas."

"Com um homem de nome Miller?"

O visitante assentiu.

"Nada a ver comigo", disse o proprietário. "Quer que eu investigue?"

"Não é necessário. Talvez seja melhor esquecer."

"Posso perguntar", o homem se ofereceu, contraindo-se de ansiedade.

"Não se preocupe. Não fará muita diferença na sua vida. Obrigado pela ajuda. Acho que vou deixar o almoço de lado e andar um pouco."

Deixando de lado o frango empanado e um insípido *strudel* de maçã reconstituído do *freezer*, o visitante voltou a sair e lançou um olhar profissional sobre uma cidade que cobria duas encostas convergentes com chalés idênticos de dois andares, incrustadas, em intervalos indecentes, com hotéis de altura média do tipo que lhe haviam pedido uma vez que construísse em Milwaukee, e que ele honrosamente declinara. Um campanário atraiu seu olhar e ele se debateu, com uma memória recalcitrante, a recuperar o nome da igreja – Santo Inácio, era isso.

Decidiu que um drinque lhe faria bem. Havia um bar na extremidade do prédio, um utilitário de superfície inoxidável para os ociosos locais. Pediu uma cerveja e o que quer que os outros estivessem tomando. "*Schnapps*" – quatro conjuntos de dentes falsos sorriram – "e cerveja para ajudar a engolir." Depois que o *schnapps* foi entornado e reabastecido, ele perguntou se eles se lembravam do dono, aquele que tomava conta da Corça Sorridente depois da guerra. "Máquina de café", eles gritaram num coro engraçado. "Ele era popular."

"O que houve com ele?", o visitante perguntou. Mudança de dialeto, arroto de cerveja. Os moradores não iam entregar nada.

Enxugou a boca e estava prestes a sair quando ouviu uma voz baixa, na altura do seu cotovelo: "Soube que o senhor anda perguntando por Paul Miller."

A mulher era baixa, delgada e tinha os cabelos brancos.

"É verdade", ele disse.

"É um nome comum, insignificante, se poderia dizer."

"O homem que conheci não era insignificante."

"Não falamos mais sobre ele."

"Entendo."

"Algumas pessoas esquecem, outras preferem não lembrar. Posso lhe oferecer um café?"

Ela o conduziu para o pátio, em torno do perímetro do hotel, e para uma entrada lateral que revelou o salão do antigo bar. "É a única parte da construção que mantenho intocada." Sua anfitriã sorriu: "O senhor disse que já esteve aqui?"

Uma máquina de *espresso* assobiou ao toque dos seus dedos, sob o olhar morto de um veado decrépito. "É uma antiguidade", disse a mulher, "uma das mais velhas ainda reconhecidamente em uso. Uns especialistas vieram duas vezes de Milão para examinar seu mecanismo. Querem comprá-la para um museu de *design*."

"Quando eu estava na faculdade, costumavam-se encontrar essas coisas em todas as esquinas de Chicago."

"Elas tiveram sua glória", disse a mulher.

"Como nós, a senhora quer dizer?" O visitante riu, induzindo-a a reminiscências.

"Fale pelo senhor mesmo", ela faiscou de volta. "Eu ainda me faço útil."

"Sinto muito, não quis dizer que a senhora era decrépita."

"Não me senti ofendida", ela sorriu. "A propósito, sou Elisabeth Hofmann."

"Ed Weaver."

"Prazer em conhecê-lo, senhor Weaver. De onde o senhor é?"

"Iowa, Illinois, Milwaukee, Califórnia, Nova York, de toda parte. E a senhora?"

"Vivi aqui a vida toda."

"A senhora não seria Lisl, seria?", adivinhou Weaver, sem saber de onde brotara aquela inspiração.

"Nós já nos conhecemos?", ela retorquiu, intrigada com sua suposição.

"Dançamos juntos. Em um casamento."

"Temos cinco reservas aqui, todos os finais de semana. De quem era o casamento?"

"*Um brilho de fantasia e romance neste dia nublado...*"

Ele estava jogando tudo ou nada com a cartada do reconhecimento. Se ela não se lembrasse dele, ele estava fora do jogo.

"O senhor é o capitão Wierzbicki", disse Lisl.

"Naquele tempo eu usava um nome mais comprido."

"E um uniforme bem passado. Capitão Wierzbicki, o comandante distrital..."

"Tive que mudar de nome quando voltei para casa", explicou Weaver. "Wierzbicki ficava bem para um posto de gasolina em Iowa, mas, quando comecei a trabalhar e oferecia comissões de muitos milhões de dólares, era mais fácil citar Nova York e Washington e um nome que eles pudessem soletrar. Eu fui o homem que fez Paul Miller mudar de nome, recomeçar. Então fiz o mesmo em relação a mim. Dei uma olhada na lista telefônica..."

"E escolheu Weaver, que em inglês se refere a um artesanato extinto, o tear."

"Muito parecido com Miller, senhora Hofmann."

"Pode me chamar de Lisl. Já não há muitas pessoas que fazem isso."

Seus olhos eram límpidos, seus movimentos fluidos, seu inglês de uma correção gramatical impecável. Ela era esperta e inteligente, de uma maneira excepcional para uma proprietária de hotel de turistas trilheiros, em uma saia folclórica com galões e uma jaqueta curta combinando – um traje à venda em sua própria loja de presentes, por um preço abaixo de uma consideração racional.

"Você deve estar se perguntando o que estou fazendo aqui", disse Weaver, propondo a pergunta. Lisl colocou café e bolos na mesa de um reservado e o levou a se sentar no banco oposto.

"Eu me aposentei no ano passado", ele explicou, sem que perguntasse. "Meio que me aposentei. Tive alguns problemas de saúde e pensei em refazer alguns passos, acertar algumas coisas. Nunca se sabe o que nos espera. Bata na madeira."

"Câncer?", perguntou Lisl clinicamente.

"Três pontes. Uma artéria importante entupiu e estava prestes a estourar."

Lisl deu uma batida supersticiosa na mesa de madeira.

"Tive uma vida boa", retomou Weaver. "Tenho algumas construções com o meu nome, vi o que vale a pena no mundo, passei uma noite na Casa Branca. Mas depois que você vive a alegria de grandes realizações e reconhecimento, sabe que nunca mais será tão bom. Aí você olha para trás e pergunta 'Para que serviu tudo aquilo? Será que fiz diferença para alguém, nem que seja uma única pessoa?' Nesse momento não consigo chegar a uma resposta."

"Nenhuma família para dividir o sucesso?", perguntou Lisl.

"Duas ex-esposas. Uma filha em algum lugar. Um cartão de Natal dela, quando tenho sorte."

"Sinto muito."

"Não sinta. É a vida."

"As obras?"

"Alguma outra pessoa poderia tê-las construído. Não precisava ter sido eu. Não sou original. Fiz o que me pagaram para fazer. Mantive os clientes felizes e o dinheiro entrando. A fama? Efêmera. Olhando para trás, segui pela vida sem tocar nos lados."

Deu um gole no café, queimou a língua e pediu um copo de água. Enquanto Lisl foi buscá-lo, ele descobriu que era mais fácil falar sem que ela o estivesse encarando nos olhos do outro lado da mesa. Por alguma empatia inesperada, ela parecia sentir o mesmo, assumindo uma posição resguardada detrás do bar chanfrado.

"Saí do hospital com um transistor funcionando dentro de mim e ninguém me esperando em casa", disse Weaver. "Refiz inúmeras conversas na minha cabeça, as que tinham ficado inacabadas. Principalmente com Paul Miller. Trocamos cartões por um tempo, depois perdemos o contato. Escrevi para cá há alguns anos, convidando-o para uma cerimônia de premiação. Eu estava sendo homenageado por um edifício em Miami que achei que ele poderia gostar – todo branco e envidraçado, exatamente como ele costumava sonhar. Voo de primeira classe, despesas pagas. Não houve resposta. Escrevi de novo. Continuei sem resposta. Então pensei: 'Diabo, vou ver por mim mesmo que jeito tem esse lugar aqui depois de todos esses anos'."

"Como você pode ver...", disse Lisl.

"É como em toda parte", Weaver sorriu. "Os turistas são depenados e todo buraco de rato com água corrente é designado 'acomodação de luxo'."

"É assim que se chama o nosso negócio."

"Não tem espaço para um sonhador solitário, então, como Paul."

"Só para um criador de pesadelos."

"O que você quer dizer com isso?"

"Esqueça."

Weaver era bom para conseguir informações. Sabia quando pressionar por detalhes e quando mudar de assunto. Era um bom ouvinte, reparando menos naquilo que um cliente dizia do que nas pausas e hesitações do padrão da fala, as fendas por onde ele poderia penetrar. Reconhecia que seu maior talento era a paciência.

"Paul foi responsável pela modernização deste lugar, não foi?"

"Eu acabei de lhe dizer", respondeu Lisl, sua voz um dardo de aço. "Prefiro não falar nisso."

"Imagino, então, que ele tenha se mudado?"

"As pessoas se mudam", disse Lisl.

"É melhor eu ir embora", disse Weaver.

"Tão cedo?"

"Não quero pressionar lembranças dolorosas."

"Por que você assume que são todas dolorosas?"

"Pode me contar as que não são? Em termos gerais, sem causar incômodo ou forçar qualquer confidência. Só para saber se ele está vivo ou morto."

"Tudo aconteceu há muito tempo", disse Lisl. "É uma história muito longa."

"Tenho o dia inteiro e a noite inteira", respondeu Weaver, "antes de partir para outro lindo lugar que tenha sido arruinado além da salvação por hotéis de concreto."

Lisl riu, uma risada culpada que fazia lembrar uma garota viva, com olhos dançantes, que costumava adejar, com um livro na mão, em torno da centrada Alice. Weaver tentou se lembrar do que Paul lhe dissera sobre Lisl. Algum elogio de duplo sentido, mas não conseguiu conectar duas células de memória, e desistiu.

"Não vou discutir Paul", ela estipulou, da segurança do bar.

"Então me conte sobre você." Lisl deu de ombros.

"Escute, por que eu não começo?", propôs Weaver. "Eu era um garoto caipira, com insígnia de oficial e duzentos homens sob meu comando. Paul Miller me olhou de onde você está agora, magro como uma lacraia, me encarou com olhos desolados e me fez sentir-me como uma formiga que tivesse cagado na Capela Sistina. Ele tinha aquele ar de experiência e retidão moral que eu nunca chegaria a ter nem que vivesse mil anos. O melhor que eu poderia fazer era olhar, escutar e tentar ser como ele.

"Quando vim me despedir, ele me disse que fosse estudar. Disse que eu tinha um talento para a liderança, que poderia deixar uma marca no mundo. Disse que tudo era possível. Um homem podia se livrar do seu passado e recomeçar. Eu era jovem, ingênuo, maleável. Rejeitei minhas raízes, larguei a bomba de gasolina. Isso matou meu pai em menos de um ano, mas então eu estava bem e longe. Chicago era o paraíso da inteligência, um encontro do fundamental com o etéreo. Eu me reunia com filósofos e me apropriei de suas ideias. Tornei-me um pioneiro da arquitetura ética, defendendo a beleza e a eficiência energética em uma selvageria de ganância dos construtores. Persuadi bilionários a construir para a posteridade. Pensei que Paul pudesse aprovar."

"E você alcançou um grande sucesso", confirmou Lisl.

"Eu era famosamente quixotesco e furiosamente elegante, com comissões o bastante para sustentar três existências. Quatro das minhas construções resistirão ao teste do tempo. Outra é um marco, protegida por lei internacional."

"Parabéns."

"Obrigado. Cada uma delas está fatalmente comprometida."

"Por não ter correspondido aos seus ideais?"

"Por não ter correspondido aos ideais que Paul Miller inoculou em mim. Não acrescentei nada de mim mesmo. Você pode imaginar a sensação de receber inúmeros prêmios quando se passa o tempo todo olhando por cima do ombro, imaginando o que o verdadeiro idealizador teria feito com aquilo? É por isso que eu queria levar Paul para Miami, para confrontar com meu compromisso – que indiretamente era o dele."

Lisl sorriu. Fazia um tempo desde a última vez que ela tinha destratado um homem com uma observação bem estruturada e extraído um fluxo sanguíneo de emoção. Ela estava se divertindo. Quando Weaver fez uma pausa, pressionou por mais.

"Mas você é famoso pelo seu trabalho?"

"Moderadamente."

"Dinheiro, propriedades, condecorações presidenciais, televisão..."

"É, tudo isso. Quando o transistor que implantaram no meu peito parar de funcionar, não vou precisar ser jogado em uma tumba de pobre, como Mozart. O governo francês me ofereceu um jazigo no Père Lachaise, em frente a Oscar Wilde."

"*Porque todo homem mata aquilo que ama...*"

"Eu não aceitei."

"A República francesa deve ter ficado devastada."

Weaver se lembrou, então, do que Paul dissera sobre ela. Lisl era cáustica na linguagem e na mente, uma purista no sentido literal, um furão que nunca desiste até que tenha pregado a verdade na parede. Era uma cavilha fora de contexto, um retângulo denteado naquele buraco redondo que era o hotel. Entalada ali para sempre, ao que parecia, emperrada no local onde ele havia girado com ela no casamento de Paul; mais brilhante do que qualquer garota num raio de quilômetros. No entanto, sem vontade, ou incapaz de romper suas raízes como ele fizera.

Enquanto Weaver tinha motivos filiais para lamentar a maneira como fora criado, Lisl não parecia se incomodar com as oportunidades que devia ter perdido. Seus modos eram calmos, os olhos vivos, a língua afiada como um florete, o rosto enrugado de um jeito jovial. Não se parecia em nada com as mulheres com quem ele se relacionara no país em que morava, saturadas de trivialidades e esticadas por cirurgiões. Ela gostava de irritar um homem, não apenas de receber elogios ou de se divertir. Ele tinha contado para ela mais sobre suas dores e procuras do que para qualquer outra mulher em anos. E ela o estava testando, provocando, querendo mais. Precisava mantê-la interessada para conseguir chegar próximo à informação que viera buscar.

"Quem é culpado pela sua angústia?", ela perguntou.

"Eu mesmo", respondeu Weaver, "e Paul. Eu disse a você: sou aquilo que ele fez de mim. Antes de conhecê-lo, eu era uma folha em branco. Se ele entrasse aqui agora, poderia cobrar o crédito por tudo o que eu fiz. Ele não se intimidava em se apossar de outras pessoas."

"Concordo plenamente", disse Lisl, numa admissão espontânea.

"E eu devo muito a ele. Se nunca o tivesse conhecido, teria voltado para o posto de gasolina, me casado com a garota do vizinho e vivido na monotonia para sempre. Paul me levou a fazer escolhas, reescreveu meu roteiro. De algum modo, ainda estou repetindo as frases dele."

"Parece familiar", disse Lisl.

"O que você quer dizer?"

"Nada."

"Ora, você quis dizer alguma coisa."

"Uma cadência, uma inflexão de frase..."

"Pode ser específica?", ele perguntou, pressionando-a.

"Eu lhe disse, não vou falar sobre Paul Miller. É zona proibida. Não falamos sobre ele. Entendido?"

"Entendido", disse Weaver. "Então me fale sobre você. Você concordou em me contar."

"É uma longa história." Ela sorriu, saindo de detrás do bar. "Não sei por onde começar."

"Comece", disse Weaver, "pelo começo."

"*Alice no país das maravilhas*", disse Lisl.

"Comece pelo começo", disse Weaver, "'e vá até chegar ao final: então pare'."

"Bem que eu gostaria", disse Lisl com um olhar que ele não conseguiu interpretar.

ELA ERA UMA CONTADORA de histórias por natureza, estruturando fatos de maneira que a tensão da narrativa aumentasse ou diminuísse, minimizando o risco de uma distração. Tinha uma voz aveludada e uma inflexão precisa da frase, descrevendo Alice como "o cerne na nossa família" – *na*, notou Weaver, não *da* – e Franz-Josef como "um meio homem, mesmo antes de perder o braço".

"Perdoe-me se estiver errado, mas você não se casou com ele?"

"Meu erro, e não seu." Ela sorriu, enrugando a pele em torno dos olhos. "Durou cinco anos, tivemos três filhos – incluindo o gordo carrancudo que você conheceu na entrada. Mas não foi um paraíso. Franzi bebia muito e passava as noites fora. Soube que ele tinha uma mulher do outro lado do vale. Naquele tempo não havia carência de mulheres solitárias. Eu disse para ele ir morar com ela, que ele poderia manter o seu trabalho aqui – era eu quem dirigia os negócios, então –, mas que ele ficaria mais feliz longe de mim. Depois disso, ficamos amigos até ele morrer."

"Você voltou a se casar?"

"Tive propostas", disse Lisl faceiramente, "e envolvimentos, mas na minha vida só houve dois homens de fato."

"Eu me lembro que seu pai era um homem marcante..."

"Um bom homem e sábio."

"E o outro sujeito?"

Ela se levantou da mesa, esticou os braços por sobre a cabeça e não disse nada por um tempo tão longo que Weaver pensou se ela estaria prestes a mandá-lo embora.

"Aqui não", ela avisou.

"Então onde?"

"Eu caminho diariamente, por ordem do médico, por causa da minha pressão. Você pode me acompanhar até o alto da colina, se seus pés forem bastante rápidos."

"Eu me exercito duas vezes por semana", disse Weaver, partindo para a defensiva. Sentira umas agulhadas em um músculo da panturrilha durante a longa viagem de ônibus. Esperava poder subir a colina.

"Então vamos, antes que o lugar fique tomado por turistas – com o seu perdão, senhor."

"Tudo bem, senhora Hofmann. E, por favor, me chame de Ed."

"Então, Ed."

Subiram até o alto da colina, passaram por um hospital de muros brancos e pela antiga igreja e foram até onde a estrada antes se perdia em meio ao bosque, agora transformada em uma rodovia de quatro pistas, adornada com cartazes publicitários em quatro cores de um *spa* de saúde, "Recomendado por médicos de vinte e seis países – Neustadt, para uma excelência em saúde."

"Mimar os ricos é nossa segunda maior indústria", explicou Lisl.

"Vocês os trazem para cá, para o lugar do campo de concentração?"

"Cada centímetro dele três vezes amaldiçoado. Um reconstituinte saudável."

"Não é um uso muito sensato, se você me permite."

"Por que não? Na escola, eles nos ensinavam que as pessoas vinham para cá pela saúde da nação. A vida é cheia de ironias. De qualquer modo, não fique muito chocado com isso. Espere até ver nossa indústria de serviços número um."

"Qual é?"

"Tudo no seu devido tempo..."

"Você mencionou o outro homem em sua vida", disse Weaver, atormentado além do limite da tolerância.

Eles se sentaram em um banco verde-oliva que dava para uma faixa do vale abençoada pelo sol e que tinha se transformado em um parque silvestre protegido por uma cerca, "seguro para famílias com crianças pequenas". Tomando um copo de água de torneira abusivamente cara, que Weaver tinha buscado no *spa*, Lisl dispensou as introduções, acelerando até o funeral de seu pai, falando em um tom de divagação, alheia ao seu companheiro. "Foi então que meu amor pelo outro morreu", ela começou.

Ela tinha planejado dizer algumas palavras sobre o pai no túmulo da família, dizê-las alto em meio às pessoas de que gostava, mas, antes que pudesse se adiantar, esse forasteiro usurpou seu direito à palavra, pervertendo a ocasião em um cenário de brincadeiras de festa. "Fiquei furiosa", disse Lisl. "Furiosa com meu pai por ter programado aquela farsa – ele tinha um senso de humor pervertido – e furiosa com aquele outro que tinha se apossado do funeral de papi, exatamente como tinha se apoderado de Alice, da pousada, da aldeia e de mim. Meus sentimentos em relação a Paul terminaram ali, naquele dia. Eu o vi com uma lucidez absoluta como um predador, uma ameaça mortal para todos nós. Aquilo me fez agarrar o braço de minha mãe com tanta força que ela soltou um ligeiro grito, pobrezinha. Mas eu tivera uma premonição e precisava dividi-la com alguém. Fui acometida por um outro sentimento de perda – não mais pelo meu pai, mas pela tragédia que estava prestes a se abater sobre todos nós."

Lisl firmou os lábios na borda do copo e bebeu olhando Weaver sem focá-lo, como poderia olhar um pássaro ciscando uma minhoca. Ed se inclinou para a frente, no banco, esfregando as costas das enormes luvas uma contra a outra, em um movimento de vago consolo. Ficou na dúvida se deveria pegar na mão dela – ela parecia tão agitada –, mas decidiu que não; ele nunca acertava nesse tipo de coisa com as mulheres. Adivinhou que ela estivesse falando de Paul. Ela havia sido apaixonada por ele, isso era certo. E agora ela estava calada. Tinha que mantê-la conversando.

"Você fala um inglês muito bom", ele disse com um sotaque de faroeste americano. "*Predador*, *premonição*, *lucidez*, palavras elegantes para uma moça do campo. Eu mesmo não me lembro de jamais ter usado palavras tão finas."

"Perdão?" Mais uma vez ele tinha se enganado. Aquela não era hora para brincadeiras.

"Desculpe-me, isso foi um despropósito. Quando me choco com alguma coisa e preciso disfarçar, senhora Hofmann, eu carrego no sotaque. Acho que a senhora faz o mesmo, só que usa palavras compridas para se esconder atrás delas."

"O senhor é um atirador preciso, senhor Weaver."

"É preciso ser um para reconhecer o outro, senhora H."

"*Touché.*"

"Lisl", ele disse, tentando mais uma vez, com as mãos entrelaçadas numa profusão de dedos, "você já conversou sobre isso com alguém?"

Lisl sacudiu a cabeça de sedosos cabelos brancos arrumados com *spray*.

"Se tivesse tido a oportunidade", disse Weaver, "o que você teria dito no sepulcro do seu pai?" Astutamente, insinuou o termo clássico para sugerir uma afinidade literária. Pareceu funcionar, aquietando Lisl em uma zona de confiança. Ela contemplou à frente, na visão de cartão-postal. "Eu ia contar para eles uma história que só eu conheço", ela sussurrou, "sobre o dia em que papi me contou que ia se matar."

Agora ela estava de volta à infância, em seu último dia do quarto ano. Dez anos de idade; tinha alcançado o primeiro lugar em literatura e ganhara uma fotografia do busto do líder em tamanho natural, como prêmio por seu ensaio em metáforas de flores em um poema de Goethe. Estourando de orgulho, com o troféu nas mãos, ela irrompeu em casa e, sabendo que o horário do consultório estava encerrado, entrou na sala do médico com a mera sugestão de uma batida na porta. Seu pai estava caído sobre a mesa, com a cabeça afundada no risque-rabisque, a careca exposta. Ao ver Lisl, fez sinal para que ela se aproximasse depois de fechar a porta.

"Temos que tomar cuidado", ele disse.

"O que está acontecendo, papi?"

"Recebi um aviso do futuro."

Naquela manhã, seu último paciente fora um menino de uma classe acima da dela. Tinha uma irregularidade monórquida. "Isso acontece quando falta um testículo, ou ele ainda não desceu", explicou o médico de maneira pedante. Tinha ensinado a todos os seus filhos os nomes certos das partes do corpo, nada do que se envergonhar. O paciente, um menino vestido com a camisa marrom do movimento jovem, baixou as calças para o médico, com a mãe preocupada, na expectativa. Seu prepúcio estava um pouco inflamado, talvez por excesso de masturbação, mas, antes de subir na cama para um exame completo, o garoto apontou para um objeto no aparador.

"O que é aquilo?", ele quis saber.

"Um livro", disse o médico.

"Como é que se chama?"

"*A interpretação dos sonhos.*"

"Nós queimamos um desses. Foi banido, o senhor sabe. O senhor não quer ter um deles em casa, doutor. Não é bom para o senhor. Entregue o livro para mim antes que acabe se complicando."

"Erwin, isso não é maneira de falar com o doutor", murmurou sua mãe.

"As pessoas têm que aprender", continuou o menino. "As coisas agora são diferentes. O líder é quem faz as regras, não o doutor isso e o doutor aquilo – com o seu perdão, doutor. O senhor sabe o que eu quero dizer. Advogados, médicos, padres, sabichões, eles não contam mais. É o povo quem decide."

"Naquele momento de ignorância", disse o médico à sua filha, "resolvi que preciso morrer. Se tivesse uma arma na minha escrivaninha, teria matado o menino e o saco de roupa suja que é sua mãe, depois a mim mesmo. Se tivesse morfina na geladeira, teria enchido uma seringa assim que eles saíram e injetado em minha veia. Não posso suportar viver em um mundo como este, um mundo que ensina as crianças a lerem apenas o suficiente para saber que livros queimar.

"Pela primeira vez não suportei tocar em um paciente. Agradeci a Erwin por seu amável conselho e, depois de olhar superficialmente para o seu pipi, disse-lhe que se vestisse e fosse ver um cirurgião com uma carta que providenciei, vergonhosamente grato por ele ter empalidecido perante o incisivo termo cirurgião e ter se esquecido de levar o

Freud ao sair. Esfreguei as mãos repetidamente na pia e me sentei aqui, como você me encontrou, esperando morrer."

"Você não pode", balbuciou Lisl, mas o médico mal parecia ouvir.

"Esse idiota emporcalhou meu espaço higiênico e me fez quebrar o sagrado juramento dos cuidados médicos. Falhei comigo mesmo e falhei com ele. Eu queria morrer, uma vontade que veio com a voracidade de um homem que agarra a última fatia de bolo na mesa do café da manhã."

"Você não pode morrer, papi..."

"É, você tem razão, pequenina. Claro que eu não posso morrer. Isso significaria deixar minha família indefesa e meu mundo de ideias em ruínas, abandonando as pessoas que amo, não permanecendo para assistir ao retorno da razão. Então, não tenho escolha. Tenho que viver. Mas como? Como posso atravessar cada dia? Como posso preservar um cabedal de conhecimento para o dia, enfim, da volta da iluminação? Como posso salvar nossos preciosos livros?"

"Isso é fácil, papi", disse Lisl, ostentando seu retrato autografado do líder. "Penduramos isso na porta do sótão e atrás dele escondemos os livros proibidos. Se Erwin e sua gangue vierem vasculhar a casa, verão a foto, a saudarão e acabarão se esquecendo da razão de terem vindo."

"Você acha que será assim tão simples?", perguntou seu pai.

"Se esses meninos fossem inteligentes, não estariam procurando livros para queimar."

O médico explodiu numa boa gargalhada, apertando a filha contra sua barba abrasiva e prometendo dobrar sua mesada se ela jurasse não contar para ninguém a conversa que haviam tido. "Vamos fazer isso", disse Lisl, solene em sua precocidade. "Vamos fazer isso agora, enquanto todos estão fora. Será o nosso segredo. Nem uma palavra para mamãe – ela se preocupa demais."

"Como esquilos", disse seu pai, "escondemos coisas até que o tempo mude."

"Como coelhinhos", riu Lisl, "e texugos velhos e preguiçosos."

"Um dia", prometeu seu pai, sob uma braçada de livros, "libertaremos essas obras do cativeiro e as soltaremos na natureza selvagem." Carregou Sigmund Freud com o frontispício marmorizado, seguido por uma coleção de Heinrich Heine e algumas partituras de Mendelssohn, terminando com uma mistura dos irmãos Mann (que detestavam um ao outro, ele contou à filha), uma peça de Bertolt Brecht, obras bem manuseadas de Kafka, Lessing e Wolfskehl, um livro ainda com as páginas por abrir de Walter Benjamin, um livro de bolso com poemas de Else Lasker-Schüler. Levou ainda as obras de aspecto macambúzio de um homem chamado Magnus Hirschfeld – "que não devem ser lidas até que você tenha 21 anos, Lisl", disse à filha, ao se sentarem depois na cozinha, com uma xícara de chocolate quente e um copo de vinho, o certificado do prêmio de Lisl à mesa, mostrando o que se passara naquele dia entre eles, o ato que haviam selado.

"Era isso que eu deveria ter dito no funeral", declarou Lisl, olhando Weaver nos olhos pela primeira vez. "Os livros eram vida e morte para meu pai. Não eram um manancial de adivinhações estúpidas, como eram para Paul. Eram o ar dos seus pulmões, o pão no seu prato, o transbordar de ideias que o estimulavam a enfrentar cada dia, não importa o quanto o mundo estivesse vil lá fora. Os livros eram seu cerne, aquilo que ele carregava desde o nascimento até o leito de morte em suas visitas diárias, a fonte de onde ele proporcionava conforto e alívio. Paul nunca entendeu a essência do homem que era meu pai. Falou junto ao túmulo como um estranho, e não posso perdoá-lo por isso. Desde o instante em que deixamos o cemitério, parei de sentir qualquer coisa em relação a ele. Nem amor, nem luxúria, ódio ou revolta. Fiquei neutra como uma suíça."

"Você disse alguma coisa a Paul?", instigou Weaver. "Protestou contra a sua intrusão?"

"Eu ia fazer isso, mas Franzi me levou embora depois do funeral e cuidou de mim como era dever de um marido. Na manhã seguinte, no café da manhã, vi Paul sair correndo do hotel, seu cachecol agitado pelo vento forte. Enquanto ele corria, senti um repuxão de medo por Alice, que tinha entregado sua vida a ele. Paul poderia ser um assassino que ela não se importaria. Eu costumava rir quando ela me dizia que eles nunca haviam conversado sobre qualquer fato acontecido antes de se encontrarem. Agora eu queria dar o alarme, avisá-la de que ele era um destruidor, mas não podia. Qualquer coisa que dissesse teria sido analisada como emocional, uma reação ciumenta pela confiança mal empregada de meu pai em relação àquele homem. Tinha que esperar a hora certa. Se eu soubesse que a pressa de Paul, naquele momento, era para ver um psicoterapeuta que tratava apenas o que meu pai chamava de 'os casos mais interessantes', eu teria tido um ataque. Mas só descobri muito mais tarde."

"Espere", interrompeu Weaver. "Como é que você soube que ele estava vendo um psiquiatra? Isso não era para ser confidencial?"

Lisl riu, com aquela risada atraente e autozombeteira de que ele se lembrava do dia em que haviam dançado tanto tempo atrás, um embaraço que ela sentia perante sua própria esperteza. "Claro que se supõe que seja uma informação privilegiada, mas sou filha de médico, acabo sabendo das coisas."

"Como é que você descobriu?"

"Alguns meses após a morte do meu pai, chegou uma carta de um doutor Kovacs, informando a seus prezados colegas sobre sua aposentadoria imediata e perguntando se eles queriam que ele devolvesse as fichas dos pacientes. A carta deveria ter ido para a clínica, mas o carteiro a deixou, por engano, na caixa de correio de minha mãe, e eu, querendo protegê-la de surpresas desagradáveis – nunca se sabe o que os homens são capazes de fazer –, abri toda a correspondência de aspecto oficial. Vi o nome de Paul na carta de Kovacs. Escrevi de volta, usando a assinatura do carimbo de meu pai, pedindo que enviasse a ficha para o meu endereço."

"Isso é ilegal", protestou Weaver.

"Era uma emergência familiar", disse Lisl.

"É antiético."

"Questionável, concordo. Mas eu estava desvairada de dor e medo. Você consegue entender? E pensei – quem sabe? – que uma espiada na cabeça de Paul poderia explicar a influência que ele tinha sobre meu pai e me dar alguma ideia de como proteger Alice. Eu sabia que ela estava correndo risco. Essa era a minha preocupação, ter certeza de que nada de ruim aconteceria com a pobre Alice."

"E aconteceu?"

"Guardei a ficha sob a minha cama e saí às escondidas para lê-la no patamar da escada. No final, as palavras eram tão familiares que eu poderia musicá-las."

"O que você descobriu?", inquiriu Weaver.

Um tentilhão soltou um trinado lírico, fazendo com que os outros pássaros soubessem que ele estava por perto, pronto para defender o seu território. "Chega, chega, chega!", gritou Lisl em resposta, sua voz subindo para um tom agudo, seu corpo compacto recuando à presença ao lado de Weaver no banco. "Eu não falei que não queria falar sobre ele? Pensa que não consigo ver através dos seus truques, das suas técnicas de provocar para conseguir as coisas? Chega! Conheci homens como o senhor antes, senhor Weaver, meros pervertidos doentios, sempre querendo mais. Bom, é isso. Nem uma palavra a mais. Prazer em vê-lo novamente. Foi gentil em ter vindo. Tenha uma agradável estada em nosso hotel. Se precisar de mais informações, sugiro que consulte os arquivos públicos da prefeitura."

Sua raiva era intensa e verdadeira, dois pontos enrubescidos nas maçãs do rosto e um par de olhos dançando de agitação. Aquela já não era a Lisl divertida, arrogante em sua esperteza e autocontrole, mas uma mulher ferida e resistente, uma oponente capaz de autodefesa e contra-ataque. Aquilo faria de sua viagem um fracasso total e ele ficaria em uma confusão ainda maior do que antes.

Tinha que conseguir ter Lisl de volta e pensou que saberia como fazê-lo. Três décadas no exercício de uma profissão, mantendo uma equipe de profissionais hipersensíveis e derrotando concorrentes difíceis, tinham habilitado Weaver a um conjunto de ferramentas de ação tão precisas quanto qualquer cirurgião de cérebro em operação de risco. Ele já não era o uniforme superficial que dançara com Lisl. A vida e Paul haviam lhe ensinado algumas lições. Aprendera com Paul a procurar nas pessoas os pontos vulneráveis que responderiam à sua persuasão. Aprendera com a vida a nunca desistir, a decidir a cada contrariedade quando ser direto e quando simular remorso. Reconhecia que aquele era um momento para uma humildade estratégica.

"Olhe Lisl", disse Weaver, retirando o braço das costas do banco e ficando de pé em frente a ela, em uma atitude de sincera humilhação. "Isso foi imperdoável. Fui levado por uma curiosidade natural e me intrometi nos seus assuntos. Eu nunca deveria ter feito isso. Estou sinceramente arrependido e prometo que isso não se repetirá. Não sou um homem que se aproveite das mulheres. Você tem que acreditar nisso."

Lisl avaliou-o com olhos fixos e sensatos. "Acredito", ela disse. Depois de uma pausa, acrescentou: "Eu também fui longe demais. Você não é um explorador."

"Não", disse Weaver. "Eu é que fui longe demais e gostaria de poder compensá-la por isso."

"No que é que está pensando?"

"Jantar para dois hoje à noite no melhor restaurante do vale. Uma boa refeição, bons vinhos, um pouco de bate-papo, nada doloroso ou inquisitivo, apenas dois conhecidos em um encontro à noite, à luz de velas."

"Sem se concentrar no passado."

"Esqueça o passado."

"Você faz com que esse convite pareça um tanto atraente. Vou pensar nisso." Sua voz já não soava irritada, sugerindo um flerte. Seu astuto pedido de desculpas funcionara.

"Como é que fico sabendo da sua decisão?", perguntou Weaver.

"Deixo um recado na recepção."

"Você disse sete horas?", ele sorriu, pressionando a vantagem a seu favor.

"É melhor sete e meia."

"Beijo-lhe a mão, madame – como diz o pessoal por esses lados."

"Vá à merda, Ed." Lisl riu, numa rápida imitação. "Não sou tão fácil de embromar."

A PREFEITURA, ela havia dito. Por que ele não pensara nisso de imediato? A prefeitura teria todas as respostas sobre Paul, o primeiro prefeito de Neustadt. Assim que Lisl saiu, Ed meio que andou, meio que correu, colina abaixo em direção ao edifício sobre pilares na praça, relicário da aldeia, saturada de construções. Conhecia o suficiente da língua nativa para pedir ao recepcionista que lhe indicasse onde ficavam os arquivos. "Fechado", fungou o recepcionista. "Cortes no orçamento. Só abre às segundas-feiras."

Weaver não era dado a mentiras, mas não estava disposto a ser impedido. "Tenho uma carta do diretor. Marcamos um encontro para hoje. Tenho certeza de que era hoje."

"Quando foi que o senhor escreveu?"

"Há seis meses."

"Isso teria sido antes dos cortes."

"Compreendo. Estou aqui apenas por vinte e quatro horas. Existe algo que o senhor possa fazer para me ajudar?"

"De que universidade o senhor disse que era?", perguntou o recepcionista, um homem de aspecto cansado, em idade de se aposentar.

"Princeton", disse Weaver, imaginando que o sujeito devia ter ouvido falar de Albert Einstein.

"Vou tentar falar com Sua Excelência, o prefeito."

"Diga-lhe que estou pesquisando a era pós-libertação, nada controverso."

Minutos depois, Weaver estava sentado em um porão, entre pilhas de jornais locais que tinham deixado de ser publicados vinte anos antes e os armários destrancados do fotógrafo da aldeia, também falecido. Resistindo à atração de documentos que traziam seu próprio selo jovem de autoridade, rapidamente descobriu o resultado da eleição de Paul: 2.847 votos, contra 316 para o democrata-cristão e uns irrisórios 85 para o socialista. Seguiram-se rápida e volumosamente reformas processuais. Os encontros do conselho passaram a ser trimestrais, em vez de mensais, e era preciso uma maioria de dois terços para derrubar uma decisão do prefeito. Aquele prefeito governava praticamente por decreto.

Weaver folheou um ano, dois anos, de repente um vazio. Chamou o recepcionista.

"Estão faltando cinco anos."

"Conservação", foi a resposta.

"Como é?"

"Estão sendo microfilmados na biblioteca estadual."

"Mer...", disse Weaver, suprimindo a exclamação.

Depois do vazio, Paul desaparecia, não voltava a ser mencionado. Seu sumiço foi tão completo que seu nome nem mesmo era encontrado na meia página do obituário do antigo dono da Corça Sorridente, o genial Ludwig Hofmann. A omissão lembrou a Weaver certa atmosfera asfixiante.

"De onde você é?", perguntariam a um recém-chegado naqueles tempos sombrios.

"De lá" era a trava básica da conversa.

"De lá" podia significar uma época ou um lugar – o tempo antes do presente, ou um lugar além do campo de centeio, não muito longe a leste, onde o solo fértil fora sulcado com arame farpado e ninhos de metralhadoras. A fronteira era para lá. O passado era para lá, um lugar à parte, uma zona impenetrável. Aquele país tinha uma capacidade infinita para suprimir o passado e os lugares. Ou era disso que Weaver parecia se lembrar.

Chamou o recepcionista e perguntou se havia um arquivo fotográfico. "O senhor está com sorte", disse o homem. "Ficamos sem fundos antes que pudéssemos colocá-las em microfichas." Uma parede do porão estava forrada de armários de metal, cada um deles cheio de envelopes pardos estourando de cópias fotográficas, que não eram espanadas havia décadas. Weaver puxou o ano em questão e foi arremessado a quatro décadas passadas. Nas fotos, Paul aparecia nas ruas, angariando votos. As pessoas estavam felizes em vê-lo. Sua mão era apertada por um homem de avental listrado, um açougueiro orgulhoso e perplexo de que um homem tão capaz viesse receber seu cumprimento. Paul retraía a mão, os olhos à procura de uma saída.

As fotografias proliferavam. Paul falando com os comerciantes e trabalhadores na noite da vitória. Um homem lhe entregando um presunto curado em casa. Alguém, de uma delegação de mulheres, lhe dando uma colherada de uma geleia caseira. Um padre invocando uma bênção. Paul voltando-se para a câmera. O rolo de apertos de mão continuava. Paul estava relaxado, desfrutando daquela aprovação. Os velhos no bar estavam certos: a popularidade transformara o homem, o definira.

E havia mais. Negativos do fotógrafo da aldeia mostravam o prefeito como anfitrião de um casamento na Corça Sorridente. Paul aparecia atrás do bar, nunca entre os dançarinos. Uma noiva vai ao chão no meio da valsa, as coxas robustas comicamente ostentadas. Dois jovens a levantam pelos braços, imitando um cabo de guerra pela recompensa de um beijo amuado. A expressão de Paul transmitia um desagrado crítico.

Weaver, atingido por um rosto familiar no fundo, tirou uma lente da gaveta e segurou a foto sob a lâmpada da mesa. Não havia erro. Lá estava ele, pouco desenvolvido e em uniforme, com um ar tão ingênuo que poderia ser um bebê recém-nascido. O que ele, aquele pré-Weaver sabia da vida? Tinha lutado, matado e governado, mas aos 24 anos permanecia virgem, embora ninguém soubesse. Nunca ficara por muito tempo em um lugar para ter um romance e, quando o sexo estava disponível, era do tipo prostituto ou mercenário. Nunca chegara à consumação até que uma enfermeira, entediada e acima do peso, em um navio das tropas que voltavam para casa, na maior presteza o tirou daquela miséria, na parte superior de um beliche, permitindo que ele voltasse para casa como um homem e não, como parecia naquelas fotografias, um coroinha – sempre olhando para Paul em busca de conselho nos reinos mais altos da experiência humana.

"O que estou fazendo aqui?", ele ouve Paul dizendo quando o último fazendeiro bêbado bate a porta ao sair. "Por que um homem com dois doutorados está oferecendo bebidas ao campesinato?"

"Há sinas piores na vida", diz o jovem oficial.

"Em que sentido?"

"Pense em seus colegas professores, morrendo de fome sob o comunismo, e se pergunte o que eles dariam agora para viver de um produtivo bar rural."

"Você tem razão", diz Paul. "Eu deveria me divertir mais."

"Não quis dizer isso", diz Ed.

"Nem eu."

"O que, então?"

"Nada."

Ed não sabe o que Paul quer dizer com "nada". "Nada" é como "de lá", uma barreira inexpugnável à conversação. Paul é o homem mais inteligente que Ed já conheceu. Esteve no inferno e voltou. Ed observa cada uma de suas palavras e todos os seus movimentos. Ele é a luz que brilha, mas como? Nos seus olhos? Para iludir?

Meia vida mais tarde, Weaver tinha voltado para descobrir. Se pudesse decifrar o enigma de Paul, poderia começar a entender por que sua própria vida tinha resultado daquela maneira insatisfatória; por que ele tinha feito tal mixórdia de seus ideais, nunca encontrando uma companheira que amasse, nunca alcançando a perfeição que cintilava no olho de sua mente. Seria um defeito inato seu, ou será que ele provinha da desigualdade de sua negociação com Paul? Será que ele tinha sido ofuscado para longe de sua própria personalidade, pela personalidade irresistível de seu amigo? Aquelas não eram questões de consequências insignificantes. Elas governavam sua vida e seu trabalho. Faziam com que lhe fosse impossível orientar estagiários, temendo assumir responsabilidade pela possível dependência deles. Eliminavam a confiança no amor. Uma namorada dissera que ele era um amante que não se comprometia; aquilo doeu, mas ela estava certa. Bastava ele sentir uma necessidade forte por outra pessoa para sair correndo. Estava próximo do final de sua vida útil, com um marcapasso dando sinais no peito e um espaço vazio em sua cama, e ainda não tinha ideia de quem realmente era, ou de que parte sua ele preferia, a parte Ed ou a parte Paul. E qual era qual.

Quanto mais lutava para separar as partes, mais elas caíam em opostos diretos. O que ele derivara de Paul – seria a vontade de fazer o bem ou seria o medo de que nada fosse suficientemente bom? Seria Paul uma boa influência ou uma sombra maligna em seu ombro, torcendo para que ele fracassasse? Seria ele uma consciência incansável ou exatamente o oposto – uma cutucada para o oportunismo e a amoralidade?

Foi para esclarecer essas dicotomias que Ed tinha se inscrito naquela caricatura de turnê de ônibus, onde metade do grupo só falava de suas doenças e a outra metade já estava muito além para se lembrar do que havia errado com ela. Tinha pensado em descer na próxima cidade em que passassem, reservando um assento na classe executiva de volta para Kennedy e impressionando a tripulação com seu comportamento de homem de negócios, um homem no auge de seus poderes. A única coisa que o mantinha no ônibus era a chance, ainda que remota, de descobrir o que acontecera com Paul e, a partir daquela descoberta, separar seus destroços dos do outro homem o bastante para lhe permitir uma fissura justa em uma vida independente. Havia uma mulher que queria tornar a ver ao voltar para casa – na verdade, duas ou três –, descobrir uma alma gêmea para os anos que lhe restavam. Mas para estabelecer uma relação amorosa, precisava antes se exorcizar do outro. Era isso que estava fazendo ali. Precisava se livrar da sombra de Paul, ser Ed.

E, para ficar livre, exigia a história completa. O arquivo lhe dera um empurrão propício na memória, mas Lisl detinha a verdadeira chave. Tinha que fazê-la afrouxar, revelar as verdades com as quais o tinha atiçado. Tinha conseguido uma noite para seduzi-la – não haveria segunda chance. Daquela vez, tinha que fazer a coisa certa de imediato.

Devolvendo as chaves do arquivo ao recepcionista, desceu a colina sob a luz do sol, suando abundantemente ao entrar no saguão com ar condicionado do hotel Corça Sorridente.

"Weaver, quarto 342. Algum recado?", perguntou ao recepcionista barrigudo.

"Sua excursão da tarde saiu atrasada", disse Karlheirich Hofmann, "porque o senhor se esqueceu de avisar ao guia que não ia fazê-la."

"Isso significa que vou ser mandado para a cama sem jantar?", Weaver riu.

"Há um recado para o senhor da minha mãe", disse o gerente. "Ela o encontrará aqui embaixo às sete e meia."

Weaver irradiou seu maior sorriso e deu um tapinha na mão roliça do sujeito macambúzio.

"Obrigado, colega." Deu uma piscada. "Diga a ela que não vou decepcioná-la."

CAPÍTULO DEZESSEIS

Ed se vestiu para o jantar com uma camisa branca de abotoar, uma gravata de seda malva, um blazer azul-marinho e calça cinza, o melhor que trazia na mala. Lisl foi ao encontro dele com um vestido florido que revelava sua boa forma e os olhos castanho-claros. Ele se inclinou e beijou sua mão, trazendo de detrás das costas um enorme ramo de rosas cor-de-rosa. "São lindas!", exclamou Lisl surpresa. "Vou pedir que as coloquem na água imediatamente, na minha sala."

"Reservei uma mesa no restaurante italiano de Pringsheim", disse Weaver. "É o único da região que aparece no meu guia."

"Então me deixe pedir na recepção para cancelarem", disse Lisl. "É massa, pizza, lixo para turista. Providenciei para que jantássemos em meu apartamento. Por minha conta. Devo-lhe um pedido de desculpas."

"Pelo quê?"

"Eu não deveria ter sido tão agressiva quando você disse uma coisa que eu não queria ouvir."

"Todos nós temos coisas sobre as quais nunca mais queremos ouvir."

"Fui muito ríspida com você. É um problema que eu tenho. Então, me deixe compensá-lo com a melhor cozinha da região. Pedi ao nosso *chef* para preparar algo especial. Por pouco ele não ganhou uma estrela no *Michelin* no ano passado. Também é o único em quem eu confio para a minha dieta – pouco sal, pouco tudo."

"Para mim parece bom", entusiasmou-se Weaver, segurando a porta do elevador.

O apartamento era no décimo e último andar, decorado no estilo de um *showroom* internacional, com reproduções de cadeiras e mesas e sofás creme com babados, uma falta de personalidade determinada. "Mantive as aparências para os clientes mais importantes, enquanto era eu quem tomava conta", disse Lisl, "e agora estou aposentada, não posso me preocupar em mudá-lo."

"Você está à procura de uma nova decoração?", sugeriu Weaver.

"O que você faria com isso?"

"Eu? Sou um fracasso com interiores. De tempos em tempos, me mudo para o Plaza por um mês e deixo os rapazes à vontade no meu espaço; o único cômodo onde eles não podem mexer é meu estúdio. Quando volto, mal noto a diferença. Mesmo assim, é preciso mantê-lo com uma boa aparência, uma questão de autorrespeito. Aqui você tem esta fabulosa *penthouse* com vista para a montanha. Poderia fazer com que ela rendesse mais. Abra esta parede aqui, conceba uma janela, deixe entrar mais luz."

"As últimas palavras de Goethe", disse Lisl.

"Quais eram?"

"Mais luz."

"Ele se daria bem com a minha profissão, esse Goethe." Ele deduziu que ela ainda era uma grande leitora, a partir das estantes lotadas que cobriam três paredes da sala de visitas.

Uma mesa fora posta para dois com a prataria brilhando e um candelabro. Lisl riscou um fósforo. Chamas dançaram no vidro lapidado de uma jarra de água antiga. Ed puxou uma cadeira e ela espalhou a saia de maneira atraente enquanto se sentava. Uma garçonete adolescente, vestida de preto e branco, veio rebolando da cozinha trazendo vinho gelado em uma garrafa revestida com um guardanapo.

"À sua boa saúde", brindou Lisl, levantando uma taça do ácido Gewürztraminer.

"O que restou dela." Weaver fez uma careta.

"Você quer viver para sempre?"

"Apenas o suficiente para ajeitar algumas coisas."

Saboreando um cozido de cogumelos silvestres frescos recheando pastéis levíssimos, Weaver emitia grunhidos de prazer, encorajando Lisl a falar sobre trivialidades.

"Minha neta, Maria Alice", ela anunciou, quando a garçonete voltou para retirar os pratos. Weaver se levantou, beijou sua mão. Ele se lembrava de como as coisas eram feitas ali.

"Linda nos mínimos detalhes, como você", ele disse, refreando-se exatamente antes de dizer "era".

"Obrigada", disse Lisl, com um ligeiro rubor. "No entanto, não é brilhante", ela acrescentou quando a garota não estava por perto. "Ela só pensa em meninos."

A sopa era um caldo translúcido de vegetais, o prato principal, um assado rosado de carneiro, servido com raízes vegetais e um severo, embora complexo, vinho tinto alpino, cujo nome Weaver copiou do rótulo.

"Magnífico", ele disse, bebendo com parcimônia.

"Beba", disse Lisl. "A garrafa tem que ser esvaziada. Vou-me embora amanhã e passo o resto da semana fora. Você teve sorte de me encontrar em casa."

"Tive", disse Weaver.

"Tem", corrigiu Lisl, com um pedante franzir de sobrancelhas.

"Conte-me sobre os negócios", disse Weaver, em uma tática diversiva.

"O que há para contar?"

"Qualquer coisa que você se sinta confortável para me contar."

Lisl tomou um grande gole de vinho, limpando os lábios no guardanapo engomado. "Começou poucos meses depois dos desastres", ela começou, "quando tudo estava na merda e Papa Hofmann estava no hospital com um câncer na bexiga que ainda não tinha sido descoberto. Uma tarde, Mathilde apareceu e se jogou sobre uma mesa. 'Sobrou para você e para mim, Lisl', ela disse. 'Papa está doente, Franzi é fraco e temos crianças para alimentar. Nós duas temos que assumir o controle. Temos uma estratégia de trabalho e temos que fazê-la funcionar. Leia-a hoje à noite', ela disse, batendo o documento na mesa, 'e eu apareço pela manhã'.

"O que ela tinha descoberto na escrivaninha de Papa era o plano principal de Paul. Era um bom plano, um desafio, uma chance de tirar a minha cabeça da futilidade de todo o resto. Pensei, 'posso fazer isso'. Na manhã seguinte, nós concordamos, Mathilde e eu, em que ela tomaria conta das pousadas no dia a dia, enquanto eu me poria a pensar na expansão dos negócios.

"Peguei um trem para a cidade, equipada com um conjunto de duas peças e meias de náilon. Percorri, então, todos os escritórios imobiliários e fiz uma oferta em todas as pousadas que estavam à venda num raio de cem quilômetros. Ninguém mais conseguia ver o potencial, e eu pude fazer as negociações sem ofertas concorrentes. Cada pousada que comprei, hipotequei em um banco diferente, levantando fundos para a próxima. Em dois anos, tínhamos doze propriedades."

"Impressionante!", Weaver soltou um assobio.

"Uma guerra de nervos", disse Lisl. "Era um castelo de cartas que teria se desmoronado no primeiro abalo econômico, mas eu era muito ignorante, nunca pensei em crise, e os homens dos bancos confundiram minha segurança com perspicácia e minhas pernas com a promessa de algo mais. Um jornal me elegeu a empresária do ano, e o dinheiro começou a jorrar. Usei-o para customizar os hotéis, fazendo com que cada um se parecesse exatamente com o próximo, o mesmo tamanho de quartos, lençóis mistos de algodão, cardápios de café da manhã, máquinas de lustrar sapatos e decoração do *lobby*. Eu estava apostando na retomada das viagens de negócios e na volta do turismo estrangeiro, e evidentemente, da maneira como Paul previra, ambos despertaram no prazo de um ano ou dois e tivemos muitas reservas. Viajei para convenções de viagens, vendendo quartos neutros a partir de fotografias glamorizadas. Os hotéis foram se enchendo um a um. Com os lucros, comprei mais pousadas.

"Deixei a Corça para o fim, até que Papa se foi. Quando os demolidores entraram, eu me vi gritando de alegria enquanto a escada vinha abaixo e a enorme cozinha era desmantelada, expurgando o prédio, eliminando sua maldição sobre nós. Acho que fiquei um pouco louca. No último minuto, salvei a entrada medieval, como uma oportunidade fotográfica para as câmeras dos turistas, e o velho bar com a máquina de café, como uma peça de valor sentimental.

"Isso é tudo que tenho para contar. Há três anos, quando fundi os negócios com uma cadeia suíça, éramos o quinto maior grupo hoteleiro do país. Agora somos o segundo. Mathilde, é bom que se diga, foi magnífica. Além de administrar o Corcel Negro e a Corça Sorridente, criou meus filhos enquanto eu estava fora. Ela foi mais mãe para o pobre Karli, que fica lá embaixo, do que eu."

"Eu gosto do nome da marca que está no formulário de reserva", disse Weaver. 'Durma Bem'."

Lisl riu com gosto, como devia ter feito quando a escada foi demolida. "Precisava de um nome que dissesse que temos um bom relacionamento com os ingleses e a consciência limpa. Funcionou. Ninguém de outro país nunca me perguntou, ou a alguém mais velho da minha equipe, o que fizemos durante a guerra. Não que seja da conta deles."

"Então, posso esperar uma noite de sono tranquila?"

"Não se você for como eu." Lisl caiu na gargalhada. "Durmo quatro horas por noite, quando estou com sorte. Muita coisa na minha cabeça. Mas dizem que é preciso menos sono quando se fica mais velho."

"Entre outras coisas", respondeu Weaver, pensado se a teria deixado mais calma.

Ele mudou de assunto, contando uma história sobre um palácio que tinha construído para um xeique árabe e seu harém, nas ruínas de um velho convento no Corsaire, em Canes. Aquilo nunca tinha deixado de provocar risadas nas convenções de arquitetura, mas Lisl não deu mais que um sorriso, e Weaver temeu que a estivesse perdendo. Era agora ou nunca.

"Não responda, caso não queira", ele murmurou, contornando a mesa para renovar o copo dela. "Mas, deixando Paul de lado, você pode me contar o que houve com Alice? Ela era uma presença tão calorosa nesta casa! Uma boa pessoa."

"Ela era." Lisl suspirou. "A alma mais doce que já conheci."

O silêncio que desceu com o seu veredicto não era opressivo, nem ressentido, nem reflexivo, mas o tipo de calmaria que baixa entre amigos que não têm grandes expectativas em relação um ao outro.

"Depois", disse Lisl. Seguiu-se um silêncio tenso.

"Depois do que aconteceu." Outro longo hiato.

"Depois... daquilo", ela finalmente começou, "Alice caiu em profunda melancolia, um lugar onde eu não conseguia alcançá-la. Usava preto e não falava com ninguém mais a não ser Johann, a quem chamava de Hans, sempre em um cantarolar monótono, como as Norns em Valhalla – você sabe, a ópera de Wagner. Levei-a ao médico, esperando que ele lhe desse o que meu pai costumava receitar para as mulheres que sofriam dos nervos depois do parto – um ouvido amigo e uma poção de urtiga, que não fazia mal algum, a não ser levá-las a urinar muito. No entanto, Tobias Strauss tinha fé na ciência. Afirmou que ela estava gravemente deprimida e ele mesmo a levou para o hospital universitário, onde três psiquiatras de avental branco constrangeram-na a se submeter a drogas que interferiam na cabeça e a uma terapia eletroconvulsiva. Ela voltou para casa após cerca de um mês, com um sorriso fixo, irreconhecível.

"A vida continuou. Um ano depois do outro. Quando o câncer se instalou – Johann tinha 9 anos –, Alice o manteve sem contar para ninguém até que ficou tarde demais para um tratamento e tudo que o doutor Strauss pôde fazer foi aliviar a sua dor. Em suas últimas semanas, ela me pediu que criasse Hans – quero dizer Johann – por ela. Perguntei: 'Existe alguma coisa que você queira que eu conte a ele sobre os pais dele?' Ela disse: 'Ele não deve nos idealizar. Deve pensar em nós como pessoas boas que fizeram o possível em circunstâncias que estavam além do que podiam compreender'. Foram essas as suas palavras. Eu me lembro delas porque era tão estranho Alice usar uma construção polissílaba aliterada. Deve tê-las ouvido de Paul, guardando-as no peito enquanto o câncer a ia mastigando progressivamente, levando-a para a terra antes que tivesse 30 anos."

"Sinto muito", murmurou Weaver.

"De todas as pessoas que conheci", disse Lisl com os olhos secos, "ela era o ápice da bondade. Soube disso desde o dia em que ela pegou na minha mão no jardim da infância e se declarou minha amiga."

"E Johann?"

"Por que você precisa saber?"

"Não preciso, não se incomode."

"Posso contar para você mesmo assim", disse Lisl. "Johann era um garoto calmo, atencioso, um prazer para educar, nunca uma peste. Era brilhante. Aos 14 anos estava pronto para se matricular em matemática. Eu não sabia o que fazer com ele. Um professor da cidade, amigo dos amigos do meu pai, o pegou sob suas asas, fez com que cursasse uma academia de elite e fosse para a universidade, onde adquiriu uma paixão por arqueologia do período paleolítico. Falava sobre isso comigo durante horas, quando vinha para casa, como os antigos no norte da África faziam ferramentas e armas de pedra. Podia iluminar um quarto com o seu entusiasmo. Johann não gostava de ser tocado, mas, quando partiu em sua última viagem para o norte do Quênia, disse: 'Obrigado, tia', e afagou o meu cabelo enquanto me dava um beijo de despedida. Disso eu não esqueço.

"Um dia, a polícia estadual telefonou da capital chamando pelo meu nome. Dirigi até a cidade como um robô e identifiquei os restos mortais em um necrotério – fragmentos de osso branco e tecidos espalhados."

"O que aconteceu?"

"Nunca saberemos. Numa noite, ele ficara até tarde, sozinho, em uma escavação afastada. Acharam o que restou dele no dia seguinte, em um acostamento da rodovia costeira leste. Atropelamento de estrada, disse a polícia. Atingido por um caminhão no escuro. Provavelmente o motorista nem notou e quando o dia nasceu os abutres fizeram a festa. Fui até lá para ver com os meus olhos.

"Um advogado inglês me disse que na África não acontecem coisas como uma morte acidental. Johann deve ter sido assassinado porque sua mochila nunca foi encontrada. Ofereci-me para pagar por uma investigação particular, mas o advogado disse que seria cara e inútil. A busca da justiça é uma indulgência europeia. Os africanos se incomodam muito menos. Mas ele observou que, se Johann foi morto por seus pertences, porque não levaram isso?"

Ela esticou a mão direita que trazia um anel no quarto dedo. Weaver circundou a mesa lentamente para examiná-lo, aproximando-o do rosto antes de perguntar – certo da sua resposta – se não era a mesma aliança de ouro que Paul tinha dado a Alice no dia de seu casamento. Lisl deixou a mão inerte na dele, satisfeita com o seu reconhecimento.

"Agora eu posso entender", resmungou Weaver em um tom baixo e confidencial, "por que você fica tão relutante em revisitar esses acontecimentos. Não vou pressioná-la mais e volto a pedir desculpas caso alguma de minhas perguntas tenha causado desconforto. Estou agradecido por sua paciência, Lisl, verdadeiramente agradecido. Faz com que algumas coisas na minha cabeça possam descansar."

"Fico satisfeita."

"Apenas uma coisa..."

"Chega", ela disse, retirando a mão. "Nenhuma. Palavra. A mais. Entendido?"

"Entendido", disse Weaver, desesperado para que ela continuasse.

"Não, você não entende", ela disse. "Entenda. Você acha que é doloroso para mim. Não é isso. É sem sentido. Tantas vidas interrompidas cedo. Tanta bondade reduzida a poeira. Tantos funerais para preparar. Às vezes isso faz com que eu tenha vergonha de ainda estar viva."

"E que fique secretamente feliz por ter sobrevivido?"

"Exatamente. É aí que entra a vergonha. Por que eu? Por que você? Qual é o sentido de tudo isso? Vamos mudar de assunto."

"Claro", disse Weaver.

"Eu me pergunto o que teria acontecido com nossas sobremesas", disse Lisl.

Ela tilintou um sino de prata da mesa e, quando nenhuma garçonete apareceu, saiu da sala a passos largos. "Exatamente como eu pensei!", ela riu, voltando com um pedaço de papel entre os dedos. "Desculpe-me, Oma, tive um encontro. Sobremesa no andar de baixo. Muito amor, Maria Alice."

"Assim é que são as crianças hoje", disse Weaver.

"Nós éramos melhores?", Lisl sorriu.

"Acho que não envolvíamos o resto da família em nossa vida amorosa."

"Vou descer e buscar nossas sobremesas", disse Lisl. "Pode levar alguns minutos. Fique à vontade no sofá. Comeremos na mesinha de centro, e os empregados da casa podem limpar pela manhã. Por falar nisso, se você quiser se refrescar, é no final do corredor."

Weaver não precisava de um segundo convite. No momento em que a porta se fechou atrás de Lisl, saltou de modo investigativo. O que ele procurava não ia estar nas estantes da sala. Havia dois dormitórios e um escritório. A escrivaninha do escritório estava trancada. Droga, droga, droga. Onde mais ela poderia ter colocado? Onde uma mulher esconde algo que não quer que ninguém veja? Caroline, aquela com quem ele deveria ter se casado, Caroline, com mais esqueletos em seu currículo do que a sala de anatomia do Monte Sinai, costumava enfiar papéis secretos na sua gaveta de roupas íntimas. Ele não tinha tempo para desmantelar a *penthouse* de Lisl. Adivinhe, ele disse a si mesmo. Ela vai voltar a qual-quer minuto. Onde alguém como Lisl guardaria suas roupas miúdas?

O quarto tinha um colchão ortopédico *queen-size* que parecia não ter grande uso a não ser para dormir. Abaixo dele, quatro amplas gavetas. Na primeira, sapatos; na segunda, suéteres; na terceira, roupas íntimas, maduras e sensatas. Um ladrão obstinado, Weaver desviou os olhos, enquanto as mãos remexiam por intimidades de seda e algodão.

Nada, nada, nada. Voltou para a escrivaninha e se sentou, batucando os dedos no tampo de couro. Havia duas pilhas de documentos, uma de cada lado, entrada e saída de correspondência. A pasta de cima da pilha da esquerda era grossa e proibitiva, documentos legais, ele concluiu, até que olhou no alto do canto da direita e leu um nome familiar em letra cursiva. "Eureca", ele sussurrou, "Eu puta-reca".

Ele não podia pegá-lo imediatamente. Lisl com certeza notaria sua ausência. Mas se retirasse seu conteúdo e o substituísse com papéis da outra pilha, talvez ela não notasse a falta de nada até de manhã, quando ele já saberia o que precisava e estaria pronto para partir. Levou menos de um minuto para esvaziar a pasta e enchê-la com contas domésticas. Tirou o *blazer*, abriu a camisa e forçou o maço de papéis no alto da calça, por detrás do cinto, abotoando com os dedos trêmulos e pegando o paletó pelo colarinho, exatamente quando a porta da frente se abriu. "Frutinhas de nossos bosques de João e Maria", anunciou Lisl, "com sorvete de baunilha feito em casa."

"Seria horrível se eu dispensasse a sobremesa?", perguntou Weaver com a cintura saliente. "Foi uma noite agradável, mas de repente eu me sinto completamente exausto."

"Claro", disse Lisl. "Está se sentindo mal?"

"Não, mas o nível de energia já não é o que era."

"Não se detenha por minha causa", disse Lisl.

"Sinto muitíssimo."

"Não sinta. Eu me diverti. Vamos tomar café pela manhã, antes que você se vá."

Ela estendeu a mão à porta, apenas para que Weaver se esticasse e a beijasse no rosto. Ela sorriu. Ele deixou que os lábios dela rubricassem sua pele bem escanhoada, mas se afastou pelo risco de um abraço, temendo que ela descobrisse o roubo em seu corpo culpado. O elevador o despachou para o seu quarto, quatro andares abaixo, com a verdade na ponta dos dedos.

O DOSSIÊ PSIQUIÁTRICO de Paul jazia na mesa, grosso e proibitivo. Weaver pendurou o paletó na cadeira, acendeu a lâmpada da escrivaninha e verificou novamente a porta para ter certeza de que estava trancada duplamente e com a corrente passada. Sentado sob o círculo de luz, desamarrou uma fita de tecido marrom e levantou a primeira folha, inclinando-se para trás perante uma nuvem de poeira, como se cavalos tivessem disparado pelo quarto. Quando sua tosse amainou, Ed se afastou da ficha, temeroso de que tivesse perturbado espíritos mortos. "Ridículo", murmurou, "fantasmas não existem. Recomponha-se, homem."

De maneira investigativa, como um detetive numa cena do crime, notou a disposição física dos objetos. A pilha de papéis tinha a espessura de doze centímetros e continha 318 páginas, cerca de metade datilografada, o restante em uma caligrafia antiquada, quase ininteligível. O papel era de uma tiragem barata, esfarelando nas bordas. Parecia consistir de notas relativas à psicanálise de um homem com um terapeuta, o professor Imre Kovacs, cujos métodos pareciam estar longe de ortodoxos. Seus relatórios, alternadamente concisos e discursivos, estavam salpicados de abreviações, latinismos e palavras muito acentuadas que poderiam, concebivelmente, serem húngaras e às vezes eram transcritas e traduzidas em uma caligrafia mais caprichada. "Reclamações de despertar noturno, uma hora antes do amanhecer; neurast.? Disautonomia?; fantasias de *keresztre feszités*." Uma segunda caligrafia observava: "autocrucificação" seguida por um ponto de exclamação entre parênteses. Os relatórios não eram estruturados e a maioria não tinha data.

Um leitor não familiarizado com o ritmo lento da cura pela fala desistiria depois de uma dúzia de páginas de pensamentos discursivos, caindo como galhos arrancados de árvores sobre uma cachoeira. Não havia ritmo nem harmonia no fluxo de irracionalidade, forçando o leitor a se concentrar duas vezes mais do que teria feito com um romance ou com um jornal. Weaver, no entanto, tinha sido sensibilizado para a literatura de psiquiatria por um junguiano do Upper East Side, que o curara da melancolia após seu segundo divórcio, através da leitura de casos que invariavelmente eram mais torturantes e exóticos do que o dele. Sentia um prazer indecente em bisbilhotar a psique de outras pessoas.

Um tremor de perversa curiosidade o percorreu quando começou a ler o dossiê. Consumiu-o rapidamente e com intensa fascinação, admirando a luta de sabre entre dois especialistas mascarados, investida e parada, uma estocada ocasional. Uma passagem, depois de sessenta páginas, fez com que ele parasse e relesse. Paciente e terapeuta estavam discutindo popularidade, uma qualidade que ambos consideravam distorcida e superconsiderada.

PACIENTE: Não é algo que me aconteça com naturalidade.

KOVACS: Como é que você sabe?

PACIENTE: A popularidade não é um aspecto em que eu me reconheça – não como eu era, quando estava crescendo ou quando jovem.

KOVACS: Poderia estar latente, então, desenvolvendo-se em um lugar e em uma época diferente?

PACIENTE: Não. Definitivamente não. Eu era um reconhecido solitário, e não por minha escolha.

KOVACS: Você tentou que gostassem de você e foi rejeitado.

PACIENTE: Correto.

KOVACS: Assim, se você se tornasse popular, você não seria você mesmo?

PACIENTE: Correto.

KOVACS: Qual é o problema em ser querido?

PACIENTE: Logicamente não é de mim que as pessoas gostam, não do meu eu verdadeiro.

KOVACS: Qual é o seu eu verdadeiro?

PACIENTE: Eu gostaria de saber – é por isso que estou aqui.

KOVACS: Diga-me, Paul: o que é pior para você, ser querido por homens ou por mulheres?

Depois de uma página e meia de evasivas, o paciente respondeu.

PACIENTE: Mulheres.

KOVACS: Tem certeza?

PACIENTE: Tenho, mas não tiro vantagem por elas gostarem de mim.

KOVACS: Tem certeza? Isso não é comum.

PACIENTE: Como assim?

KOVACS: A maioria dos homens se sente bem em ser desejado pelas mulheres.

PACIENTE: Eu não.

KOVACS: De jeito nenhum?

PACIENTE: Por minha mulher, sim. Antes, pela minha noiva.

KOVACS: E por outras, aqui e agora?

PACIENTE: Não.

KOVACS: Nunca?

PACIENTE: Uma vez.

KOVACS: Você gostaria de me falar sobre isso?

Seguiu-se uma confissão completa – como, na noite de Natal em um corredor escuro, sua cunhada sedutora se pressionara contra ele, os lábios nos dele, a língua apontando. Usava uma camisola fina, nada por baixo. Paul se afastara de suas garras. "Não devemos", ele lhe dissera. "Pense no escândalo, nos nossos filhos. Vamos fingir que isso nunca aconteceu, um beijo na noite de Natal, nada mais."

KOVACS: E foi tudo?

PACIENTE: Não. Deixei que o beijo se estendesse. Era bom. Eu estava excitado, tanto fisicamente quanto pelo orgulho de saber que podia ter aquela garota, qualquer mulher que quisesse na aldeia. Lisl, percebendo a vantagem, colocou minha mão sob a sua camisola e disse que me amava, que precisávamos fugir. Voltamos a nos beijar. Toquei sua carne nua, acariciei-a. E durante todo o tempo havia um outro eu nos olhando de fora, o verdadeiro eu, o impopular, o indesejável, ciumento de minha conquista, sedento pelo envolvimento. Então, quem sou eu, doutor? O que olhava ou o que era olhado, o proscrito ou o participante?

KOVACS: Qual deles você preferiria ser, Paul?

PACIENTE: O senhor me diga; estou aqui para isso.

Weaver pulou mais uma vez, ouvindo sua própria voz em situações paralelas, observando-se no tumulto da relação sexual, como se fosse um olhar secundário, incapaz de se envolver completamente, descuidadamente, no ato de amor.

KOVACS: Com certeza, é melhor ser amado do que não amado.

PACIENTE: De jeito nenhum. Sei quem eu sou quando não sou amado.

KOVACS: O seu verdadeiro eu.

PACIENTE: Correto.

KOVACS: Não amado por quem?

PACIENTE: Apenas não amado.

KOVACS: Por quem?

PACIENTE: O senhor sabe o que quero dizer.

KOVACS: Gostaria de ouvir de você.

PACIENTE: Isso é necessário?

KOVACS: Acho que sim.

PACIENTE: Não posso...

KOVACS: Tudo bem, então me deixe resumir. Você não é você mesmo quando é amado; quando você se sente não amado, você é. Está certo?

PACIENTE: Correto.

KOVACS: Não amado por quem, Paul?

A datilografia era interrompida, substituída por vinte linhas de um rabisco ininteligível, muito intrincado para ser decifrado. Ao pé da página, o terapeuta reiterou sua pergunta entre aspas: "Não amado por quem, Paul? Quem menos gosta de você?" Por fim, dez, quinze, vinte páginas depois, em outra sessão, veio uma resposta sussurrada, tão hesitante que Paul precisou repeti-la.

KOVACS: Por quem, Paul?
PACIENTE: Por mim.
KOVACS: De novo.
PACIENTE: Por mim mesmo.

Seguiam-se as observações de Kovacs datilografadas em itálico.

Descrever Paul como um homem consumido pelo ódio por si mesmo subestima a complexidade de sua condição. Ele é realmente o caso mais desafiador que já vi: articulado intelectual e emocionalmente, antecipando minhas perguntas e sempre tentando manipular as minhas respostas. Depois das sessões, fico com o ânimo abatido, temendo que ele me tenha transferido algo de seu desqualificado senso de inadequação. Sua vontade pode ser mais forte do que a minha. Mesmo que eu cure sua alma, sairei ferido e cheio de dúvidas. Por que, são Sigmund e são Sándor, vocês capacitaram o pobre Kovacs nesse tratamento vulnerável? Eu poderia ter sido um cardiologista feliz ou um dermatologista abastado. Em vez disso, no fundo estou mais doente do que meus pacientes e mais frágil. Muitas vezes gostaria de nunca ter conhecido esse homem, ao mesmo tempo que gosto dele e o admiro.

"Precisamente o meu problema!", exclamou Weaver para o quarto vazio. Levantou-se para ler a última frase, tropeçando enquanto andava pelo quarto, em direção a uma brecha de autoconhecimento. Aquele era exatamente o Paul de quem ele se lembrava, carismático e reservado, irresistivelmente imponente, uma esfinge sorridente que não conseguia receber amor. Quando era amado, reagia contra o doador. "No entanto todo homem mata aquilo que ama", citara Kovacs. "Tão verdadeiro", pensou Weaver. Verdadeiro para Paul, verdadeiro para ele mesmo, verdadeiro talvez para Lisl, terminando seus dias em um desencanto arrogante.

Esgotado como estava, Weaver se forçou a continuar lendo, intrigado por um diálogo que o terapeuta encabeçara com "Paul bom, Paul ruim". O paciente está preocupado com seu equilíbrio moral. O terapeuta o afasta da autorrecriminação. "Nós todos somos feitos de uma igual medida de bom e de mau", advertiu. "Você, Paul, não é diferente de ninguém." Mas, quando o paciente sai, o velho homem se atormenta.

Que Paul eu atendi hoje, o bom ou o mau? Será que ele tem um aspecto Jekyll e Hyde? Será que ele é um perigo para si mesmo, para os outros? De alguma forma, não acredito nisso. O que vejo é um homem que se culpa sem razão e que teme ter a maldição de machucar todos que ama. Esse medo, paradoxalmente, o torna inofensivo – exceto para ele mesmo. Qual era a famosa frase sobre Lorde Byron: "Louco, ruim e perigoso para se conhecer"? Paul não é louco, nem ruim. O único perigo em conhecê-lo é a maneira com que ele destaca a vulnerabilidade nos outros. Ele me deixa com uma percepção exagerada da minha inadequação e, no entanto, com um grande carinho em relação a ele. A culpa é dele ou minha? Acho que sabemos, querido Sándor, acho que sabemos.

"Do que esse sujeito está falando?", retorquiu Weaver em silêncio, reordenando a pilha e enfiando-a no fundo de sua mala. Será que ele está dizendo que Paul era uma espécie de transmissor de praga, uma Maria Tifoide, que não tinha má intenção, mas infectou meia Nova York no verão de 1907? Paul bom ou mau? "Quem se importa?", pensou Weaver, escovando os dentes com uma escova elétrica. Havia uma última coisa que ele precisava saber e tinha tempo o bastante para rastreá-la.

CAPÍTULO DEZESSETE

Às cinco da manhã, os pés de Weaver tocaram o tapete antes que ele se percebesse acordado. Checando o relógio digital da mesa de cabeceira, cambaleou até o banheiro, esvaziando uma bexiga hesitante, lavou-se, fez a barba, tomou seu remédio para pressão e se vestiu com uma camisa xadrez, jeans e uma jaqueta impermeável. Fechando a porta, desceu cuidadosamente a escada de incêndio e passou por um adormecido recepcionista africano, pelas portas automáticas de vidro e saiu para uma noite estrelada.

Chegou às portas da igreja com os primeiros raios de luz e, estando elas trancadas, pulou-as com esquecida agilidade, dirigindo-se para a esquerda, para aquela parte do cemitério onde encontrara Paul no dia de seu casamento e onde esperava resolver as últimas dúvidas sobre seu destino, lendo as inscrições na pedra tumular da família. Aquele era o lugar da verdade, o texto inalterado. A lasca de mármore com certeza revelaria tudo.

Mas, conforme andava em direção ao túmulo, em vez de ouvir o ressoar do cascalho sob as solas, viu-se sobre o asfalto. Acendendo a lanterna de bolso que carregava nas visitas às obras, descobriu que aquela parte do cemitério estava pavimentada como estacionamento, sem dúvida para os ônibus de turistas. Lembrou-se de que, naquela região, os túmulos eram concedidos por arrendamentos curtos. A não ser que a família pagasse pela renovação a cada dez anos, os ossos eram removidos e a pedra tumular retirada, deixada no esquecimento junto à parede do cemitério, ou usada para pavimentar o chão. Alguma coisa do tipo tinha sido feita para um homem tão importante quanto Mozart. Sem pagamento não se descansa em paz – era esta a regra.

Rígido de frustração, Weaver praguejou com repentina veemência: "-orra, -orra, -orra", fez o eco das encostas luminosas. Praguejou novamente: "-erda, -erda, -erda". Como é que ele ia descobrir o que tinha acontecido com Paul se não havia túmulo e Lis se fechava como uma ostra virgem cada vez que ele tocava no seu nome? "Nenhuma. Palavra. A mais. Entendido?" Era isso que ela dissera. Dali a seis horas ele estaria acenando da janela de um ônibus, e sua última chance de saber estaria perdida.

"-Orra, -orra, -orra", disse a montanha mais uma vez, e a imprecação não habitual agitou algo na memória, trazendo à mente algo que uma mulher dissera uma vez para ele, não uma de suas esposas, mas uma colega arquiteta em um hotel estrangeiro, uma mulher cujo nome momentaneamente lhe escapava. "Ed", ela dissera na cama, os seios nus reprovando-o com olhos de amora, "você é um grande sujeito, mas não é uma pessoa independente. Você está sempre olhando para algum lugar em busca de aprovação. É uma característica incapacitadora. Você precisa se expor, Ed, aceitar o crédito pelo sucesso e a responsabilidade pelo fracasso. Aceite que foi você quem fez, seja o que for, foi você que fodeu, você que me fodeu, ninguém mais e sim você, Ed Weaver. Percebe aonde estou querendo chegar? Você nunca está presente, nem no trabalho, nem na cama. Não para mim. Então saia da minha vida, Ed Weaver. Saia antes que você a arruíne."

Tinha começado a chover sem aviso, como acontece nas montanhas, e o baque da despedida – era Caroline? Penélope? Não, Ingrid – provocou um arrepio de miséria ao longo de sua espinha. Ed tinha uma tendência a ser dispensado. Atraía mulheres com facilidade, mas aquelas de quem ele queria se tornar mais próximo livravam-se dele como de uma trouxa de roupa suja, pouco depois de um breve relacionamento. Seu terapeuta junguiano tinha lhe pedido para pensar na acusação de Ingrid, e por um curto período ele o fizera; mas logo apareceu Penélope, e Caroline, e ele nunca se aprofundou realmente naquilo. Foi só ao ler a ficha de Kovacs que percebeu que ele e Paul compartilhavam o mesmo buraco incapacitador no coração: a inabilidade de receber, de se deixar amar. Aquela, ele entendeu, era a verdadeira razão de sua ida até lá – rastrear o defeito fatal em Paul, antes que fosse tarde demais para salvar um pouco de vida para Ed. Sua tarefa estava quase terminada.

Quando voltou, Lisl estava na recepção, substituindo o sonolento africano. "Pensei que você tivesse se aposentado!", exclamou Ed.

"Alguém tem que dar uma controlada na equipe", ela murmurou. "Olhe para você – está ensopado até a metade. Tire seu casaco e faço um café para nós."

Deu a volta com ele até o bar-museu, onde a máquina fazia seu primeiro alarido da manhã e nada tinha mudado desde o dia em que se conheceram. "Antes que você pergunte", ela disse, sentando-se com ele no reservado solitário e mal alterando o tom de voz: "Pedi para a segurança revistar o seu quarto em busca do objeto que você levou de mim ontem à noite e estou pensando em chamar a polícia."

"Entendo", disse Weaver, com um músculo trêmulo na parede do coração.

"O que você pensou que estivesse fazendo, remexendo na minha escrivaninha?"

"Eu tinha que saber", ele respondeu, "e você não estava contando."

"Você não tem o direito de saber!", ela explodiu. "Esta é a nossa história, não sua, e se resolvemos deixá-la quieta é nossa prerrogativa.

Quem você pensa que é? Você veio, viu, conquistou, partiu há quarenta anos. Qual é a sua reivindicação?"

"Minha reivindicação?", trovejou Weaver, extravasando a justificada raiva que aterrorizara bilionários, levando-os a endossar suas visões mais ousadas. "Que direito? Eu vou lhe contar qual é o maldito direito – desculpe o meu linguajar... Se não fosse por mim, nada disso jamais teria sido aprovado. Se eu tivesse obedecido às ordens, teria arrastado Paul de detrás daquele bar na primeira vez que pus meus olhos nele e fechado este lugar enquanto perdurasse a ocupação. Ele teria sido levado para um campo de refugiados e vocês nunca voltariam a vê-lo. Aqui não haveria uma cidade grande, nenhum *spa* de saúde, nenhuma cadeia de hotéis, nenhuma cadeia multinacional da Lisl, nada a não ser um buraco adormecido nas colinas, com mais escuridão do que a maldita luz de Goethe.

"Quebrei as regras naquela vez e – sim – virei as costas para as consequências. Mas agora estou de volta, pronto para assumir a responsabilidade pela decisão que tomei, certa ou errada, uma decisão baseada em um sentimento pessoal, que mudou o rumo da sua vida, Lisl, e da minha, e de Alice, e de todos os outros. É por isso que estou aqui, e este é o meu maldito direito. Você me concederá esta mínima decência humana, senhora Hofmann Superior?"

"Concederei", ela disse, nem um pouco intimidada. "Pegue um biscoito."

"Um copo de água", ele pediu. Seu peito estava retumbando e ele precisava tomar um comprimido.

"Eu não estava falando sério sobre a polícia", disse Lisl em um tom conciliatório.

"Está no seu direito. Faça o que quiser."

"Eu não fiquei surpresa ou irritada por você ter pegado o prontuário ontem à noite. No momento que revelei a sua existência, sabia que já não era um segredo. Um homem com a sua experiência e ingenuidade descobriria um jeito de lê-lo, se fosse determinado o bastante. Foi por isso que o deixei na escrivaninha. Tinha que testar o empenho da sua determinação."

"Você o deixou ali para que eu o encontrasse?"

"Se preferir..."

"Onde ouvi esta história antes?"

Engoliu o comprimido com água, tomou o café e mordeu, agradecido, os biscoitos duros como pedra de Lisl.

"Imagino que passei no teste?"

"Com esse arroubo de paixão, passou. Eu precisava saber que o que aconteceu aqui, para nós, significava alguma coisa para você."

"É minha história também."

"Eu sei."

"E agora, o que acontece?"

"Vou lhe mostrar o que você veio ver."

Eles estavam descendo penosamente a colina num tráfego pesado, as ruas dos dois lados com fileiras idênticas de árvores e casas. "Avenidas Acácia, é como as chamaríamos", disse Weaver com um sorriso malicioso. Lisl tomou o seu braço e não tentou falar encobrindo o barulho até que chegaram a um parque infantil à direita, exatamente quando a estrada começava a serpentear em direção ao rio. Abriu o portão baixo e passou por um cercado de balanços e gira-giras, dirigindo-se a um banco de pedra na extremidade da dependência cívica.

"Esta não é a trilha que leva para o alto da pedreira?", ele perguntou.

"Você tem um bom senso de direção, senhor Weaver."

"Eu costumava chefiar um exército de invasão, lembra-se?"

Uma alta cerca de metal, com as hastes colocadas juntas demais para que uma criança conseguisse inserir a mão, protegia o parque do penhasco sobre o desfiladeiro, sem esconder a vista estonteante do rio abaixo. Tratava-se de um mau lugar que se tornara seguro, uma disposição adequada.

O banco tinha uma inscrição gravada em pequenas letras quadradas em sua pedra branca: *Requiem aeternam dona eis, Domine, et lux perpetua luceat eis.*

"Dê-lhes o descanso eterno, Senhor, e deixe que a luz perpétua brilhe sobre eles", Weaver traduziu em uma declamação escolar.

"Não está mau", disse Lisl, apertando seu braço. "O Papa já não nos deixa rezar nas boas e antigas palavras e o conselho da cidade não quis me deixar acrescentar outra linha, nem uma menção às crueldades que ocorreram aqui. Poderia ser uma afronta, eles disseram, referindo-se aos ricos que vêm sorver o nosso ar e engolir a nossa água. Não cause problemas, disse o conselho. Que o passado seja passado. Este é o nosso lema: que o passado seja passado."

"Mas você se lembra, não é Lisl?", perguntou Weaver.

"Menos a cada dia, Ed. Você sabe como é."

"As coisas importantes?"

"Como se fosse ontem."

"Conte-me."

"Ainda não. Primeiro você tem que testemunhar a nossa vergonha."

Ela o levou até a cerca e apontou lá embaixo. A base da pedreira estava ocupada por uma construção circular, tão espalhafatosa quanto qualquer uma que ele tivesse visto no litoral de Jersey ou na Strip de Las Vegas, três faixas de néon circundando sua borda e uma coroa dourada flamejante como carapaça.

"O-o quê?", ele gaguejou.

"Nossa indústria principal", especificou Lisl, "nossa desgraça."

"Um cassino?"

"Vinte e quatro horas por dia, 365 dias por ano. Apenas cartão de crédito. Não se usa dinheiro nas dependências. Até as prostitutas aceitam cartão."

"Isso não ia ser uma escola?"

"E, antes disso, foi um local de mortandade, mas quem se importa? Agora são máquinas de maçãs e cerejas, quartos por meia hora, cervejas de zona franca, um palácio de promessas vazias."

"Não é diferente", murmurou Weaver, "de espeluncas que eu conheço onde moro, incluindo algumas que construí, lugares onde os camaradas vão para esquecer suas dores. Não há mal nisso."

"*Tenho que confessar*", cantou Lisl, uma canção de meados de suas diferentes vidas, "*que houve épocas em que eu estava tão solitário que senti algum conforto ali.*"

"Eu pessoalmente não", disse Weaver. "Mas muitos sujeitos não tinham ninguém. Nada errado nisso, uma vez que..."

"Homens morreram ali", disse Lisl.

"Há muito tempo, durante a guerra..."

"E depois."

"O que você quer dizer com 'depois'?"

"Hans", ela disse.

"Ele voltou?"

"E Paul. Era isso que você queria descobrir, não era?"

O SOL ESTAVA A PINO, e ela trouxera uma garrafa de água para eles tomarem, duas pessoas no vértice de seus anos de lazer, compartilhando uma lembrança particular. O tempo de hesitação, negação e prevaricação já era passado. Lisl estava pronta para começar, esperara anos em algum canto de sua alma para apresentar sua evidência, a única testemunha ocular.

Naquela manhã, ela relatou, os três homens voltaram depois de enterrar Hans com areia e cascalho nas botas. Levaram alguns minutos para se livrarem daquilo. Estavam misturando cimento, disse Papa Hofmann. Lisl serviu panquecas e café. Papa se empanturrou. Mathilde tinha chegado de carro para dar uma mão e sua alegria na cozinha se contrapunha ao silêncio cataléptico que desprendia da mesa onde estavam sentados os três conspiradores, pai, filho e genro. Eles mastigaram e beberam ruidosamente, arrotaram e permaneceram com o olhar à frente – olhando para qualquer lugar que não fosse os olhos das mulheres.

Foi Johann quem quebrou a tensão, descendo às sete e meia e devorando a panqueca intocada de Paul, comentando o dia que tinha à frente. Papa envolveu Franz-Josef com um braço vigoroso e acenou a Lisl em agradecimento. Franzi foi até os fundos conferir uma entrega que chegava. Paul se sentou, olhando pela janela, ignorando as exortações de Lisl para que fosse trabalhar e assim ela pudesse deixar a sala pronta para o movimento da hora do almoço. Ficou ali sentado por muito tempo, até que ela o pôs para fora. Ele saiu arrastando um pé, uma manqueira de empatia.

Nas semanas seguintes, sua letargia recusou-se a amainar. A tristeza envolveu a pousada, levando as luzes a se enfraquecerem sobre a Corça com seu sorriso desdenhoso. Lisl fez o possível para incitar um burburinho alegre de atividade, mas todos os pés pesavam, cada batida na porta a enchia de um pavor inexplicável. Perdeu o apetite e dormia entre espasmos e sobressaltos.

Em uma noite, granizos enormes caíram do céu e Franz-Josef, agarrando-se a sua mulher na cama, confessou o que haviam feito naquela manhã, dividindo sua ansiedade de que o cimento, sob o qual haviam enterrado um homem, pudesse se quebrar com a tempestade. O fato de ouvir o que os três homens haviam feito acalmou os nervos de Lisl. "Não se preocupe", ela disse a Franzi, "o defunto não vai voltar para assombrar você." Mesmo assim, ela fez questão de ser a primeira à porta quando o carteiro bateu, a primeira a receber qualquer possibilidade de ameaça. Ninguém sentiria falta de Hans na região, mas poderia haver outras pessoas mais distantes que estivessem procurando por ele – um primo, um companheiro de guerra, um comerciante, o cobrador de impostos. Sua primeira atitude, caso planejassem uma visita, seria alugar um quarto na pousada da aldeia. Lisl examinava cada reserva como se fosse uma bomba prestes a explodir.

Passaram-se quatro semanas, depois cinco, depois seis. Mathilde, esvaziando uns vasos de flores mortas, perguntou se Lisl sabia o que acontecera com o vagabundo malcheiroso, não que alguém sentisse falta dele em seu estabelecimento. Papa tinha dirigido até a fazenda do sujeito, não encontrando nenhum animal doméstico no estábulo, a casa dilapidada. Ateou fogo ao sapé para desencorajar intrusos. O desaparecimento de um homem não era um grande problema, Papa assegurou a Franzi, nem mesmo uma estatística. Logo, quando houvesse novamente prosperidade, a individualidade recuperaria seu valor, mas ainda não era época. Logo, disse Papa, as coisas vão melhorar. Havia quatro carros particulares estacionados no pátio. A vendedora de cenouras estava substituindo seu telhado de palha por telhas italianas. A pousada estava fazendo reservas para festas de aniversário. Os bons tempos estavam voltando. Papa deu a Lisl um broche pelo seu aniversário, e Franzi falava em ter outro filho. Alice, alheia à maioria dos acontecimentos à sua volta, parou de trabalhar no sétimo mês de gravidez para dar a seu filho por nascer as melhores possibilidades, e a Johann seu último reinado como filho único querido.

Alice passava muitas horas olhando o menino enquanto ele cavalgava uns pangarés no pasto e fazia sua lição nas mesas ao ar livre do bar. Paul trabalhava todas as manhãs na prefeitura e passava as tardes na obra, onde o trabalho hesitava por uma sequência de azares. Cheiros estranhos eram sentidos pelos trabalhadores e tiveram que ser investigados oficialmente – um toco podre de árvore, um animal morto. A junta entre duas paredes precisava de um ajuste para permitir uma inclinação mais pronunciada do que Paul previra. O solo estava macio demais em uma parte do terreno. E, quando as duas paredes estavam realinhadas, as fundações reforçadas e o inspetor sanitário ficou satisfeito, metade dos trabalhadores saiu por causa de um insulto do capataz, evidenciando uma guerra dos pedreiros – a princípio uma greve-relâmpago, mas que depois se ampliou para uma disputa de salários em todos os níveis, com enormes implicações no custo e um adiamento indefinido da abertura da escola. O capataz atribuiu a culpa do rompimento ao comunismo. Paul assumiu cada revés como um fracasso pessoal. Parecia perturbado e passava pouco tempo com Johann e Alice. Seu hálito ficou com uma acidez penetrante. Um gatinho que se enroscou em sua perna, quando ele entrou na cozinha atrás de uma tigela de sopa, foi chutado com selvageria. Alice não disse nada; Lisl franziu o cenho.

Um mês antes da data esperada, Alice entrou em trabalho de parto. "Está tudo bem", disse Tobias Strauss, em uma gravata-borboleta pintalgada, juntando-se à família no andar de baixo para jantar. "A parteira vai chamar quando a mãe estiver pronta para parir", ele lhes garantiu. "Vou deixar a porta aberta para que possamos ficar ouvindo." O bebê, uma menina, nasceu com o cordão umbilical em torno do pescoço. O médico subiu tarde demais para conseguir fazer com que a criança respirasse.

Não houve funeral, nem oportunidade para consolo. Depois de três semanas, Alice voltou ao trabalho. Quando Franz-Josef a abraçou, ela ficou rígida como um cadáver. Mal reparava em Lisl. Johann saltava ao seu redor, sem saber o que fizera de errado. Paul estava muito atarefado, sendo raramente visto.

Numa noite, quando Lisl estava sentada na escada lendo um romance de John Steinbeck, ela o viu se esgueirando para fora do quarto só de cuecas, com os sapatos e a calça na mão, as pernas compridas chacoalhando como galhos de bétula em um temporal.

"Aonde você vai a esta hora?", ela cochichou.

"Muita coisa para fazer", ele resmungou.

"São quatro da manhã."

"Eu sei."

"Sente-se um pouco", ela disse, dando um tapinha no degrau. "Faz tempo que não conversamos..."

Paul vestiu a calça, pôs um dedo nos lábios e gesticulou para o andar de baixo. Eles desceram na ponta dos pés até a taverna e se instalaram em uma mesa de canto.

"O que você está lendo?", perguntou pouco interessado.

"Steinbeck, Hemingway, Chandler, a literatura dos vencedores."

"Vai ser útil quando o turismo voltar", disse Paul.

"Eu sei", disse Lisl. "Tudo vai ficar bem, você sabe. Alice vai superar a perda, haverá outro bebê, a escola vai ficar pronta. Teremos muita coisa para celebrar." Ela pegou a mão dele na sua, em um gesto fraternal.

Paul entrelaçou seus dedos com os dela, de vários jeitos. Não podia concordar. Nada estava melhorando. Desde que o pai dela morrera, tudo dava errado. O bom médico não estaria se empanturrando com o jantar enquanto o seu bebê morria, não é? Ele estaria lá na hora do parto e, se alguma coisa desse errado, ele faria Alice voltar a sorrir, lhe daria esperanças no futuro. Ele saberia o que fazer quando acontecessem coisas ruins, e agora ninguém sabia, absolutamente ninguém.

"Você sabe, Paul", disse Lisl, mas ele a ignorou, resmungando sobre um sujeito chamado Hans. "Quem é Hans?", ela perguntou. "Kerner", ele disse num som gutural, "Hannes Kerner."

Ela conhecia o nome: um bicho-papão de infância. Hans tinha voltado, disse Paul. Eles haviam se livrado dele. Com a ajuda de Papa e de Franzi. "Eu sei", Lisl sorriu. Paul a encarou, ressentindo-se da interrupção. "O que você sabe?", ele perguntou. "O que você pode saber sobre isso?" Lisl apertou sua mão, encorajando-o a dizer mais. Quando ele ficou quieto, ela o beijou no rosto, um símbolo de apoio e solidariedade.

"Vai melhorar", ela disse, repetindo o mantra de Papa.

Paul girou o pescoço para ela e lhe deu um beijo na boca. Não tem nada de mal, pensou Lisl, em deixar o pobre tolo ter um pouco de afeto feminino. A língua dele tentava abrir caminho entre os dentes dela, e ela decidiu ignorar aquilo. Ele estava nervoso, desorientado, sem condições de lidar com um confronto desagradável. Ela acariciou as proeminentes maçãs do rosto dele, esperando lhe infundir sentimentos positivos. Foi somente quando as mãos dele agarraram os seus seios que ela disse "pare", certa de que ele respeitaria os seus desejos.

Paul devolveu o olhar com olhos atordoados, olhando não para ela, mas através dela. Ele se jogou mais uma vez sobre seus seios. "Chega", disse Lisl, recuando e saindo do reservado. Paul veio atrás dela pela sala, pressionando-a contra a parede e rasgando sua roupa, forçando a mão para dentro da camisola, entre suas pernas.

"O que ele estava pensando?", exclamou Lisl, virando-se para Weaver em busca de uma interpretação masculina. "Que eu era um bem pessoal, para que ele usasse como e quando quisesse? Que tinha o direito de me machucar? Que meus sentimentos em relação a ele tinham permanecido os mesmos depois do fiasco do funeral? Não tínhamos trocado uma palavra amigável em meses e ali estava ele, à espera de um amor imediato, um amor que ele mesmo declarara ser proibido. O que eu deveria fazer com aquilo?"

"O que você fez?", perguntou Weaver.

"O melhor que eu podia, naquelas circunstâncias. Resisti até que ele foi longe demais. Então reagi com *As vinhas da ira*, o livro encadernado que estava em minha mão, e o arrebentei contra o crânio dele. Ele me olhou por um tempo, com os olhos arregalados como uma raposa à luz dos faróis. Então, ele pegou sua jaqueta e saiu pela porta. Foi a última vez que vi Paul Miller vivo."

Vozes alçaram-se da base da pedreira. Um bando de turistas estava sendo introduzido no cassino.

"Estão levando meu rebanho para ordenhar", disse Weaver.

"Você tem uma língua ferina", disse Lisl.

"De dois gumes. Custou-me alguns casamentos."

"Mas você sempre tinha a última palavra."

"Como você está fazendo agora."

"Quer que eu continue ou não?"

Lisl endireitou as costas contra o banco, tomou um gole de água e retomou de onde tinha parado. "Fui para a cozinha e preparei uma massa de panqueca, minha terapia para estresse. Depois, sentei com Steinbeck, esperando que as crianças circulassem. Devo ter ficado sentada uns vinte minutos, antes que o alarme apitasse na minha cabeça, exatamente como aconteceu na noite em que Paul saiu para enterrar Hans sob um tapete de cimento.

"Não havia tempo para chamar Papa Hofmann. Jogando um casacão sobre a camisola, peguei minha bicicleta e fui até o alto do rochedo. Estava começando a amanhecer, e por instinto eu sabia para onde olhar. Ali embaixo, exatamente onde a mulher com o cardigã marrom está parada agora, foi onde encontrei Paul. Estava atirado no chão, com o rosto voltado para cima. Desci com dificuldade pela trilha lateral e corri em sua direção. A parte de trás de sua cabeça estava quebrada como um ovo de café da manhã."

"Mas ele ainda estava vivo?," sugeriu Weaver.

"Algumas poucas respiradas hesitantes. Peguei sua mão e a apertei contra o rosto. Ela estava fria, branca e parada. Segurei-a ali, enquanto ele morria, dizendo-lhe que ele era amado e que estava perdoado."

"Ele disse alguma coisa?"

"Uma palavra. Ele formou uma palavra com os lábios e não consegui decifrá-la. Não era Alice, disso eu sei. Não era *lamento*, ou qualquer mensagem. Não era nada que eu reconhecesse. Talvez fosse uma palavra de sua outra vida, aquela sobre a qual nada sabíamos. Mesmo depois que ele partiu, ela ficou formatada em seus lábios."

"O que você fez?"

"O que tinha que ser feito. Peguei minha bicicleta, fui para casa, liguei para Mathilde, fui até a delegacia, voltei, contei a Franzi. Fomos juntos até a cozinha para encontrar Alice, sabendo que, enquanto eu vivesse, ela nunca me perdoaria, a portadora de más notícias. Eu tanto tentara protegê-la e tudo que pude fazer foi lhe causar desastres."

"Como ela reagiu?", perguntou Weaver.

"Com um olhar de completo e profundo vazio. Sem lágrimas, nem uma única lágrima. Tudo o que ela disse foi: 'É melhor eu ir buscar Johann', e lá se foi até o jardim de infância buscar o menino, antes que ele ouvisse qualquer coisa no *playground.* Corri atrás dela, mas ela me dispensou. Queria ficar com o menino. A polícia veio, fazendo perguntas. Houve uma autópsia e um interrogatório perante um juiz distrital; um veredicto público. 'Nesse período, o equilíbrio de sua mente esteve perturbado', disse o juiz. Os patologistas fizeram uma carnificina com o corpo, então nós o cremamos. Não tenho ideia do que Alice fez com a urna."

"Você deve estar com frio", disse Weaver, quando Lisl assoou o nariz. O sol se escondera por detrás de uma nuvem e os passarinhos tinham parado de cantar. "Olhe, pegue o meu casaco."

"É hora de voltarmos", ela disse.

Na subida da colina, ela descreveu o funeral de Paul. "O novo pastor falou, recém-saído de um seminário. Escolheu um verso do Deuteronômio sobre o corpo que é encontrado do lado de fora dos muros da cidade e os anciãos declaram: 'Nossas mãos não verteram este sangue'. Parecia um epitáfio, não apenas para Paul, mas para os tempos que tínhamos atravessado – antes, durante e depois da guerra."

"Um perdão coletivo pelos pecados da comunidade."

"Se preferir."

"E você se sentiu absolvida?"

"Eu tentei. Uma parte de mim tentou. A outra não consegue esquecer. Em algumas noites, fico acordada me perguntando onde foi que eu falhei com eles – Alice, Johann e Paul. Devo ser culpada de alguma maneira? Será que eu poderia ter feito alguma coisa para impedir isso?"

Weaver estava prestes a colocar outra questão, quando ela perguntou: "Era isso? Era isso que você queria saber?"

"Era."

"Faz alguma diferença?"

"Já está fazendo. Sei onde é que eu entro, onde está a minha responsabilidade. E você?"

"Eu? Durante anos tentei tirar Paul da lembrança, assim como ele apagou nossa aldeia. Gritei de alegria quando a velha escada veio abaixo, porque pensei que ela levaria o estigma de nossos... abraços e me traria alguma paz na amnésia. Não foi isso que aconteceu. Agora eu sei que a paz está na verdade e me sinto grata a você, Ed, por reforçar essa crença com a persistência de seu interrogatório. É isso. Nunca mais vou precisar falar nisso."

Estavam de volta ao hotel, suas vidas se bifurcavam. "Vou buscar o dossiê", disse Weaver.

"Fique com ele, se quiser", disse Lisl. "Não vou mais precisar dele. Quer um último café antes de ir?" Tornaram a entrar no bar medieval, a cabeça de veado suspensa, ameaçando como nunca cair da parede e causar ferimentos. "Esta sala é a área para a qual não posso conseguir um seguro contra terceiros", disse Lisl em sua voz executiva. "Então, eu a mantenho para hóspedes especiais. Aqueles em que acho que posso confiar. Posso confiar em você?"

"Imagino que sim", disse Weaver.

"Agora é tarde demais para retirar o que foi dito." Ela deu de ombros.

Ele já tinha decidido que o documentário para a televisão que a empresa britânica queria fazer sobre a sua vida não traria referência a nada daquilo e que seu passado militar não traria nenhuma alusão a Paul. Este seria seu último presente a ele, um abençoado esquecimento. A amizade que haviam tido daria uma boa história para o canal cinco, ou seja lá qual era o nome da coisa intrusiva que queria mostrar sua vida, mas, quanto mais ele pensava naquilo, menos inclinado ficava a se deixar ser listado em uma série de *Dez homens que mudaram nossos horizontes*. Se havia algo que descobrira ali, era a confirmação de sua insignificância nos acontecimentos de sua própria vida.

"Você acha", ele testou Lisl, "que ele escorregou na borda?"

"O chão estava seco, seco como o Saara."

"Então, ele pulou?"

"Pouco provável. Paul não era o tipo de dar um fim a si próprio. Mas o que sei eu? O que uma pessoa pode saber sobre outra? Com Paul, a verdade escorre pelos dedos como água. Meu pai gostava de dizer que toda qualidade humana pode ser quantificada e que cada uma delas tem seu oposto moral. Ele estava errado. Os significados têm nuances, existem frestas da espessura de um fio de cabelo, gestos invisíveis, palavras não ditas, através dos quais nós compreendemos, ou falhamos em compreender, a essência da vida de outra pessoa. O imaterial não tem oposto."

"Isso é muito profundo, Lisl", disse Weaver. "Você ainda pensa em opostos?"

"Deixe que eu lhe conte um sonho que tive", ela disse. "Em um domingo quente daquele verão horroroso, o novo padre tentou nos impressionar com um sermão sobre cabras, algo que ele imaginava que uma congregação rural apreciaria. Ele era imaturo e cheio de entusiasmo. Levou um bode vivo até o altar e falou sobre o ritual do Dia da Reparação no Levítico, onde um bode foi levado do templo, com uma linha escarlate em torno do pescoço, e conduzido pelo deserto para ser arremessado de um penhasco, aliviando os pecados de toda a comunidade com sua morte. Ele é chamado o bode de Azazel."

"Eu me lembro dele da escola dominical", disse Ed.

"O padre amarrou uma linha em torno do bode e pediu que um fazendeiro o levasse para fora. Ninguém entendeu aonde ele estava querendo chegar. As pessoas ficaram por ali, depois, perguntando o que ele estava fazendo, em nome de Deus, levando um bode para a casa do Senhor?

"Naquela noite, na cama, tive um sonho Azazel, no qual Paul ficava na minha frente, totalmente nu, com um cordão vermelho em torno do seu..."

"Pescoço?"

"Não, seu..."

"Ah, ali."

"É."

"E?"

"Foi isso. Ele só ficou ali, de pé, ereto, e enquanto meus olhos se arregalaram tanto quanto podiam, ele se afastou de mim, até que tudo o que eu podia ver eram suas nádegas, tensas na iminência do voo. E rezei, querido Deus, por favor, salve-o. Ele não quer nos fazer mal."

O assobio da máquina e o tremor da xícara no pires, na mão de Weaver, eram os únicos sons que se ouvia. Lisl sentou-se contra a parede do reservado, dando batidinhas no rosto, que tinha se tornado corado, em um ligeiro embaraço.

"Você teve uma visão dele como santo ou como mártir?", perguntou Weaver.

"Como santo não, eu lhe disse, ele estava sexualmente excitado."

"Então o quê? Como Cristo, que morreu pelos nossos pecados?"

"Não seja ridículo. Seria blasfemo."

"Então como o quê?"

"Como um emissário, uma epítome da condição humana. O bom e o mau em nós, o sagrado e o demoníaco, tudo em um. Ali estava um homem que tentava ser bom e, como todos os mortais, falhara no final. Acho que falhou nobremente. Espero. Acredito. Não posso saber."

Dez minutos, avisou o locutor dirigindo-se ao público. *Todos os membros da Academia da Terceira Idade, por favor, coloquem sua bagagem no* lobby *em dez minutos, prontos para partir. O ônibus partirá em dez minutos. Dez. Minutos.*

"Isso quer dizer você", disse Lisl.

"É."

Ficaram no centro do cômodo, sem saber como se despedir. Weaver estendeu a mão, Lisl deu um passo à frente. Acabaram se abraçando como pessoas se arrastando para fora de um prédio em ruínas, duas almas atordoadas que haviam recebido suas vidas de volta por sorte ou por destino, e que não sabiam exatamente o que fazer com elas. Agarraram-se um ao outro com alívio e espanto, e inevitavelmente um impulso de desejo. Foi Weaver quem desfez o abraço.

"É melhor eu ir", ele disse, beijando o alto da testa de Lisl.

"Vá", ela sorriu, mexendo no cabelo.

"Eu escrevo."

"Não precisa", ela disse.

"Percebo algum progresso", ele disse.

"Pode ser uma ilusão." Lisl riu.

Pegando sua mão, ele beijou o anel de Alice. Lisl correu seus dedos com um meneio de afeto pelo cabelo cerrado e cinzento de Weaver. Eles poderiam nunca mais se encontrar, ou talvez se encontrassem. Cedo demais para saber, coisas demais para absorver e reconfigurar. Weaver tinha uma Caroline, uma Penélope e uma Ingrid em quem praticar os benefícios de seu autoconhecimento recém-descoberto. Lisl possuía aquele lugar e o passado, e provavelmente uma grande porção da paz que eles haviam conquistado com a narrativa de sua história. Parecia uma troca justa.

Ela o acompanhou até o estacionamento onde o luxuoso ônibus estava com o motor ligado e a tabuleta da Corça Sorridente gemia com uma brisa vinda do leste com nuvens baixas e uma ligeira e insistente garoa, como acontecera desde o primeiro dia em que Weaver a ouvira. "Tudo o que ela precisa", ele declarou pensativamente, "é que algum camarada esperto suba numa escada e coloque óleo na dobradiça que range."

Lisl lançou-lhe um olhar inquiridor, congelada pela imagem, olhando além do momento, em outra estrutura de tempo. Weaver olhou de volta para ela, do último degrau do ônibus, esperando por uma resposta. Ela percebeu que ele precisava de uma despedida significativa. Olhava para ela à espera de alguma frase, de uma bênção que lhe permitisse partir com o sentimento de missão cumprida. Como líder da indústria da hospitalidade, ela sabia como essas coisas eram feitas profissionalmente, com clichês insensíveis, lembrancinhas embrulhadas para presente e um sorriso de superficialidade impermeável. Como Lisl, ela sabia que nada nunca termina de maneira nítida e imagine se ela iria dar a um homem decrépito a satisfação imerecida de um trabalho benfeito. Impulsos contraditórios se digladiaram em sua mente e uma palavra ríspida vibrou na ponta de sua língua. Depois, pensando melhor, ela se virou abruptamente e, acenando para Weaver com as costas da mão que trazia o anel de Alice, desapareceu para dentro do hotel pela entrada lateral, onde antes costumava ser a cozinha.

AGRADECIMENTOS

O autor agradece à sua família próxima e unida pelo apoio constante e às seguintes pessoas pelos conselhos práticos e pelo alento moral: Shirley Apthorp, Nicole Bachmann, Lin Bender, Catherine Best, Lexy Bloom, o falecido Jonathan Carr, Tony Cheevers, Aviva Cohen, Attila Csampai, o falecido Anneke Daalder, Eythan Elkindi, Victor Eskenasi, Brigitte Fassbender, Ines Feuerstein, Stephen Games, Medi Gasteiner-Girth, Jane Gelfman, Jonny Geller, Jeffrey M. Graham, Michael Haas, Nick Hirschkorn, Tatiana Hofmann, Fiona Hughes, Ernest Keeling, Douglas Kennedy, Esther Klag, Sylvia Laqueur, Walter Laqueur, Richard Mabey, Fiona Maddocks, Claire Meljac, Nicola Milsom, Rowan Moore, Christopher Nupen, Berenika Osvacova, o falecido Andrzej Panufnik, Zdena Posvicova, Thomas Robosz, Fiammetta Rocco, Michael Schachter, David Sexton, Sonia Simmenauer, Ivana Stehlikova, Alice van Straalen, Mihaly Szilagyi, Veronica Wadley, Lisa Weinert, Arnold Wesker, Yun Sheng.

Este livro foi composto em
Adobe Garamond para a Texto Editores Ltda.
em fevereiro de 2011.